Boeddinghaus
Abstandflächen im Bauordnungsrecht
Nordrhein-Westfalen

Abstandflächen im Bauordnungsrecht Nordrhein-Westfalen

Kommentierung
mit zahlreichen Abbildungen

bearbeitet von
Dr.-Ing. Gerhard Boeddinghaus,
Architekt (AK NW),
leitender Regierungsbaudirektor a. D.,
Dortmund

2. Auflage, Stand: Januar 2001

JEHLE REHM

Die Deutsche Bibliothek — CIP-Einheitsaufnahme

Boeddinghaus, Gerhard:
Abstandflächen im Bauordnungsrecht Nordrhein-Westfalen :
Kommentierung / von Gerhard Boeddinghaus.
— 2. Aufl. — München ; Berlin : Rehm, 2000
ISBN 3-8073-1714-7

Sonderdruck aus dem Werk: Boeddinghaus, Hahn, Schulte,
Bauordnung für das Land Nordrhein-Westfalen,
Loseblatt, 2 Ordner

Bei der Herstellung des Buches haben wir uns zukunftsbewusst für
umweltverträgliche und wiederverwertbare Materialien entschieden.
Der Inhalt ist auf elementar chlorfreiem Papier gedruckt.

ISBN 3-8073-1714-7
Verlagsgruppe Jehle Rehm GmbH
Einsteinstraße 172, 81675 München
und
Friedrichstraße 130 a, 10117 Berlin
Satz: Kort Satz GmbH, München
Druck: R. Oldenbourg Graphische Betriebe GmbH
Abt. Kommunalschriftendruck

Vorwort

Das Gesetz zur Änderung der Landesbauordnung 1999/2000 hat die Abstandvorschriften nicht grundlegend geändert. Die Änderungen des § 6 Absätze 5 und 6 über die Bemessung der Tiefe der Abstandflächen sind jedoch für die Anwendung der Vorschriften von erheblicher Bedeutung. Eine Überarbeitung des 1996 in erster Auflage erschienenen Kommentars zum Abstandflächenrecht der Bauordnung Nordrhein-Westfalen war danach geboten.

Dortmund im November 2000   Gerhard Boeddinghaus

Gesamtinhaltsübersicht

	Seite
Vorwort	V
Inhaltsverzeichnis	VII
Abkürzungsverzeichnis	XIII
Gesetzestext §§ 6 und 7 BauO NRW	1–5
Hinweise zu den Abbildungen	5–6
Kommentierung § 6 BauO NRW	7–212
§ 7 BauO NRW	213–228
Stichwortverzeichnis	231

Inhaltsverzeichnis

1. Teil § 6 BauO — Abstandflächen

		Rn.
A	**Vorbemerkungen**	1–24
	1. Zweck der Regelung	1–3
	2. Anforderungen an die Tagesbeleuchtung	4–11
	3. Seitlich einfallendes Tageslicht	12
	4. Abschirmung seitlich einfallenden Tageslichts	13
	5. Besonnung	14
	6. Belüftung	15
	7. Sozialabstand	16
	8. Brandschutz	17
	9. Abweichungen vom Regelfall	18–19
	10. Andere Einflussfaktoren	20
	11. Gestaltung des Ortsbildes	21
	12. Nachbarschutz	22–24
B	**Grundsatzregelungen** (Absätze 1 bis 3)	25–69
	1. Definition der Abstandfläche und Rechtswirkung der Regelung (Abs. 1 Satz 1)	25–33
	a) Abstandflächen als Flächen in der Ebene der Geländeoberfläche	25
	b) Lage der Abstandflächen vor den Außenwänden	26–28
	c) Oberirdische Gebäude und andere bauliche Anlagen sowie andere Anlagen und Einrichtungen	29–30

Inhaltsverzeichnis

		Rn.
d)	Oberirdische Außenwände und Wandteile	31
e)	Zulässige Überbauung von Abstandflächen	32−35

2. Berücksichtigung planungsrechtlicher Vorschriften über
 den Grenzanbau (Abs. 1 Sätze 2 bis 4)   36−97
    a) Die planungsrechtlichen Vorschriften über den Grenzanbau   36−37
    b) Bauweise   38−43
    c) Geschlossene Bauweise   44−54
    d) Offene Bauweise   55−83
    e) Abweichende Bauweisen   84−89
    f) Mögliche Abweichungen von den planungsrechtlichen Vorgaben   90−97

3. Bezug zum Grundstück (Abs. 2 Satz 1)   98−100

4. Abstandflächen auf öffentlichen Verkehrsflächen, öffentlichen Grünflächen und öffentlichen Wasserflächen (Abs. 2 Satz 2)   101−108

5. Überdeckungsverbot (Abs. 3)   109−117
    a) Zweck und Bedeutung der Regelung   109−110
    b) Geltung nur für einander gegenüberliegende Wände   111−113
    c) Sonderregelung für Gartenhofhäuser   114−116
    d) Ausschluss des Überdeckungsverbots für Gebäude und bauliche Anlagen, die in den Abstandflächen zulässig sind oder gestattet werden   117

C **Bemessungsregeln** (Absätze 4 bis 9)   118−249

1. Das Maß H als Bezugsgröße (Abs. 4)   118−152
    a) Allgemeine Bemessungsgrundsätze   118−120
    b) Unterer Bezugspunkt   121−128
    c) Oberer Bezugspunkt   129−132
    d) Berücksichtigung von Dach- und Giebelflächen   133−145
    e) Besondere Dachformen   146−151
    f) Auswirkungen baulicher Veränderungen   152

2. Ermittlung der Tiefe der Abstandfläche aus dem Maß H (Abs. 5 Sätze 1 und 2)   153−165
    a) Bezug zur Art der baulichen Nutzung   153−156
    b) Feststellung des Baugebiets   157−158
    c) Nutzungsgrenzen   159−162
    d) Nutzungsänderung   163−165

3. Wirkung der Regelungen des Abs. 5 Satz 1 im Normalfall   166−170
    a) Lichteinfallswinkel im Normalfall   166−167
    b) Bedeutung des Lichteinfallswinkels für die in den Baugebieten zulässigen Nutzungen   168−170

… Inhaltsverzeichnis

	Rn.
4. Wirkung der Regelungen des Abs. 5 Sätze 1 und 2 bei Abweichungen vom Normalfall	171–183
a) Gebäude unterschiedlicher Höhe	171–172
b) Gebäude am Hang	173
c) Punkthausbebauung	174–177
d) Innenhofumbauung	178–179
e) Nutzungsgrenzen	180–182
f) Überlagerungsfälle	183
5. Wandhöhen und Straßenbreiten	184–188
6. Von der H unabhängige Mindesttiefe der Abstandfläche (Abs. 5 Satz 5)	189–194
a) Prinzip der 3-m-Regelung	189–192
b) Wirkung der 3-m-Regelung	193–194
7. Schmalseitenprivileg (Abs. 6)	195–230
a) Zum Begriff Schmalseitenprivileg	195–204
b) Länge der Außenwand	205–206
c) Anwendung des Schmalseitenprivilegs auf Hochhäuser	207–208
d) Bedeutung der 3-m-Regelung für die Anwendbarkeit des Schmalseitenprivilegs	209–210
e) Eingeschränkte Anwendbarkeit bei Gebäude- oder Grenzanbau	211–228
f) Nachbarschutz	229–230
8. Vortretende Bauteile und Vorbauten (Abs. 7)	231–241
a) Untergeordnete Bauteile	231–234
b) Größere Bauteile	235
c) Abstand zur Nachbargrenze	236
d) Bezug zum Planungsrecht	237–239
e) Auswirkungen baulicher Veränderungen	240–241
9. Größere Mindesttiefen der Abstandflächen bei Verwendung normalentflammbarer Baustoffe (Abs. 8)	242
10. Geringere Tiefen der Abstandflächen in Gewerbe- und Industriegebieten (Abs. 9)	243–249
a) Anwendungsbereich	243–244
b) Verhältnis zu Abs. 5 Sätze 1 und 5	245–247
c) Nichtgeltung gegenüber Grundstücksgrenzen	248
d) Anwendbarkeit des Abs. 6 in GE- und GI-Gebieten	249

Inhaltsverzeichnis

		Rn.
D	Besondere Regelungen	250–410

I. **Andere bauliche Anlagen, sonstige Anlagen und Einrichtungen** (Abs. 10) 250–275

    1. Wirksamkeit der Absätze 1 bis 9 gegenüber Gebäuden und Nachbargrenzen 250–252

    2. Anwendbarkeit der Absätze 11 bis 17 253–255

    3. Verhältnis zum Planungsrecht 256–259

    4. Anlagen und Einrichtungen, von denen Wirkungen wie von Gebäuden ausgehen 260–275

        a) Allgemeines 260–262

        b) Beispiele 263–274

            – Beispiel Mauern, die höher als 2,00 m sind 264

            – Beispiel Werbetafeln 265

            – Beispiel Terrasse 266

            – Beispiel Anschüttung 267

            – Beispiel Stellplatz 268

            – Beispiel Hundezwinger 269

            – Beispiel Kinderspielplatz 270

            – Beispiel Silo 271

            – Beispiel Rohrleitungen 272

            – Beispiel Ballfangzaun 273

            – Beispiel Lagerplatz 274

        c) Windenergieanlagen 275

II. **Zulässigkeit von Grenzgaragen, Gebäuden mit Abstellräumen, Gewächshäuser, Stützmauern und Einfriedungen** (Abs. 11) 276–309

    1. Allgemeines 276–279

    2. Grenzgaragen 280–303

        a) Bauordnungsrechtliche und bauplanungsrechtliche Zulässigkeitsvoraussetzungen 280–297

        b) Höhenbegrenzung von Grenzgaragen 298–300

        c) Längenbegrenzung von Grenzgaragen 301–303

    3. Gebäude mit Abstellräumen und Gewächshäuser 304–305

    4. Stützmauern und geschlossene Einfriedungen 306–308

    5. Garagen in vermindertem Abstand zur Nachbargrenze 309

III. **Abweichungsmöglichkeiten** 310–364

    1. Abweichungsmöglichkeiten für bestimmte Gebäude, bauliche Anlagen und andere Anlagen und Einrichtungen (Abs. 12) 310–325

Inhaltsverzeichnis

		Rn.
a)	Allgemeines	310–313
b)	Garagen	314–315
c)	Eingeschossige Gebäude	316–324
d)	Anlagen und Einrichtungen nach Abs. 10	325

2. Abweichungen für gegenüberliegende Wände desselben Gebäudes (Abs. 13)   326–332

    a) Allgemeine Voraussetzungen für die Anwendung der Abweichungsregelung   326–327
    b) Unterschiedliche Anwendungsfälle   328–332

3. Abweichungen bei nachträglicher Bekleidung von Außenwänden bestehender Gebäude (Abs. 14)   333–334

4. Abweichungen bei Nutzungsänderungen (Abs. 15)   335

5. Ausnahmen für überwiegend bebaute Gebiete (Abs. 16)   336–364
    a) Zweck der Regelung   336–338
    b) Überwiegend bebautes Gebiet   339
    c) Bezug zu den planungsrechtlichen Vorschriften der §§ 29 ff. BauGB   340–342
    d) Anwendbarkeit auch ohne Satzung   343–345
    e) Gestaltung des Straßenbildes und besondere städtebauliche Verhältnisse   346–359
    f) Entgegenstehende Gründe   360–363
    g) Gestatten oder Verlangen einer Abweichung   364

IV. Vorrang für den Bebauungsplan (Abs. 17)   365–410

1. Allgemeines   365–371
2. Eingeschränkte Geltung der Absätze 1 bis 3   372–377
3. Verdrängung der Absätze 4 und 5   378–380
4. Eingeschränkte Geltung des Schmalseitenprivilegs   381
5. Eingeschränkte Geltung der Absätze 7 bis 16   382–391
6. Begründung von Festsetzungen über die Höhe und den Abstand der Gebäude   392–410
    a) Allgemeines   392
    b) Brandschutz   393–394
    c) Sozialabstand   395
    d) Tagesbeleuchtung   396–401
7. Keine Richtwerte zur Begründung abweichender Abstände nach Abs. 17   402–405
8. Allgemeine Grundsätze für die Bemessung von Gebäudeabständen im Bebauungsplan   406–410

Inhaltsverzeichnis

Rn.

2. Teil § 7 BauO — Übernahme von Abstandflächen auf andere Grundstücke

A Übertragung von Abstandflächen auf andere Grundstücke (Abs. 1)   1–12

1. Bezugnahme auf die Regelung des § 6 Abs. 2   1
2. Zweck und Wirkung der Vorschrift   2–3
3. Anderes Grundstück   4–5
4. Voraussetzungen   6–9
5. Zulässige Überbauung übertragener Abstandflächen (Abs. 1 Satz 2)   10–12

B Nachträgliche Grenzänderungen und Grundstücksteilungen (Abs. 2)   13–26

1. Bezug zu Abs. 1   13
2. Begriffe   14–17
   - a) Grenzänderung   14–15
   - b) Teilung   16
   - c) Grundstück   17
3. Bezug zur Bebauung   18–22
4. Vorgeschriebene Abstandflächen   23–26

Seite

Stichwortverzeichnis   231

Abkürzungsverzeichnis

a.	anders (und Ableitungen)
A.	Ansicht
a. a. O.	am angegebenen Ort
Abs.	Absatz
allg.	allgemein
amtl.	amtlich
Anm.	Anmerkung
AO	Abgabenordnung (AO 1977) v. 16. 3. 1976 (BGBl. I 613), zuletzt geändert d. Gesetz v. 21. 1. 1987 (BGBl. I 475)
Art.	Artikel
Aufl.	Auflage
Bad.-Württ.	Baden-Württemberg oder Ableitungen
BauGB	Baugesetzbuch
BauNVO	Verordnung über die bauliche Nutzung der Grundstücke (Baunutzungsverordnung)
BauO	Bauordnung
BauR	Baurecht (Zeitschrift)
Bay.	Bayern, bayerisch
BBauBl.	Bundesbaublatt
BBauG	Bundesbaugesetz
ber.	berichtigt
Beschl.	Beschluss
BGB	Bürgerliches Gesetzbuch
BGBl.	Bundesgesetzblatt
BGH	Bundesgerichtshof
BImSchG	Gesetz zum Schutz vor schädlichen Umwelteinwirkungen durch Luftverunreinigungen, Geräusche, Erschütterungen und ähnliche Vorgänge (Bundes-Immissionsschutzgesetz)

Abkürzungsverzeichnis

BRS	Baurechtssammlung
BVerfG	Bundesverfassungsgericht
BVerfGE	Entscheidungen des Bundesverfassungsgerichts
BVerwG	Bundesverwaltungsgericht
BVerwGE	Entscheidungen des Bundesverwaltungsgerichts
bzw.	beziehungsweise
d	der, die, das und deren Ableitungen
d. h.	das heißt
DIN	Deutsche Industrienorm des Deutschen Instituts für Normung
DÖV	Die öffentliche Verwaltung (Zeitschrift)
DVBl.	Deutsches Verwaltungsblatt
e. V.	eingetragener Verein
ff.	folgende
GBl.	Gesetzblatt
Ges.	Gesetz
GG	Grundgesetz für die Bundesrepublik Deutschland
ggf.	gegebenenfalls
GV	Gesetz- und Verordnungsblatt
Hess.	Hessisch
i. d. F.	in der Fassung
i. S.	im Sinne
i. V. m.	in Verbindung mit
LKT	Landkreistag
MBl.	Ministerialblatt
m. w. N.	mit weiteren Nachweisen
NRW	Nordrhein-Westfalen
OLG	Oberlandesgericht
OVG	Oberverwaltungsgericht
OWiG	Gesetz über Ordnungswidrigkeiten

Abkürzungsverzeichnis

PlanzV	Verordnung über die Ausarbeitung der Bauleitpläne sowie über die Darstellung des Planinhalts (Planzeichenverordnung 1990 — PlanzV 90)
RdErl.	Runderlaß
Rn.	Randnummer
RGaO	Verordnung über Garagen und Einstellplätze
RHG	Reichsheimstättengesetz
Rhld.-Pf.	Rheinland-Pfalz
S.	Satz oder Seite
s.	siehe
sog.	so genannt
StBauFG	Gesetz über städtebauliche Sanierungs- und Entwicklungsmaßnahmen in den Gemeinden (Städtebauförderungsgesetz — StBauFG); vgl. § 245 BauGB
u.	und
Urt.	Urteil
v.	vom
VA	Verwaltungsarchiv
VerfGH	Verfassungsgerichtshof
VG	Verwaltungsgericht
VGH	Verwaltungsgerichtshof
vgl.	vergleiche
VO	Verordnung
VR	Verwaltungsrundschau
VwGO	Verwaltungsgerichtsordnung
VwVfG	Verwaltungsverfahrensgesetz
WoBauErlG	Gesetz zur Erleichterung des Wohnungsbaus im Planungs- und Baurecht sowie zur Änderung mietrechtlicher Vorschriften (Wohnungsbau-Erleichterungsgesetz — WoBauErlG)
z. B.	zum Beispiel

Bauordnung für das Land Nordrhein-Westfalen
— Landesbauordnung —
(BauO NW)

in der Fassung der Bekanntmachung vom 1. März 2000 (GV. NRW. S. 256), geändert durch Gesetz vom 9. Mai 2000 (GV. NRW. S. 439, 445)

— Auszug —

§ 6
Abstandflächen

(1) ¹Vor Außenwänden von Gebäuden sind Flächen von oberirdischen Gebäuden freizuhalten (Abstandflächen). ²Innerhalb der überbaubaren Grundstücksfläche ist eine Abstandfläche nicht erforderlich vor Außenwänden die an der Nachbargrenze errichtet werden, wenn nach planungsrechtlichen Vorschriften

a) das Gebäude ohne Grenzabstand gebaut werden muss oder

b) das Gebäude ohne Grenzabstand gebaut werden darf und öffentlich-rechtlich gesichert ist, dass auf dem Nachbargrundstück ebenfalls ohne Grenzabstand gebaut wird.

³Muss nach planungsrechtlichen Vorschriften mit Grenzabstand gebaut werden, ist aber auf dem Nachbargrundstück innerhalb der überbaubaren Grundstücksfläche ein Gebäude ohne Grenzabstand vorhanden, so kann gestattet oder verlangt werden, dass ebenfalls ohne Grenzabstand gebaut wird. ⁴Muss nach planungsrechtlichen Vorschriften ohne Grenzabstand gebaut werden, ist aber auf dem Nachbargrundstück innerhalb der überbaubaren Grundstücksfläche ein Gebäude mit Grenzabstand vorhanden, so kann gestattet oder verlangt werden, dass eine Abstandfläche eingehalten wird.

(2) ¹Die Abstandflächen müssen auf dem Grundstück selbst liegen. ²Die Abstandflächen dürfen auch auf öffentlichen Verkehrsflächen, öffentlichen Grünflächen und öffentlichen Wasserflächen liegen, jedoch nur bis zu deren Mitte.

(3) Die Abstandflächen dürfen sich nicht überdecken; dies gilt nicht für

1. Außenwände, die in einem Winkel von mehr als 75° zueinander stehen,

2. Außenwände zu einem fremder Sicht entzogenen Gartenhof bei Wohngebäuden mit nicht mehr als zwei Wohnungen und

3. Gebäude und andere bauliche Anlagen, die in den Abstandflächen zulässig sind oder gestattet werden.

(4) ¹Die Tiefe der Abstandfläche bemisst sich nach der Wandhöhe; sie wird senkrecht zur Wand gemessen. ²Als Wandhöhe gilt das Maß von der Geländeoberfläche bis zur Schnittlinie der Wand mit der Dachhaut oder bis zum oberen Abschluss der Wand. ³Besteht eine Außenwand aus Wandteilen unterschiedlicher Höhe, so ist die Wandhöhe je Wandteil zu ermitteln. ⁴Bei geneigter Geländeoberfläche ist die im Mittel gemessene Wandhöhe maßgebend; diese ergibt sich aus den Wandhöhen an den Gebäudekanten oder der vertikalen Begrenzungen der Wandteile. ⁵Zur Wandhöhe werden hinzugerechnet:

1. voll die Höhe von
   - Dächern und Dachteilen mit einer Dachneigung von mehr als 70°,
   - Giebelflächen im Bereich dieser Dächer und Dachteile, wenn beide Seiten eine Dachneigung von mehr als 70° haben,

2. zu einem Drittel die Höhe von
   - Dächern und Dachteilen mit einer Dachneigung von mehr als 45°,
   - Dächern mit Dachgaupen oder Dachaufbauten, deren Gesamtbreite je Dachfläche mehr als die Hälfte der darunter liegenden Gebäudewand beträgt,
   - Giebelflächen im Bereich von Dächern und Dachteilen, wenn nicht beide Seiten eine Dachneigung von mehr als 70° haben.

⁶Das sich ergebende Maß ist H.

(5) ¹Die Tiefe der Abstandflächen beträgt
- 0,8 H,
- 0,5 H in Kerngebieten, Gewerbegebieten und Industriegebieten,
- 0,25 H in Gewerbegebieten und Industriegebieten vor Außenwänden von Gebäuden, die überwiegend der Produktion oder Lagerung dienen.

²Zu öffentlichen Verkehrsflächen beträgt die Tiefe der Abstandfläche − 0,4 H, − 0,25 H in Kerngebieten, Gewerbegebieten und Industriegebieten. ³In Sondergebieten können geringere Tiefen der Abstandflächen als 0,8 H gestattet werden, wenn die Nutzung des Sondergebietes dies rechtfertigt. ⁴Zu angrenzenden anderen Baugebieten gilt die jeweils größere Tiefe der Abstand-

fläche. ⁵In allen Fällen muss die Tiefe der Abstandflächen mindestens 3,0 m betragen. ⁶Absatz 16 bleibt unberührt.

(6) ¹Vor zwei Außenwänden eines Gebäudes genügt auf einer Länge von nicht mehr als 16 m als Tiefe der Abstandfläche die Hälfte der nach Absatz 5 Satz 1 erforderlichen Tiefe, mindestens jedoch 3 m (Schmalseitenprivileg). ²Wird ein Gebäude mit einer Außenwand an ein anderes Gebäude oder an eine Nachbargrenze gebaut, gilt das Schmalseitenprivileg nur noch für eine Außenwand. ³Eine in sich gegliederte Wand gilt als Außenwand im Sinne des Satzes 1. ⁴Gegenüber einem Gebäude oder einer Grundstücksgrenze kann das Schmalseitenprivileg für ein Gebäude nur einmal in Anspruch genommen werden. ⁵Rechtmäßig bestehende Wandteile, die einen geringeren Abstand zur Nachbargrenze aufweisen, als er nach Absatz 5 erforderlich ist, stehen dem Schmalseitenprivileg nicht entgegen.

(7) ¹Vor die Außenwand vortretende Bauteile wie Gesimse, Dachvorsprünge, Blumenfenster, Hauseingangstreppen und deren Überdachungen sowie Vorbauten wie Erker und Balkone bleiben bei der Bemessung außer Betracht, wenn sie nicht mehr als 1,50 m vortreten. ²Von gegenüberliegenden Nachbargrenzen müssen sie mindestens 2,0 m entfernt bleiben; das Erdgeschoss erschließende Hauseingangstreppen und deren Überdachungen müssen mindestens 1,50 m entfernt bleiben.

(8) (aufgehoben)

(9) ¹Abweichend von Absatz 5 genügen in Gewerbe- und Industriegebieten vor Wänden ohne Öffnungen als Tiefe der Abstandfläche

1. 1,50 m, wenn die Wände einer Feuerwiderstandsklasse entsprechen und einschließlich ihrer Bekleidung aus nichtbrennbaren Baustoffen bestehen,

2. 3,0 m, wenn die Wände einer Feuerwiderstandsklasse entsprechen oder einschließlich ihrer Bekleidung aus nichtbrennbaren Baustoffen bestehen.

²Dies gilt nicht für Abstandflächen gegenüber Grundstücksgrenzen.

(10) ¹Für bauliche Anlagen und andere Anlagen und Einrichtungen, von denen Wirkungen wie von Gebäuden ausgehen, gelten die Absätze 1 bis 9 gegenüber Gebäuden und Nachbargrenzen sinngemäß. ²Für Windenergieanlagen gelten die Absätze 4 bis 9 nicht. Bei diesen Anlagen bemisst sich die Tiefe der Abstandfläche nach der Hälfte ihrer größten Höhe. ³Die größte Höhe errechnet sich bei Anlagen mit Horizontalachse aus der Höhe der Rotorachse

§ 6 BauO NRW Abstandflächen

über der geometrischen Mitte des Mastes zuzüglich des Rotorradius. ⁴Die Abstandfläche ist ein Kreis um den geometrischen Mittelpunkt des Mastes.

(11) ¹In den Abstandflächen eines Gebäudes sowie ohne eigene Abstandfläche sind zulässig

1. an der Nachbargrenze gebaute überdachte Stellplätze und Garagen bis zu einer Länge von 9,0 m einschließlich darauf errichteter Anlagen zur Gewinnung von Solarenergie sowie Parabolantennen und sonstige Antennenanlagen jeweils bis zu 1,5 m Höhe sowie Gebäude mit Abstellräumen und Gewächshäuser mit einer Grundfläche von nicht mehr als 7,5 m²; die mittlere Wandhöhe dieser Gebäude darf nicht mehr als 3,0 m über der Geländeoberfläche an der Grenze betragen, die Grenzbebauung darf entlang einer Nachbargrenze 9,0 m und insgesamt 15,0 m nicht überschreiten,

2. Stützmauern und geschlossene Einfriedungen bis zu einer Höhe von 2,0 m über der Geländeoberfläche an der Grenze, in Gewerbe- und Industriegebieten ohne Begrenzung der Höhe.

²Die Grundfläche der in Satz 1 genannten Gebäude mit Abstellräumen und der Gewächshäuser darf innerhalb eines Abstandes von 3,0 m von der Nachbargrenze nicht mehr als 7,5 m² betragen. ³Satz 1 Nr. 1 gilt auch, wenn die baulichen Anlagen in einem Abstand von 1 bis zu 3 m von der Nachbargrenze gebaut werden. ⁴In den Abstellräumen nach Satz 1 Nr. 1 sind Leitungen und Zähler für Energie und Wasser, Feuerstätten für flüssige oder gasförmige Brennstoffe mit einer Nennwärmeleistung bis zu 28 kW und Wärmepumpen entsprechender Leistung zulässig.

(12) In den Abstandflächen eines Gebäudes und zu diesem ohne eigene Abstandfläche sind, wenn die Beleuchtung der Räume des Gebäudes nicht wesentlich beeinträchtigt wird, zulässig

1. Garagen,

2. eingeschossige Gebäude ohne Fenster zu diesem Gebäude,

3. bauliche Anlagen und andere Anlagen und Einrichtungen, von denen Wirkungen wie von Gebäuden ausgehen (Absatz 10).

(13) Liegen sich Wände desselben Gebäudes gegenüber, so können geringere Tiefen der Abstandflächen als nach Absatz 5 gestattet werden, wenn die Beleuchtung der Räume des Gebäudes nicht wesentlich beeinträchtigt wird.

(14) Bei der nachträglichen Bekleidung oder Verblendung von Außenwänden sowie der nachträglichen Anhebung der Dachhaut bestehender Gebäude können geringere Tiefen der Abstandflächen als nach Absatz 5 gestattet werden, wenn die Baumaßnahme der Verbesserung des Wärmeschutzes dient.

(15) ¹Bei Nutzungsänderungen sowie bei geringfügigen baulichen Änderungen bestehender Gebäude ohne Veränderung von Länge und Höhe der den Nachbargrenzen zugekehrten Wände können unter Würdigung nachbarlicher Belange geringere Tiefen der Abstandflächen gestattet werden, wenn Gründe des Brandschutzes nicht entgegenstehen. ²Satz 1 gilt nicht für Gebäude nach Absatz 11 Satz 1 Nr. 1.

(16) In überwiegend bebauten Gebieten können geringere Tiefen der Abstandflächen gestattet oder verlangt werden, wenn die Gestaltung des Straßenbildes oder besondere städtebauliche Verhältnisse dies auch unter Würdigung nachbarlicher Belange rechtfertigen und wenn Gründe des Brandschutzes nicht entgegenstehen.

(17) Ergeben sich durch zwingende Festsetzungen eines Bebauungsplanes im Sinne von § 8 oder § 12 des Baugesetzbuches geringere Tiefen der Abstandflächen, so gelten diese Tiefen.

§ 7
Übernahme von Abstandflächen auf andere Grundstücke

(1) ¹Abweichend von § 6 Abs. 2 Satz 1 ist zulässig, dass Abstandflächen sich ganz oder teilweise auf andere Grundstücke erstrecken, wenn durch Baulast gesichert ist, dass sie nicht überbaut und auf die auf diesen Grundstücken erforderlichen Abstandflächen nicht angerechnet werden. ²Vorschriften, nach denen eine Überbauung zulässig ist oder gestattet werden kann, bleiben unberührt.

(2) ¹Die bei der Errichtung eines Gebäudes vorgeschriebenen Abstandflächen dürfen auch bei nachträglichen Grenzänderungen und Grundstücksteilungen nicht unterschritten oder überbaut werden. ²Absatz 1 gilt entsprechend.

§ 6 BauO NRW — Abstandflächen

Hinweise zu den Abbildungen

Bei den Abbildungen handelt es sich überwiegend um Baukörperdarstellungen in vereinfachter Perspektive. Die Abstandflächen sind dabei regelmäßig durch Punktraster hervorgehoben.

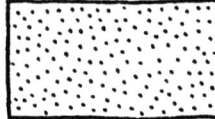

Überlagern oder überdecken sich Abstandflächen, so sind die entsprechenden Flächen durch ein dichteres Punktraster gekennzeichnet.

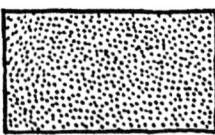

Es handelt sich dabei überwiegend um Flächen, die sich im Sinne des Abs. 3 Halbsatz 2 Nr. 1 zulässigerweise überdecken, gelegentlich aber auch um Flächen mit unzulässiger Überdeckung (z. B. Abb. 6.3.1). Näheres ergibt sich aus den erläuternden Bildunterschriften.

In den Abbildungen 6.17.9 bis 6.17.12 wird die Punktrasterung abweichend nicht für die Darstellung von Abstandflächen, sondern von Verschattungsflächen verwendet.

Soweit Bebauungspläne oder Bebauungsplanausschnitte in den Abbildungen dargestellt werden, werden die Planzeichen der Anlage zur Planzeichenverordnung 1990 verwendet. Die Punktrasterung wird dann gemäß Nr. 6.1 Anlage zur Planzeichenverordnung zur Darstellung von Straßenverkehrsflächen verwendet (z. B. Abb. 6.1.8).

1. Teil
§ 6 BauO NRW — Abstandflächen

A Vorbemerkungen

1. Zweck der Regelung

Die Vorschriften über Abstandflächen verfolgen als Teil der Bauordnung Ziele des dem Landesgesetzgeber zur Regelung überlassenen „Baupolizeirechts im bisher gebräuchlichen Sinne" (Rechtsgutachten des Bundesverfassungsgerichts vom 16. 6. 1954). Die Regelung über die Abstandflächen ist dementsprechend in das System der Gefahrenabwehr als Gefahrenprophylaxe eingefügt. **1**

Es geht insbesondere um **2**

— Brandschutz,

— Versorgung der Räume mit Tageslicht,

— Schutz vor fremder Sicht (Sozialabstand).

Dabei steht der Schutz des Wohnens im Vordergrund.

Das Bundesverwaltungsgericht rechnet außer den vorgenannten Belangen auch die Besonnung und die Belüftung zu den mit den Abstandvorschriften erfassten Schutzgütern (BVerwG, Urt. v. 16. 9. 1993 — 4 C 28.91 — BRS 55 Nr. 110). **3**

2. Anforderungen an die Tagesbeleuchtung

Die „modernen" Abstandregelungen gehen auf Überlegungen zurück, die vom deutschen Verein für öffentliche Gesundheitspflege in den siebziger und achtziger Jahren des neunzehnten Jahrhunderts entwickelt worden waren (Entwurf reichsgesetzlicher Vorschriften zum Schutze des gesunden Wohnens vom 14. 9. 1889). Anlass für die städtebaulichen Reformbestrebungen waren die zum Teil katastrophalen hygienischen Verhältnisse in den damals stark wachsenden Großstädten. Die hohe Bebauungsdichte mit lichtlosen Hinterhöfen wurde als mitverursachend für die Ausbreitung von Krankheiten und Seuchen angesehen. **4**

§ 6 BauO NRW   Abstandflächen

Die hygienischen Anforderungen an den Wohnungsbau wurden einprägsam in der Forderung nach „**Licht, Luft und Sonne**" zusammengefasst. Allerdings hatte der deutsche Verein für öffentliche Gesundheitspflege in diesem Zusammenhang nicht nur größere Gebäudeabstände gefordert. Die Anforderungen, die sich auf Gebäudeabstände bezogen, waren Teil eines umfassenden Programms, zu dem insbesondere der Bodenschutz, die Abwasserbeseitigung und die Frischwasserversorgung gehörten. Für Neubaugebiete wurde die Einführung der damals noch selten anzutreffenden offenen Bauweise gefordert.

5   Mit der Forderung nach ausreichender Belichtung, Belüftung und Besonnung werden häufig auch die neueren Abstandsregelungen begründet. Die städtebaulichen Verhältnisse haben sich allerdings in den vergangenen hundert Jahren grundlegend geändert. Andere Probleme sind in den Vordergrund getreten. Eine hohe Bebauungsdichte wird nicht mehr gleichgesetzt mit städtebaulichen Missständen. Im Gegenteil: **Verdichtung** und **flächensparendes Bauen** gehören seit einigen Jahren zu den immer wieder genannten städtebaulichen Zielen.

6   Im Bereich der Wohnungsmedizin haben neuere Erkenntnisse die Vorstellungen aus dem neunzehnten Jahrhundert verdrängt. Die Annahmen der Mitglieder des deutschen Vereins für öffentliche Gesundheitspflege zur Bedeutung des Sonnenlichts für die physische Gesundheit entsprechen nicht mehr dem heutigen Stand der medizinischen Forschung (D. Oeter: Licht im Hoch- und Städtebau aus medizinischer Sicht. Schriftenreihe Landes- und Stadtentwicklungsforschung des Landes Nordrhein-Westfalen, Bd. 3.021. Dortmund 1980). Die Anforderungen an die Tagesbeleuchtung ergeben sich heute weniger aus der angenommenen biologischen Funktion des Tageslichts als aus dessen **psychophysischer Funktion** (J. Krochmann: Forderungen an Abstandflächen und Fenster im Hinblick auf Kommunikation und Privatheit. Forschungsbericht 1978, unveröffentlicht).

7   Die Tagesbeleuchtung hat mit den Fortschritten in der Lichttechnik an Bedeutung verloren. Arbeitsplätze im gewerblichen Bereich sind auf (zusätzliche) künstliche Beleuchtung angewiesen. Dem trägt die Landesbauordnung insoweit Rechnung, als nach § 6 Abs. 9 in Gewerbe- und Industriegebieten die Errichtung von Gebäuden in einem Abstand von nur 3 m unabhängig von der Höhe der Gebäude zulässig ist.

In Kerngebieten werden Verwaltungsgebäude mit großer Bautiefe errichtet. Die Fenster dieser Gebäude, häufig mit Sonnenschutzverglasung oder anderen Sonnenschutzvorrichtungen versehen, dienen mehr dem **Sichtkontakt zum Außenraum** als der Belichtung, Besonnung und Belüftung. Dies berücksichtigt § 7 der Arbeitsstättenverordnung.

Erhöht haben sich demgegenüber die allgemeinen Anforderungen an die Tagesbeleuchtung im Wohnungsbau. Die Anforderungen sind hier nicht nur auf eine eben nur ausreichende Tagesbeleuchtung gerichtet. Eine helle (= freundliche) Wohnung ist das Ziel weiter Kreise der Bevölkerung (Ergebnisse einer Befragung im Rahmen einer im Auftrag des Landes Nordrhein-Westfalen durchgeführten Untersuchung über Mindestabstände zwischen Gebäuden und Fenstergrößen für ausreichende Tagesbeleuchtung. Forschungsbericht 1978, unveröffentlicht). Die Anforderungen an die Tagesbeleuchtung, die sich insoweit aus den **Wohnbedürfnissen der Bevölkerung** ableiten, sind danach weniger der Gefahrenabwehr zuzuordnen als den Belangen, die nach § 1 Abs. 5 BauGB bei der Bauleitplanung zu berücksichtigen sind. Dem entspricht die Landesbauordnung, indem sie in § 6 Abs. 17 der planungsrechtlichen Regelung der Gebäudeabstände den Vorrang einräumt. Damit werden die bauordnungsrechtlichen Abstandsregelungen in ihrer Bedeutung relativiert, ohne insgesamt in Frage gestellt zu werden. 8

Den Abstandvorschriften liegen keine Richtwerte über die anzustrebende Tagesbeleuchtung von Aufenthaltsräumen zugrunde. Welche Tagesbeleuchtung angestrebt wird, kann nur rückschließend aus den Gebäudeabständen ermittelt werden, die sich aus den Bemessungsregeln des § 6 Absätze 4 bis 6 ergeben. 9

Der gewünschte „helle Raumeindruck" kann im Erdgeschoss einer dreigeschossigen Bebauung bei heute üblichen lichten Raumhöhen von 2,50 m nur erreicht werden, wenn der Abstand zwischen zwei gleich hohen Hauszeilen 27 m beträgt. Das ist das Ergebnis der lichttechnischen Untersuchungen über Mindestabstände zwischen Gebäuden (vgl. Rn. 8). Aus den Bemessungsregeln des § 6 Absätze 4 bis 6 errechnet sich jedoch ein Gebäudeabstand von nur 14,00 m (bei einer Bruttogeschosshöhe von 2,75 m und Sockel- und Dachhöhen von insgesamt 0,50 m ergibt sich nach Abs. 4 eine H von 8,75 m und daraus nach Abs. 5 ein Maß von 7,00 m für die Tiefe der vor den Gebäuden einzuhaltenden Abstandflächen. Die doppelte Tiefe der Abstandflächen ergibt den Gebäudabstand von 14,00 m).

10 Aus der Tatsache, dass die zur Sicherstellung eines hellen Raumeindrucks notwendigen Abstände der Abstandregelung nicht zugrunde gelegt wurden, kann abgeleitet werden, dass es nicht als Aufgabe einer bauordnungsrechtlichen Regelung angesehen wurde und wird, eine den modernen Wohnbedürfnissen entsprechende Tagesbeleuchtung zu sichern. Es soll jedoch eine unzumutbare Beeinträchtigung in der Tagesbeleuchtung von Aufenthaltsräumen verhindert werden.

11 Die Auffassungen darüber, welche Tagesbeleuchtung als ausreichend anzusehen wäre und welche als nicht mehr ausreichend, gehen weit auseinander. Das ergibt sich aus den von Bundesland zu Bundesland unterschiedlichen Vorschriften über die Bemessung der Tiefe der Abstandflächen.

In seinem Urteil vom 20. 2. 1980 (IV OE 49/77 – BRS 36 Nr. 124) hatte der Hess.VGH einen Lichteinfallswinkel zur Waagerechten von 45° als Grenzwert angenommen. Er berief sich dabei auf die Musterbauordnung 1959 sowie auf die in älteren Bauordnungen genannten Werte. Die Hess.BauO vom 28. 12. 1993 hat diese Vorstellungen aufgegriffen. Danach wird für die Abstandflächen allgemein, also auch in Wohngebieten, eine Tiefe von 0,4 H als ausreichend angesehen. Daraus ergibt sich für einander gegenüberstehende gleich hohe Gebäude ein Abstand von 0,8 H. Rheinland-Pfalz und das Saarland sind der hessischen Abstandregelung gefolgt. Nordrhein-Westfalen hat zwar die hessische Regelung nicht übernommen. Die bislang nur für Wandlängen bis zu 16 m geltende Regelung über verminderte Tiefen der Abstandflächen gelten nun aber auch für andere Gebäudeanordnungen, so dass von einer Annäherung an die hessische Regelung gesprochen werden kann.

3. Seitlich einfallendes Tageslicht

12 Die Abstandvorschriften gehen von der Erfahrung aus, dass ein Gebäude durch ein gegenüberstehendes Gebäude verschattet wird. Je höher ein gegenüberstehendes Gebäude ist, desto größer muss der Abstand sein, wenn auch die Räume in den unteren Geschossen einer mehrgeschossigen Bebauung ausreichend mit Tageslicht versorgt werden sollen. Diese Regel gilt ohne Einschränkungen für einander gegenüberstehende Gebäudezeilen von beliebiger Länge. Kleinere Gebäude mit geringeren Wandlängen verschatten sich wechselseitig in geringerem Maße, weil außer dem Tageslicht, das über die obere Gebäudekante des gegenüberstehenden Gebäudes einfällt, seitlich über die senkrechten Gebäudekanten einfallendes Tageslicht hinzukommt. Daher können die Anforderungen bezüglich des Gebäudeabstandes für kleinere Gebäude aber auch für die Schmalseiten größerer Gebäude vermindert werden. Dies berücksichtigt die sogenannte Schmalseitenregelung.

Abstandflächen BauO NRW § 6

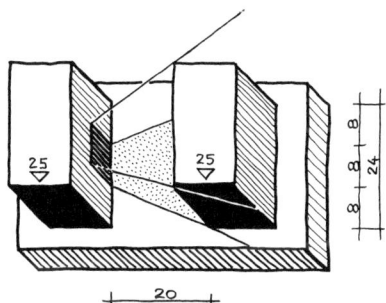

Abb. 6.0.1
Berücksichtigung des Lichteinfallwinkels von oben und von den Seiten. Bei einander gegenüberliegenden Außenwänden von mehr als 16 m Länge in einem Abstand von 2·0,4 H ergibt sich für die unteren Geschosse im mittleren Bereich ein Wandabschnitt mit unzureichender Beleuchtung.

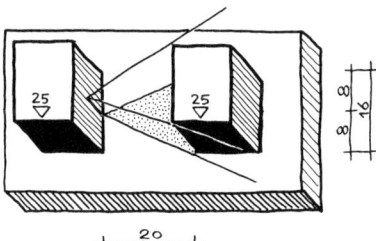

Abb. 6.0.2
Bei einander gegenüber liegenden Außenwänden von weniger als 16 m Länge ergeben sich bei einem Gebäudeabstand von 2·0,4 H keine unzumutbaren Verschattungen.

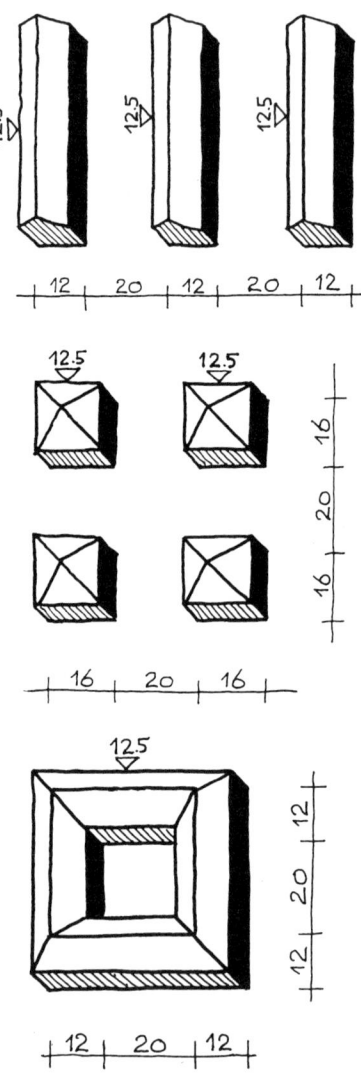

Abb. 6.0.3
Drei typische Bebauungsformen mit Abständen nach § 6 Abs. 5 (T = 0,8 H):
a) Gebäudezeilen (z. B. geschlossene Bauweise)
b) Einzelhäuser (z. B. Stadtvillen)
c) Geschlossene Hofumbauung (z. B. Baublock in geschlossener Bauweise).

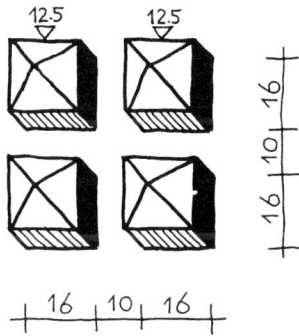

Abb. 6.0.4
Einzelhäuser in vermindertem Abstand nach § 6 Abs. 6 (2·0,4 H).

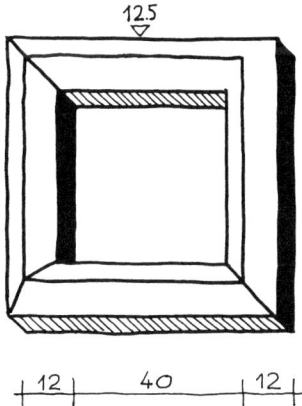

Abb. 6.0.5
Geschlossene Hofumbauung mit Abstandflächen, die über § 6 hinausgehen.

4. Abschirmung seitlich einfallenden Tageslichts

Rechtwinklig oder annähernd rechtwinklig an eine Außenwand anschließende Gebäude oder Gebäudeteile schirmen seitlich einfallendes Tageslicht ab und wirken insoweit verschattend auf die betreffende Außenwand. Die Abschirmung seitlich einfallenden Tageslichts durch anschließende Gebäude und Gebäudeteile bleibt jedoch in der gesetzlichen Regelung unberücksichtigt. Die Abstandsvorschriften erreichen ihr Ziel, eine ausreichende Tagesbeleuchtung der Gebäude sicherzustellen, insoweit nicht in allen Fällen.

Bei einer Bebauung mit allseitig umbauten **Innenhöfen** ergeben sich aus den Bemessungsregeln der Abstandvorschriften für die unteren Geschosse deutlich schlechtere Beleuchtungswerte, verglichen mit einander gegenüberstehenden Gebäudezeilen (lichttechnische Untersuchungen a. a. O. Rn. 8). Während bei schmalen Baukörpern wegen der Verbesserung der Tagesbeleuchtung aufgrund des seitlich einfallenden Tageslichts eine Halbierung der Tiefe der Abstandflächen vertretbar erscheint, wäre im Falle einer geschlossenen Hofumbauung wegen der Abschirmung seitlich einfallenden Tageslichts eine Verdoppelung der Tiefe der Abstandflächen erforderlich, um zu vergleichbaren Beleuchtungsverhältnissen zu kommen (Abb. 6.0.3 bis 6.0.5). Eine entsprechende Regelung ist mit Festsetzungen eines Bebauungsplans über die überbaubaren und nicht überbaubaren Grundstücksflächen und die Zahl der Vollgeschosse möglich.

5. Besonnung

14 Die lichttechnischen Anforderungen an die Beleuchtung von Arbeitsplätzen berücksichtigen allgemein nur die messbaren, quantitativen Anforderungen. Eine ausreichende Beleuchtung von Arbeitsplätzen kann auch durch künstliche Lichtquellen erreicht werden. Das Ziel der Abstandvorschriften ist demgegenüber eine ausreichende Versorgung der Aufenthaltsräume in den Gebäuden mit Tageslicht. Tageslicht ist immer Sonnenlicht, auch bei bedecktem Himmel (diffuses Tageslicht). Eine bestimmte Versorgung der Aufenthaltsräume eines Gebäudes mit direktem Sonnenlicht (Besonnung) bei unbedecktem Himmel kann mit den Abstandvorschriften nicht sichergestellt werden, weil die Besonnung in diesem Sinne von der Stellung der Gebäude zur Himmelsrichtung abhängig ist. Die Abstandvorschriften gelten aber unabhängig von der Stellung der Gebäude zur Himmelsrichtung. Mit **Verschattung** ist in diesem Zusammenhang nur die Minderung der Tagesbeleuchtung durch Gebäude oder andere bauliche sonstige Anlagen zu verstehen, nicht der sich auf dem Boden oder auf den Wänden bei unmittelbarer Sonneneinstrahlung klar abzeichnende Schlagschatten.

6. Belüftung

15 In der Rechtsprechung werden „Belichtung, Belüftung und Besonnung" häufig im Zusammenhang genannt (Rn. 3), so als sei das gleiche Abstandsmaß, das für eine ausreichende Tagesbeleuchtung gefordert wird, auch für eine ausreichende Belüftung erforderlich. Das ist aber offensichtlich nicht so. In der planungsrechtlich definierten offenen Bauweise sind die Belüftungsverhältnisse regelmäßig günstiger als in der geschlossenen Bauweise. Gleichwohl werden die Verhältnisse hinsichtlich der Belüftung in der geschlossenen Bebauung all-

gemein nicht als unzumutbar angesehen. Es kommt auch auf die Art der Nutzung an. Geruchsbelästigungen aus Gaststätten beeinträchtigen beispielsweise den Wohnwert in dicht bebauten Quartieren. Erheblich belästigende und gesundheitsschädliche Luftverunreinigungen können nicht mit Hilfe der bauordnungsrechtlichen Abstandvorschriften, sondern nur mit immissionsschutzrechtlichen Vorschriften aus den Wohngebieten ferngehalten werden.

7. Sozialabstand

Allgemeine Regeln über den einzuhaltenden Sozialabstand lassen sich nicht aufstellen. Ähnlich wie im Hinblick auf die Belüftung kann den Anforderungen allgemein in der offenen Bauweise eher entsprochen werden als in der geschlossenen Bauweise. Im Übrigen kommt es auf den Bautyp an. Eine Bebauung mit Gartenhofhäusern kann auch in geschlossener Bauweise mit hoher Bebauungsdichte den Anforderungen entsprechen (Rn. 20). 16

8. Brandschutz

In § 6 Absätze 5 und 6 wird für die Abstandflächen eine Mindesttiefe von 3 m vorgeschrieben, unabängig von der Wandhöhe. Diese Regelung dient vorrangig dem Schutz vor Brandübertragung aus gegenüberstehenden Gebäuden auf demselben Grundstück oder auf benachbarten Grundstücken. Die Außenwände müssen im Übrigen den Anforderungen der §§ 29 bzw. 31 entsprechen. Wird der Abstand zur Nachbargrenze von 2,50 m unterschritten, so müssen die Außenwände als Gebäudeabschlusswände, d. h nach § 31 Abs. 4 ohne Fenster oder Türen oder sonstige Öffnungen ausgeführt werden. 17

9. Abweichungen vom Regelfall

Bei der Abfassung der Abstandregelung in der Musterbauordnung 1981, an der sich die meisten Landesbauordnungen, so auch die BauO NRW, mit ihren Abstandregelungen orientiert hatten, ging man offenbar von Gebäuden mit rechteckigem Grundriss aus, deren Wände eine überall gleiche Höhe aufweisen und parallel zu den Grundstücksgrenzen verlaufen (BayVGH, Beschl. v. 21. 4. 1986 – Nr. Gr. S 1/85 – 15 B 84 A.2534 –, BRS 46 Nr. 103). Abweichungen von diesem der Regelung zugrunde liegenden Normalfall führen bei schematischer Anwendung der Abstandvorschriften des § 6 oft zu Ergebnissen, die mit dem Zweck der Regelung nicht im Einklang stehen. Unregelmäßige Grundstückszuschnitte, gegliederte Baukörper, in Höhe und Tiefe gestaffelte Außenwände, Gebäude in Hanglage, Bebauung in abweichender Bauweise, Gartenhofhäuser, geschlossene Hofumbauung, turmartige Hochhäuser, 18

Außenwände oder Außenwandteile ohne für die Beleuchtung notwendige Fenster, größere Geschosshöhen als 2,50 m rechtfertigen oder erfordern jeweils abweichende Regelungen.

19 Der Bebauungsplan kann den Besonderheiten einer städtebaulichen Situation mit abweichenden Regelungen Rechnung tragen. Dies berücksichtigt die Vorschrift des § 6 Abs. 17, mit der dem Bebauungsplan ein Vorrang eingeräumt wird. Ein Bebauungsplan kann aber nicht die Besonderheiten jeder spezifischen baulichen Lösung vorwegnehmen. Insoweit müssen in der Einzelfallentscheidung über die Abweichungsmöglichkeiten im Bebauungsplan hinaus die Möglichkeiten einer Abweichung nach § 73 in atypischen Fällen auch von zwingenden Vorschriften der §§ 6 und 7 geprüft werden.

10. Andere Einflussfaktoren

20 Ob die unter Rn. 1 ff. genannten Ziele im Einzelfall erreicht werden, hängt nicht nur von der Einhaltung der Abstandvorschriften ab. Die Gefahr der Brandübertragung auf andere Gebäude hängt u. a. vom Material der Außenwände und Dächer ab. Wände mit Fenstern und Türen sind im Hinblick auf den Brandschutz anders zu bewerten als Wände ohne Öffnungen. Die Belichtung von Aufenthaltsräumen hängt wesentlich von den Merkmalen des Raumes selbst ab, von seiner Höhe, Breite und Tiefe, des weiteren von der Größe und der Lage der Fenster. Für ein verträgliches Wohnklima sind die Einsichtmöglichkeiten bzw. deren Abschirmung von Bedeutung. Dabei ist die Ausrichtung der Fenster ausschlaggebend. Ein Atriumhaus hat praktisch keine Außenbeziehungen und kann daher in seiner Wohnqualität allenfalls durch höhere Gebäude beeinträchtigt werden. Das freistehende Haus ist in dieser Hinsicht sehr viel empfindlicher.

11. Gestaltung des Ortsbildes

21 Die Proportionen von Straßen und Plätzen sind wesentliche städtebauliche Gestaltmerkmale. Obwohl mit den Abstandvorschriften keine stadtgestalterischen Ziele verfolgt werden, sind die Auswirkungen der Abstandvorschriften auf die Proportionen von Straßen und Plätzen erheblich. Aus der von der Höhe der Gebäude abhängigen Tiefe der Abstandflächen ergibt sich ein bestimmtes **Verhältnis von Straßenbreite zur Höhe der Straßenrandbebauung**. Ein Wechsel in den Proportionen von Straßen- und Platzräumen kann häufig nur dadurch erreicht werden, dass im Bebauungsplan andere Gebäudeabstände festgesetzt werden, als sie sich aus den Bemessungsvorschriften der Abstandregelungen ergeben.

12. Nachbarschutz

Die Abstandvorschriften dienen nicht nur dem Schutz des Gebäudes, das errichtet werden soll, oder dem Schutz der auf demselben Grundstück vorhandenen oder zulässigen Gebäude und Gebäudeteile, sondern auch dem Schutz der auf den Nachbargrundstücken vorhandenen oder zulässigen Gebäude sowie dem Schutz der dort vorhandenen Freiflächen vor möglichen Beeinträchtigungen. Einige Vorschriften dienen mehr dem Schutz der Gebäude auf demselben Grundstück — beispielsweise das Überdeckungsverbot des § 6 Abs. 3 — andere mehr dem Nachbarschutz — so die Vorschrift des § 6 Abs. 2 Satz 1, wonach die Abstandflächen auf dem Grundstück selbst liegen müssen. **22**

Im Hinblick auf den Nachbarschutz, der sich aus der Regelung des Abs. 2 ableitet, wonach die Abstandflächen auf dem Grundstück selbst liegen müssen, hat das OVG NRW Folgendes ausgeführt: Der Landesgesetzgeber hat in § 6 BauO NRW für die Frage, welche **Mindestabstände zur Grundstücksgrenze** bei Gebäuden zu wahren sind, in Abkehr von den Regelungen in der Landesbauordnung in der Fassung der Bekanntmachung vom 27. Januar 1970 und der Abstandflächenverordnung vom 20. März 1970 feste und durch Messung überprüfbare Maße bestimmt. Dies erfolgte in dem Bewusstsein, dass ein in Grenznähe stehender Baukörper zwar immer, also auch wenn die in § 6 BauO NRW verlangte Abstandfläche gewahrt wird, eine Beeinträchtigung der Nachbarn zur Folge haben wird, dass dem Nachbarn aber im Hinblick auf sein Betroffensein nur dann Abwehrrechte eingeräumt werden sollen, wenn die in § 6 BauO NRW verlangten Abstandmaße unterschritten werden. Bei dieser Regelung unterstellt der Gesetzgeber somit nicht, dass eine Beeinträchtigung des Nachbarn bei einem die Abstandflächenregelungen nicht vollständig ausnutzenden Bauwerk völlig fehlt und erst dann abrupt einsetzt, wenn die Abstandwerte unterschritten werden. Es wurde lediglich gesetzlich verankert, dass das Heranrücken eines Bauwerks und die damit verbundene Beeinträchtigung des Nachbarn erst dann rechtlich mit der Folge des Entstehens eines nachbarlichen Abwehranspruchs relevant wird, wenn die gesetzlich festgelegten Abstandwerte unterschritten werden. Das bedeutet, dass einer nicht bedeutsamen Unterschreitung der Abstandwerte nicht mit dem Argument begegnet werden kann, diese sei vom Nachbarn hinzunehmen, weil sie nicht ohne weiteres quantitativ festzulegen und deshalb de facto nicht beeinträchtigend sei (OVG NRW Urt. v. 14. 1. 1994 — 7 A 2002/92 —, BRS 56 Nr. 196; Urt. v. 13. 10. 1999 — 7 A 999/99; vgl. auch § 74 Rn. 215). Verstößt eine Baugenehmigung gegen die nachbarschützende Vorschrift des § 6 Abs. 1 Satz 1, verletzt sie den Nachbarn in seinen Rechten, ohne dass zusätzlich eine **23** tatsächliche Beeinträchtigung festgestellt werden müsste (OVG NRW, Urt. v. 22. 1. 1996 – 10 A 1464/92).

24 Zum Nachbarschutz bei Inanspruchnahme des Schmalseitenprivilegs vgl. Rn. 229 f.

B Grundsatzregelungen (Absätze 1 bis 3)

1. Definition der Abstandfläche und Rechtswirkung der Regelung (Abs. 1 Satz 1)

a) Abstandflächen als Flächen in der Ebene der Geländeoberfläche

25 Aus der Forderung, dass vor den Außenwänden von Gebäuden Flächen von (anderen) oberirdischen Gebäuden freigehalten werden müssen, folgt, dass auch nur Wände oder Wandteile von Gebäuden, die ganz oder teilweise über die Geländeoberfläche hinausragen, Abstandflächen auslösen. Unterirdische Gebäude oder Gebäudeteile bleiben unberücksichtigt.

b) Lage der Abstandflächen vor den Außenwänden

26 Im Regelfall steht jedes Gebäude frei auf dem Grundstück. Von diesem Regelfall gehen die bauordnungsrechtlichen Abstandregelungen aus. Danach sind Abstandflächen allseitig vor den Außenwänden der Gebäude freizuhalten. Abstandflächen sind Flächen in der Ebene der Geländeoberfläche, die unmittelbar an das Gebäude heranreichen und deren Tiefe von der Schnittlinie der Außenwand mit der Geländeoberfläche aus gemessen wird (Abb. 6.1.1).

Die Abstandflächen sind **vor allen Außenwänden** einzuhalten, also für jede Außenwand eines Gebäudes gesondert. Das gilt auch für komplizierte Baukörper, für gestaffelte, terrassierte oder sonstwie gegliederte Baukörper.

27 Die Abstandfläche liegt auch dann in der Ebene der Geländeoberfläche, wenn die Außenwand nicht bis zur Geländeoberfläche hinabreicht. Bei Gebäuden auf Stützen und auskragenden Gebäudeteilen von nicht nur untergeordneter Bedeutung (Rn. 231 ff.) wird die Flucht der Außenwand bis zur Geländeoberfläche verlängert (Rn. 128, Abb. 6.4.11). Die Abstandfläche liegt dann ebenfalls in der Ebene der Geländeoberfläche und reicht bis zur fiktiven Schnittlinie der Außenwand mit der Geländeoberfläche. Entsprechendes gilt für die Fälle, in denen die Außenwand auf dem Dach, der Terrasse o. Ä. eines vorgelagerten Bauteils endet.

28 Wenn die maßgebende Außenwand im unteren Gebäudeteil aufgrund vorgelagerter niedriger Bauteile zur Innenwand wird, könnte angenommen werden, dass die Wand, insoweit als sie Innenwand ist, für die Ermittlung der Abstandflächen nach Lage und Dimensionierung unberücksichtigt bleiben könnte, dass sie also nur insoweit zu berücksichtigen wäre, als sie „von außen sichtbar" ist.

Das wäre jedoch nicht korrekt. Auch in diesen Fällen ist die Außenwand bis zur Geländeoberfläche zu verlängern. Die Schnittlinie der Außenwand mit der Geländeoberfläche liegt dann im Innern des Gebäudes (Abb. 6.1.2). Die Abstandfläche liegt nicht etwa auf dem Dach oder in der Ebene der Terrasse des vorgelagerten Bauteils. Sie wird durch den vorgelagerten Bauteil und dessen Abstandflächen ganz oder teilweise überdeckt bzw. überlagert (OVG NRW, Beschl. v. 12. 10. 1994 − 7 B 2018/94).

Da die Abstandflächen durch vorgelagerte niedrigere Teile desselben Gebäudes ganz oder teilweise überbaut sein können, können die Abstandflächen nicht als Freiflächen bezeichnet werden.

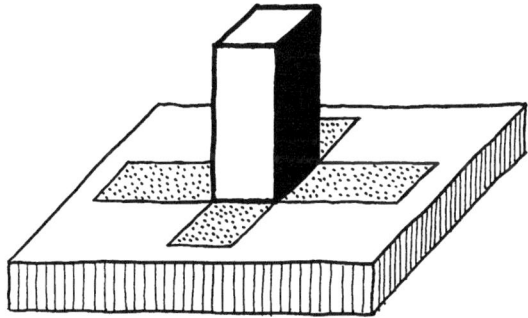

Abb. 6.1.1
Abstandflächen als Grundstücksflächen vor den Außenwänden der Gebäude.

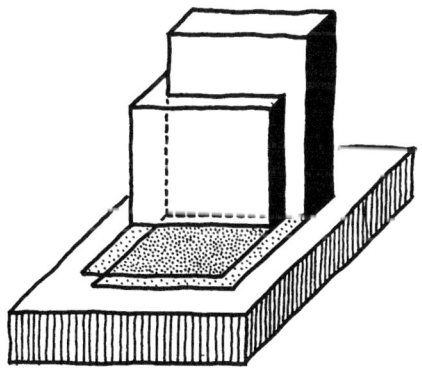

Abb. 6.1.2
Außenwände haben auch dann Abstandflächen, wenn und soweit sie durch vorgelagerte Bauteile verdeckt sind.

c) Oberirdische Gebäude und andere bauliche Anlagen sowie andere Anlagen und Einrichtungen

29 Nach Abs. 1 Satz 1 lösen lediglich Gebäude im Sinne der Definition des § 2 Abs. 2 die Forderung nach Abstandflächen aus. Da aber Gebäude auch durch andere bauliche Anlagen sowie durch andere Anlagen und Einrichtungen beeinträchtigt werden können, wird die Regelung mit Abs. 10 auch auf diese ausgedehnt (Rn. 250 ff.), allerdings mit der Einschränkung, dass die Wirkungen, die von solchen Anlagen und Einrichtungen ausgehen, den Wirkungen von Gebäuden vergleichbar sind.

30 Obwohl Garagen in § 2 Abs. 7 als „Räume", also als Teile eines Gebäudes definiert sind, wird der Begriff auch auf selbständige — freistehende oder angebaute — Garagengebäude angewandt, so in Abs. 11 (Rn. 276 ff.). Soweit Garagen selbständige Gebäude sind, gilt Abs. 1 auch für diese.

Nach § 1 GarVO gelten Garagen und Garagengeschosse als oberirdisch, wenn ihre Fußböden im Mittel nicht mehr als 1,30 m unter der Geländeoberfläche liegen. Wenn das angegebene Maß von 1,30 m überschritten wird, sind Garagen nicht mehr als oberirdisch anzusehen. Die Frage, ob und wie weit eine Garage oder ein Garagengeschoss über die Geländeoberfläche hinausragt, spielt nach § 1 Abs. 1 GarVO keine Rolle. Diese Betrachtungsweise ist aber nur auf die GarVO bezogen und hat für die Anwendung des § 6 keine Bedeutung. Die abstandrechtlichen Anforderungen werden durch die GarVO nicht modifiziert (OVG NRW, Beschl. v. 18. 2. 1999 — 10 A 105/99).

d) Oberirdische Außenwände und Wandteile

31 Die Forderung nach Abstandflächen wird nur von oberirdischen Außenwänden oder Außenwandteilen bzw. Wandabschnitten ausgelöst (Rn. 25). Unterirdische Wände und Wandteile, also beispielsweise Kellerwände oder Wände von Tiefgaragen, bleiben unberücksichtigt, auch wenn dieselben Wände in ihrem oberirdischen Teil Abstandflächen auslösen. Wird eine Außenwand durch vorgelagerte Bauteile teilweise verdeckt, so ist auch die Grenze zwischen oberirdischen und unteriridischen Wandteilen nicht von außen sichtbar (Rn. 28).

e) Zulässige Überbauung von Abstandflächen

32 Abweichend vom Regelfall eines freistehenden Gebäudes können gleichartige oder unterschiedliche Gebäude unmittelbar (Wand an Wand) aneinander gebaut werden (Abb. 6.1.3); das gilt nicht für die nach Abs. 11 in den Abstandflächen ohne eigene Abstandflächen zulässigen Grenzgaragen und

sonstigen baulichen Anlagen (Rn. 276 ff.) und für die Gebäude und baulichen Anlagen, die nach Abs. 12 in den Abstandflächen eines Gebäudes zugelassen werden können (Rn. 310 ff.). Ein Gebäude kann auch nachträglich in den Abstandflächen eines vorhandenen Gebäudes unmittelbar an dieses anschließend errichtet werden. Die Vorschrift, wonach die Abstandflächen freizuhalten sind, steht dem nicht entgegen. Ob der Anbau ein selbständiges Gebäude bleibt oder ob er so mit dem Gebäude, an das angebaut wird, konstruktiv und funktional verbunden wird, dass er nur als Teil des Gebäudes aufgefasst werden kann, an das angebaut wird, ist unerheblich. Ein oberidisches Gebäude darf aber im Regelfall nicht mit einer einem anderen Gebäude zugekehrten Außenwand in dessen Abstandfläche ohne eigene Abstandfläche errichtet werden (Abb. 6.1.4).

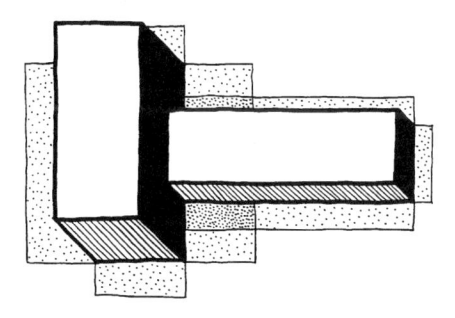

Abb. 6.1.3
Ein Anbau an ein vorhandenes Gebäude ist zulässig, auch wenn sich die Abstandflächen teilweise überdecken.

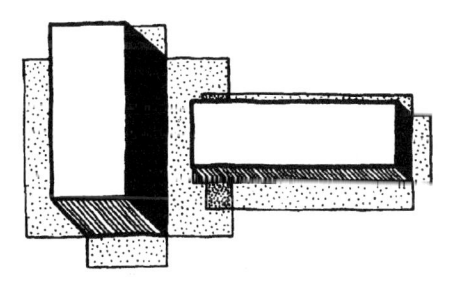

Abb. 6.1.4
Ein Gebäude darf nicht mit einer einem anderen Gebäude zugekehrten Seite in dessen Abstandfläche errichtet werden (Ausnahme § 6 Abs. 12).

Die vor der Außenwand eines Gebäudes liegende Abstandfläche kann mit einem flachen Anbau („Breitfuß") vollständig überbaut werden (Abb. 6.1.5). 33

§ 6 BauO NRW Abstandflächen

Liegen Außenwände eines Innenshofs der Außenwand des höheren Bauteils in dessen Abstandflächen gegenüber (Abb. 6.1.6), so kann der Innenhof nur unter den Voraussetzungen des Abs. 13 als Ausnahme zugelassen werden (Rn. 326 ff.). Die Abstandregelungen gehen von der Annahme aus, dass auch die dem hohen Bauteil gegenüberliegenden Außenwände der Innenhöfe geeignet sein müssen, dahinter liegende Aufenthaltsräume ausreichend mit Tageslicht zu versorgen. Ergibt sich jedoch aus der Grundrissgestaltung, dass die dem hohen Bauteil gegenüberliegenden Räume als Nebenräume nicht auf Tageslicht angewiesen sind, so sind die Voraussetzungen für eine Ausnahmegenehmigung nach Abs. 13 gegeben.

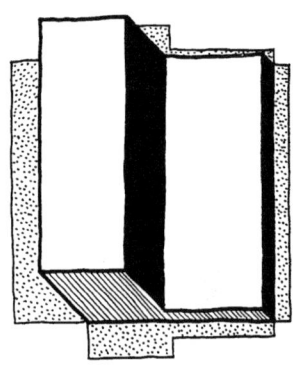

Abb. 6.1.5
Die vor der Außenwand eines Gebäudes liegende Abstandfläche kann mit einem flachen Anbau vollständig überbaut werden.

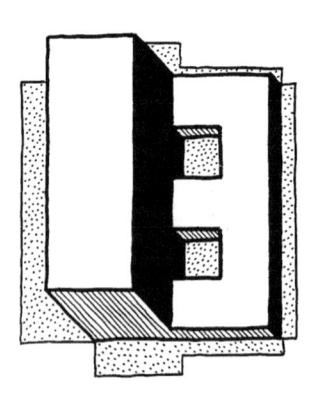

Abb. 6.1.6
Liegen Außenwände eines Innenhofes der Außenwand eines höheren Bauteils in dessen Abstandfläche gegenüber, so kann der Innenhof nur unter den Vorausetzungen des Abs. 13 als Ausnahme zugelassen werden.

| Abstandflächen | BauO NRW § 6 |

Ergibt sich aus **planungsrechtlichen Vorschriften** über die überbaubaren Grundstücksflächen, dass der rückwärtige Grundstücksbereich überbaut werden kann, so müssen auch in der geschlossenen Bauweise gleichwohl Abstandflächen von Bebauung freigehalten werden, sofern ein Gebäude im rückwärtigen Grundstücksbereich dem Vorderhaus gegenübersteht. Wird die rückwärtige Bebauung unmittelbar an das Vorderhaus angebaut, so ist in der **geschlossenen Bauweise** (Rn. 44 ff.) eine vollständige Überbauung der Abstandflächen des Vorderhauses zulässig, sofern das Grundstück nach den planungsrechtlichen Vorschriften vollständig überbaubar ist (Abb. 6.1.7; vgl. OVG NRW, Beschl. v. 6. 2. 1999 − 7 A 4163/98). 34

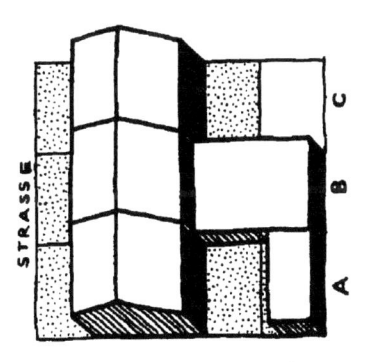

Abb. 6.1.7
Ergibt sich aus planungsrechtlichen Vorschriften über die überbaubaren Grundstücksflächen, dass der rückwärtige Grundstücksbereich vollständig überbaut werden kann, so müssen gleichwohl Abstandflächen von Bebauung freigehalten werden, sofern ein Gebäude im rückwärtigen Grundstücksbereich dem Hauptgebäude im vorderen Grundstücksbereich gegenübersteht (Grundstück A). Wird die rückwärtige Bebauung unmittelbar an das Vorderhaus angebaut, so ist in der geschlossenen Bauweise eine vollständige Überbauung der Abstandflächen des Vorderhauses zulässig (Grundstück B).

Ob Freiflächen auf den Grundstücken von Bebauung freigehalten werden müssen, ergibt sich insoweit nicht aus den Abstandvorschriften, sondern aus den planungsrechtlichen Vorschriften über die überbaubaren und nicht überbaubaren Grundstücksflächen (§ 23 BauNVO) sowie aus den planungsrechtlichen Vorschriften über die Grundflächenzahl oder die Größe der Grundflächen der baulichen Anlagen (§ 19 BauNVO). Mit den Abstandvorschriften können auch nicht Flächen für bestimmte Funktionen, wie Kinderspielflächen oder Stellplatzflächen für Fahrräder und Kraftfahrzeuge oder Flächen zur Begrünung gesichert werden (a. A. Koch/Molodovsky/Famers, Bayerische Bauordnung, München, Kommentar Art. 6 Nr. 1.2). Soweit diese Flächen nach den Vorschriften des § 9 bzw. § 51 bereitgestellt oder hergestellt werden müssen, sind diese Flächen gesondert nachzuweisen. 35

2. Berücksichtigung planungsrechtlicher Vorschriften über den Grenzanbau (Abs. 1 Sätze 2 bis 4)

a) Die planungsrechtlichen Vorschriften über den Grenzanbau

36 Der Grundsatz des § 6 Abs. 1 Satz 1, wonach Abstandflächen vor allen Außenwänden von Gebäuden eingehalten werden müssen, wird durch Satz 2 eingeschränkt. Bei den in Satz 2 angesprochenen planungsrechtlichen Vorschriften über den Grenzanbau handelt es sich um die über die Bauweise. Mit anderen planungsrechtlichen Vorschriften, etwa denen über die überbaubaren und nicht überbaubaren Grundstücksflächen, kann der Grenzanbau nicht geregelt werden.

37 Zwar kann bei der Festsetzung der überbaubaren Grundstücksfläche eine Baulinie oder eine Baugrenze mit einer vorhandenen Grundstücksgrenze zusammenfallen (Abb. 6.1.8). Daraus ergibt sich aber nicht, dass an die Grenze gebaut werden muss. Erfolgt die Festsetzung der überbaubaren Grundstücksfläche an der Grundstücksgrenze durch eine Baulinie (zwingende Festsetzung), so ist Abs. 17 anwendbar. Das Gebäude muss dann zwar an der Baulinie errichtet werden, auch wenn keine Abstandfläche eingehalten werden kann;

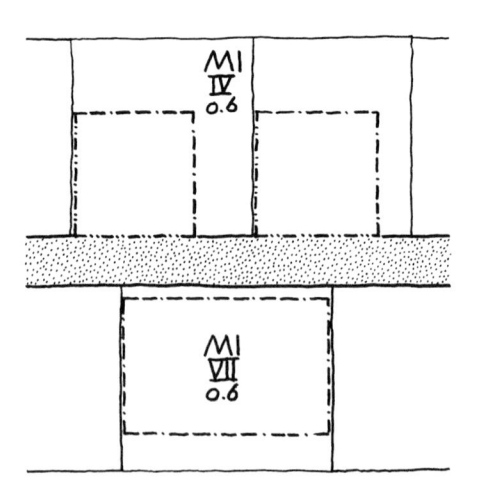

Abb. 6.1.8
Bebauungsplan mit Festsetzung von Baulinien und Baugrenzen an den vorderen und seitlichen Grundstücksgrenzen.

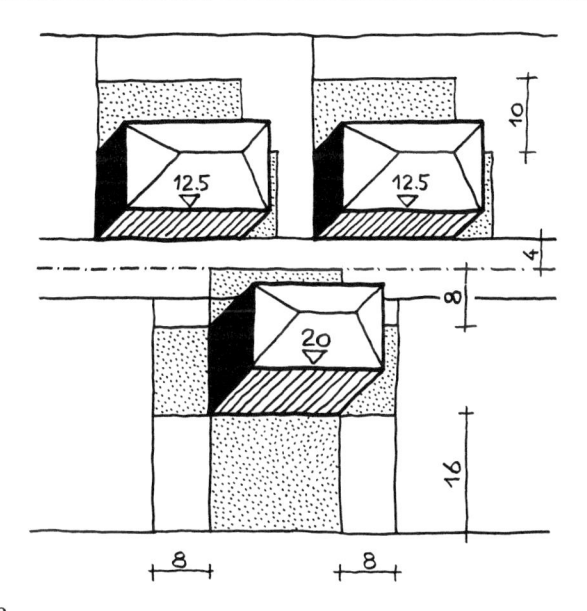

Abb. 6.1.9

Ausführung der Bebauung nach dem Bebauungsplan in Abb. 6.1.8 Soweit die überbaubaren Grundstücksflächen mit Baulinien an den Grundstücksgrenzen festgesetzt sind, entfallen die Abstandflächen gänzlich. Soweit die überbaubaren Grundstücksflächen mit Baugrenzen festgesetzt sind, müssen Abstandflächen mit den sich aus § 6 Absätze 5 und 6 ergebenden Tiefen, bezogen auf die seitlichen Grundstücksgrenzen bzw. bis zur Straßenmitte eingehalten werden.

die Festsetzung einer Baulinie an der Grundstücksgrenze ist jedoch insofern nicht als planungsrechtliche Vorschrift über den Grenzanbau zu werten, als mit einer Grenzänderung das Zusammenfallen von Baulinie und Grundstücksgrenze aufgehoben werden kann. Wird die überbaubare Grundstücksfläche an der Grundstücksgrenze lediglich mit einer Baugrenze festgesetzt, erfolgt keine Anpassung an die Anforderung des Abs. 2 Satz 1 durch Grenzänderung und ist § 7 etwa wegen fehlender Baulast nicht anwendbar, so muss die Außenwand entsprechend der erforderlichen Tiefe ihrer Abstandfläche hinter die Baugrenze zurückgenommen werden (Abb. 6.1.9).

b) Bauweise

Mit § 9 Abs. 1 Nr. 2 BauGB wird die Möglichkeit eröffnet, die Bauweise im Bebauungsplan festzusetzen. Aufgrund der Ermächtigung des § 1 Abs. 8 BauGB hat der zuständige Bundesminister Näheres über die Festsetzung der

Bauweise in § 22 BauNVO geregelt. Die Festsetzung der Bauweise gehört nicht zu den Mindestfestsetzungen nach § 30 Abs. 1 BauGB (qualifizierter Bebauungsplan). Sie gehört jedoch zu den Merkmalen einer vorhandenen Bebauung, die im Hinblick auf das Einfügungsgebot des § 34 Abs. 1 BauGB bei der Prüfung der Genehmigungsfähigkeit von Vorhaben im unbeplanten Innenbereich zu beachten sind.

39 Der Begriff „Bauweise" wird im allgemeinen Sprachgebrauch unterschiedlich verwendet, u. a. um die Konstruktion eines Gebäudes zu kennzeichnen (z. B. Massivbauweise, Fachwerkbauweise usw.). Im Städtebau wird der Begriff „Bauweise" u. a. verwendet, um die Stellung der Gebäude zur Straße zu beschreiben: „giebelständige" oder „traufständige" Bauweise. Auch ist es üblich, den Begriff Bauweise zur Kennzeichnung der Geschossigkeit einer Bebauung zu verwenden: eingeschossige Bauweise, zweigeschossige Bauweise usw. Eine in der angedeuteten Weise beliebige Verwendung des Begriffs „Bauweise" entspricht nicht der Begriffsbestimmung, die sich aus § 22 Abs. 1 BauNVO ableiten lässt. Offene und geschlossene Bauweise lassen sich nur durch ihren Bezug zur Nachbargrenze definieren (OVG NRW, Beschl. v. 14. 8. 1997 – 10 B 1869/97 – BauR 1998 S. 93).

Der Begriff „Bauweise" im engeren Verständnis des § 22 BauNVO ist aus dem historischen Städtebau abgeleitet worden. Er hat aber vor allem für die bestandsergänzende Bebauung nach wie vor Bedeutung. Gemeinsames Kriterium der offenen und der geschlossenen Bauweise ist die straßenbegleitende Bebauung bei rechtwinklig zur Straße verlaufender Parzellierung. Bei einer solchen Anordnung der Gebäude in Bezug auf die erschließende Straße ist unzweifelhaft, welches die Vorderseite eines Gebäudes und welches in Bezug auf die Vorderseite des Gebäudes die seitlichen und rückwärtigen Grundstücksgrenzen sind. Diese Anordnung ist damit Voraussetzung für die Bestimmung, ob mit seitlichem oder ohne seitlichem Grenzabstand gebaut werden muss oder darf.

40 Im modernen Siedlungsbau wurden andere Bauweisen entwickelt. Die straßenbegleitende Bebauung auf relativ schmalen Einzelparzellen wurde aufgegeben. Vor allem im Großsiedlungsbau der 2. Hälfte des 20. Jahrhunderts wurde eine Bebauung auf großen Grundstücken bevorzugt. Der Verzicht auf eine Parzellierung des Baulandes macht es möglich, größere Wohnblocks allseitig gleich zu gestalten. Unter Wahrung der für die Tagesbeleuchtung notwendigen Abstände, im Übrigen aber in beliebiger Anordnung, werden die Gebäude als mehrgeschossige Zeilen oder auch als sogenannte Punkthoch-

häuser errichtet. Die Erschließungsstraßen werden unabhängig von der Anordnung der Gebäude überwiegend nach fahrdynamischen Gesichtspunkten geführt. Aufgrund der von der Stellung der Gebäude unabhängigen Straßenführung fehlt der Bezug zur Bestimmung einer Gebäudevorderseite und einer Gebäuderückseite. Insofern kann in diesen Fällen auch nicht mehr nach seitlichen bzw. rückwärtigen Grundstücksgrenzen bzw. Grenzabständen unterschieden werden. Man könnte die so beschriebene Bauweise als „abweichende Bauweise" im Sinne des § 22 Abs. 4 BauNVO bezeichnen. Dies ist allerdings in der Praxis und Literatur bislang überwiegend nicht geschehen. Vielmehr wird in diesen Fällen meist auf die Festsetzung einer Bauweise ganz verzichtet. Die Dimensionierung der Baukörper, ihre Stellung zueinander und zu den Erschließungsanlagen erfolgt überwiegend über die Festsetzung der überbaubaren Grundstücksflächen mittels Baulinien und Baugrenzen (Abb. 6.1.10, 6.1.11).

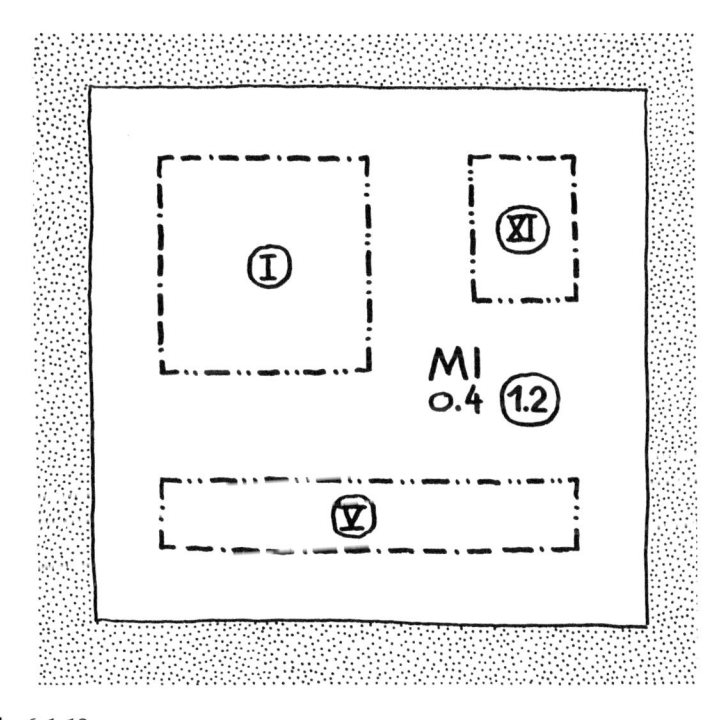

Abb. 6.1.10
Baukörperplan ohne Festsetzungen über die Bauweise.

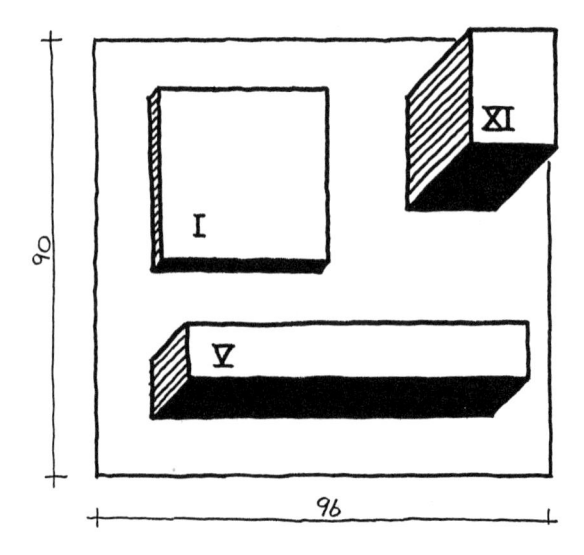

Abb. 6.1.11
Bauausführung auf Grund des in Abb. 6.1.10 dargestellten Bebauungsplans.

41 Abs. 1 Satz 2 greift die planungsrechtlichen Begriffe offene Bauweise, geschlossene Bauweise und abweichende Bauweise nicht auf. Auch wird nicht danach unterschieden, ob mit seitlichem Grenzabstand oder ohne seitlichen Grenzabstand gebaut werden muss, vielmehr danach, ob mit Grenzabstand gebaut werden muss oder ob mit Grenzabstand gebaut werden darf. Gleichwohl ist davon auszugehen, dass die unter Buchst. a angesprochenen Vorschriften die über die geschlossene Bauweise sind. Die unter Buchst. b angesprochenen planungsrechtlichen Vorschriften sind hingegen die Vorschriften, nach denen der Grenzanbau auch in der offenen oder in der näher zu bestimmenden abweichenden Bauweise zulässig ist. Das sind insbesondere die in § 22 Abs. 2 BauNVO genannten Doppelhäuser und Hausgruppen aber auch Häuser in Kettenbauweise (Rn. 85) oder in halb offener Bauweise (Rn. 86).

42 Die Streichung des Satzes 2 in § 22 Abs. 1 BauNVO i. d. F. v. 26. Juni 1962 („ist die Bauweise nicht festgesetzt, so sind die Vorschriften über die offene Bauweise anzuwenden") durch die BauNVO-Novelle 68 hat nicht die Bedeutung, dass landesrechtliche Abstandvorschriften für das Vorhaben nicht maß-

geblich sein sollen (BVerwG, Beschl. v. 9. 10. 1990 — 4 B 119.90 —, BRS 50 Nr. 110). Ist die Bauweise im Bebauungsplan nicht festgesetzt, so bleibt demnach Abs. 1 Satz 1 anwendbar.

Als planungsrechtliche Vorschrift über den Grenzanbau ist auch § 34 Abs. 1 BauGB anzusehen. Danach muss sich ein Vorhaben im unbeplanten Innenbereich auch hinsichtlich der Bauweise in die Eigenart der näheren Umgebung einfügen. Um die Eigenart der näheren Umgebung eines Vorhabens hinsichtlich der Bauweise richtig einschätzen zu können, ist entsprechend den Definitionen des § 22 BauNVO nach dem Grenzanbau zu fragen (OVG NRW, Beschl. v. 22. 10. 1982 — 7 B 1918/82 —, BRS 39 Nr. 107; Beschl. v. 28. 4. 1995 — 10 B 193/95). Wird die Bebauung dadurch geprägt, dass auf den bebauten Grundstücken jeweils beidseitig an die Grenze gebaut wurde, so ist von geschlossener Bauweise im Sinne des § 22 Abs. 3 BauNVO auszugehen (OVG NRW, Beschl. v. 24. 4. 1995 — 10 B 3161/94). Gehört ein seitlicher Grenzabstand zu den prägenden Merkmalen der Bebauung, so kann im Allgemeinen von offener Bauweise im Sinne des § 22 Abs. 2 BauNVO ausgegangen werden, auch dann, wenn Doppelhäuser oder Hausgruppen vorhanden sind (Rn. 52). Es kann sich in diesen Fällen aber auch um abweichende Bauweise im Sinne des § 22 Abs. 4 BauNVO handeln, insbesondere dann, wenn überwiegend nur einseitig ein Grenzabstand eingehalten wird (halboffene Bauweise — Rn. 86). **43**

c) Geschlossene Bauweise

Die in § 6 Abs. 1 Satz 2 Buchstabe a angesprochenen planungsrechtlichen Vorschriften sind die über die geschlossene Bauweise. In der geschlossenen Bauweise werden die Gebäude nach § 22 Abs. 3 BauNVO ohne seitlichen Grenzabstand errichtet, d. h. unmittelbar an den Nachbargrenzen. Das städtebauliche Ziel ist der Anbau der Gebäude auf benachbarten Grundstücken Wand an Wand, so dass sich die einzelnen Gebäude zu einem Gebäudekomplex zusammenschließen (OVG NRW, Urt. v. 3. 7. 1997 — 11 A 1826/95). Der in § 22 Abs. 3 BauNVO geforderte Grenzanbau ist insoweit lediglich als ein Mittel anzusehen, um das städtebauliche Ziel — den Anbau Wand an Wand — zu erreichen. Auch bei zeitlich unkoordinierter Bebauung der einzelnen Grundstücke kann, sofern jedes einzelne Gebäude beidseitig an die Grenze gebaut wird, nach und nach ein geschlossener Baukörper, beispielsweise ein geschlossener Baublock, entstehen. Es muss jedoch eine weitere Voraussetzung erfüllt werden: die Gebäude müssen in einer Flucht errichtet werden, jedenfalls zur Gebäudevorderseite (straßenseitig). Die Einhaltung einer **44**

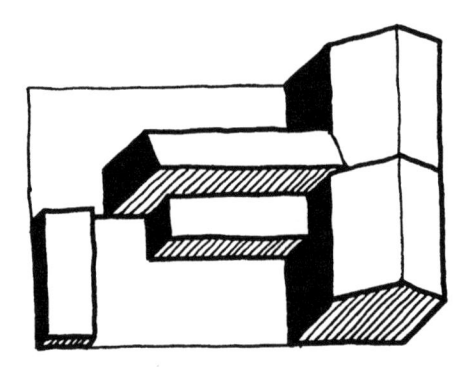

Abb. 6.1.12
In der geschlossenen Bauweise kann der Grenzanbau in der vollen planungsrechtlich zulässigen Tiefe erfolgen. Anders als im Bereich der Vorderhausbebauung muss im rückwärtigen Grundstücksbereich nicht beidseitig an die Grenze gebaut werden.

bestimmten Bauflucht an der Gebäuderückseite gehört demgegenüber nicht zu den wesentlichen Merkmalen einer geschlossenen Bebauung (Abb. 6.1.12). Idealtypisch soll in der geschlossenen Bauweise auch eine einheitliche Traufhöhe zumindest in der Straßenrandbebauung erreicht werden. Höhensprünge sind aber in der geschlossenen Bauweise durchaus üblich, ohne dass damit der Charakter der geschlossenen Bauweise verlorengeht (Abb. 6.1.13).

45 Im unbeplanten Innenbereich (§ 34 BauGB) ist Abs. 1 Satz 2 Buchstabe a nur anwendbar, wenn die vorhandene Bebauung tatsächlich durchgehend und deutlich von der geschlossenen Bauweise geprägt wird (OVG NRW, Urt. v. 14. 3. 1994 − 7 A 3462/91 −; Beschl. v. 5. 9. 1994 − 7 B 1844/94). Aller-

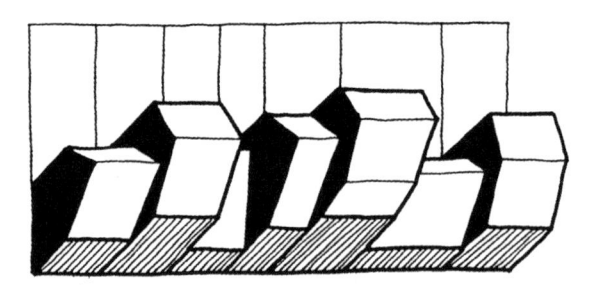

Abb. 6.1.13
In der geschlossenen Bauweise richtet sich die Trauf- und Firsthöhe der Gebäude nach den planungsrechtlichen Vorgaben über die Höhe der baulichen Anlagen oder über die Zahl der Vollgeschosse. Die Einhaltung einer einheitlichen Trauf- und Firsthöhe ist nicht erforderlich.

dings entfällt die Verpflichtung zur Einhaltung des Grenzabstands nicht nur in diesen Fällen (VGH Bad.-Württ., Urt. v. 16. 7. 1971 — VIII 285/70 —, BRS 24 Nr. 104). Ist die Bauweise in der näheren Umgebung des Vorhabens teils offen, teils geschlossen, so ist Abs. 1 Satz 2 Buchstabe a nicht anzuwenden. Es kann jedoch Abs. 1 Satz 2 Buchstabe b anwendbar sein (Rn. 78).

Die Vorschrift des § 22 Abs. 3 BauNVO, wonach die Gebäude in der geschlossenen Bauweise ohne Grenzabstand gebaut werden, ist als zwingende Vorschrift anzusehen. D. h. wenn und soweit ein Grundstück bebaut wird, muss in der geschlossenen Bauweise an die Grenze gebaut werden. Darf innerhalb eines im Zusammenhang bebauten Ortsteils ein Grundstück gemäß § 34 Abs. 1 BauGB nur in geschlossener Bauweise bebaut werden, so darf nach Landesbauordnungsrecht nicht die Einhaltung von seitlichen Abstandflächen verlangt werden (BVerwG, Beschl. v. 11. 3. 1994 — 4 B 53.94 —, BRS 56 Nr. 65). Es steht nicht auch im Belieben des Bauherrn, mit Abstand von der Grenze zu bauen (OVG NRW, Beschl. v. 25. 7. 1995 — 10 B 1512/95). Wenn allerdings die vorhandene Bebauung eine Abweichung vom Grenzanbau erfordert, muss nach § 22 Abs. 3 BauNVO mit Grenzabstand gebaut werden. Abs. 1 Satz 2 ist dann nicht anwendbar. Darüber hinaus kann nach Abs. 1 Satz 4 verlangt oder gestattet werden, dass auch dann, wenn nach planungsrechtlichen Vorschriften an die Grenze gebaut werden muss, mit Grenzabstand gebaut wird, nämlich dann, wenn auf dem Nachbargrundstück ein Gebäude mit Grenzabstand vorhanden ist (Rn. 92). **46**

Wo, wie weit und wie hoch in der geschlossenen Bauweise an die Grenze gebaut werden muss, ergibt sich nicht aus den Vorschriften über die Bauweise, sondern aus den Vorschriften über die überbaubaren Grundstücksflächen und über die Höhe der baulichen Anlagen bzw. die Zahl der Vollgeschosse. Werden die überbaubaren Grundstücksflächen durch eine Baulinie festgesetzt, so muss das Gebäude an die Baulinie herangerückt werden. Nur durch Festsetzung einer vorderen (straßenseitigen) Baulinie kann das städtebauliche Ziel, dass sich die einzelnen Gebäude zu einer geschlossenen Front zusammenschließen, erreicht werden. **47**

Für den rückwärtigen Bereich gibt es keinen Zwang zum deckungsgleichen Anbau an eine vorhandene Bebauung. **48**

Die zulässige Bautiefe kann im **Bebauungsplan** gesondert festgesetzt werden. Dies geschieht im Allgemeinen durch Festsetzung einer rückwärtigen Baugrenze (vgl. OVG NRW, Beschl. v. 17. 7. 1996 — 7 B 917/96). Im **nichtbeplanten Innenbereich** kann sich die Nichtüberbaubarkeit von Grundstücksflächen aus den prägenden Merkmalen der Umgebung ergeben (faktische Baugrenze; OVG NRW, Beschl. v. 10. 3. 1983 — 7 B 1736/82 — BRS 40 Nr. 118).

49 Auch wenn der Grenzanbau in der vollen planungsrechtlich zulässigen Tiefe erfolgen kann, kann sich eine Bebauung, mit der die Bebauungstiefe des Nachbargebäudes deutlich überschritten wird, in den Fällen des § 34 BauGB als rücksichtslos und insoweit als unzulässig erweisen (OVG NRW, Beschl. v. 22. 10. 1982 — 7 B 1918/82 —, BRS 39 Nr. 107; OVG NRW, Beschl. v. 8. 11. 1984 — 7 B 2224/84 — BRS 42 Nr. 119; OVG Rhld.-Pf., Beschl. v. 9. 1. 1989 — 1 B 69/88 —, BauR 1989 S. 448; OVG NRW, Beschl. v. 24. 4. 1995 — 10 B 3161/94).

Ein Vorhaben, das — nach Maßgabe der jeweiligen Umgebung — in auch nur einer Hinsicht eine so eindeutige Verschlechterung nach sich zieht, dass es nur durch die Vornahme einer „Kompensation" zu retten wäre, ist nach § 34 Abs. 1 BBauG (= § 34 Abs. 1 BauGB) ohne weiteres unzulässig, und ein Vorhaben, das sich — in jeder Hinsicht — innerhalb des aus seiner Umgebung hervorgehenden Rahmens hält, fügt sich gleichwohl seiner Umgebung dann nicht ein, wenn das Vorhaben es an „der gebotenen Rücksichtnahme auf sonstige", d. h. vor allem auf die in seiner unmittelbaren Nähe vorhandene Bebauung fehlen lässt (BVerwG, Urt. v. 26. 5. 1978 — 4 C 9.77 — BRS 33 Nr. 36).

50 Bei der Prüfung, ob das Vorhaben es an der gebotenen Rücksichtnahme fehlen lässt, kommt es nicht nur auf die **Bautiefe** des Gebäudes oder der Gebäudeteile an der Nachbargrenze an, sondern auch auf deren **Höhe**. Die Höhe der Gebäude oder die Zahl der Vollgeschosse bleiben zwar in Abs. 1 Satz 2 unerwähnt; es ist aber davon auszugehen, dass der Rahmen des zulässigen Grenzanbaus auch durch die planungsrechtlichen Vorgaben über die Höhe oder die Zahl der Vollgeschosse bestimmt wird, unabhängig davon, ob es sich bei den planungsrechtlichen Vorgaben um Festsetzungen eines Bebauungsplans oder — im unbeplanten Innenbereich — um die prägenden Merkmale der Umgebung handelt. Ist die Zahl der Vollgeschosse im Bebauungsplan zwingend festgesetzt oder wird im unbeplanten Innenbereich eine bestimmte Traufhöhe strikt eingehalten, so muss der Grenzanbau in der sich daraus ergebenden Höhe erfolgen. Ist die Zahl der Vollgeschosse nicht zwingend festgesetzt oder zeigen sich im unbeplanten Innenbereich in der Umgebung des Vorhabens größere Schwankungen in der Höhe der Gebäude oder in der Zahl der Vollgeschosse, so kann der Grenzanbau auch mit einer anderen Höhe als der des unmittelbar benachbarten Gebäudes ausgeführt werden (Rn. 44; Abb. 6.1.13).

51 Die Tagesbeleuchtung von Gebäuden wird nicht nur durch gegenüberstehende Gebäude beeinträchtigt, sondern auch — unabhängig von der Ausrichtung zur Himmelsrichtung — durch seitlich angrenzende Gebäude und Gebäudeteile. Das ist durch lichttechnische Untersuchungen nachgewiesen (Lichttechnische Untersuchungen. Abschlussbericht 1978; vgl. auch Hess. VGH, Urt. v. 20. 2. 1980, IV OE 49-77 –, BRS 36 Nr. 124). Die verschattende Wirkung seitlich angrenzender Gebäude oder Gebäudeteile bleibt aber in den bauordnungsrechtlichen Abstandregelungen unberücksichtigt (Rn. 13), und zwar nicht nur in den Fällen des Grenzanbaus, sondern auch in anderen Fällen, in denen Abstandflächen erforderlich sind. Die Nichtberücksichtigung der verschattenden Wirkung seitlich angrenzender Gebäude oder Gebäudeteile ergibt sich aus der Vorschrift des Abs. 3, wonach sich Abstandflächen vor Außenwänden, die in einem Winkel von mehr als 75°, also z. B. in einem Winkel von 90°, zueinander stehen, überdecken dürfen (Rn. 111 f.). Ein Ausschluss seitlich angrenzender Gebäude oder Gebäudeteile ist nur mit Hilfe planungsrechtlicher Regelungen über die überbaubaren Grundstücksflächen möglich. Soweit die Festsetzungen eines Bebauungsplans über die überbaubaren Grundstücksflächen rückwärtige Anbauten, Seitenflügel oder geschlossene Höfe auf den Grundstücken zulassen, werden von der verschattenden Wirkung der seitlich angrenzenden Außenwände in aller Regel nur die eigenen Gebäude oder Gebäudeteile, d. h. die Gebäude auf demselben Grundstück betroffen. Der Bauherr kann dies bei der Grundrissgestaltung berücksichtigen. Nur soweit ein Grenzanbau zulässig ist, können Nachbargrundstücke und die auf ihnen stehenden Gebäude von der verschattenden Wirkung solcher Gebäude oder Gebäudeteile an der Grundstücksgrenze negativ betroffen sein.

Was die Belüftung angeht, so kommt es entscheidend darauf an, ob die Gebäude mit oder ohne Grenzabstand gebaut werden. Diese Frage wird aber nach planungsrechtlichen Vorschriften entschieden. Das OVG NRW hatte im Hinblick auf die unterschiedlichen Bauweisen festgestellt: „die Auswirkungen auf das Nachbargrundstück sind bei geschlossener Bebauung einerseits und bei offener Bauweise andererseits zu großen Teilen völlig andersartig und werden deshalb durch den Gesetzgeber in gänzlich unterschiedlicher Weise kompensiert. Es sei daher auch nicht möglich, die offene Bauweise angesichts des größeren Abstandes von der Grenze als eine minderbeeinträchtigende Abart der geschlossenen Bauweise zu werten und auf dieser Grundlage davon auszugehen, jede Variante des Bauens mit Grenzabstand sei jedenfalls für den Nachbarn günstiger als die an seiner Grenze errichtete geschlossene Bebauung" (OVG NRW, Urt. v. 29. 11. 1993 – 7 B 2616/93). Diese Einschätzung mag im Hinblick auf den Brandschutz, die Tagesbeleuchtung der Gebäude und den Sozialabstand (zu den Einblickmöglichkeiten auf benachbarte Gebäude oder auf unbebaute Flächen in der geschlossenen Bauweise vgl. OVG NRW, Urt. v. 14. 3. 1994 – 7 A 3462/91) zutreffen, nicht hingegen im Hinblick auf die Belüftung. Sie widerspricht insoweit der ausdrücklichen Zielsetzung, die mit

52

der Einführung der offenen Bauweise im 19. Jahrhundert verbunden worden war (Rn. 15). Es ist auch nicht zu sehen, auf welche Weise der Gesetzgeber die in der geschlossenen Bauweise im Vergleich zur offenen Bauweise immer ungünstigeren Belüftungsverhältnisse kompensiert haben sollte.

Die in der geschlossenen Bauweise ungünstigeren Belüftungsverhältnisse führen jedoch nicht zu ungesunden Wohn- und Arbeitsverhältnissen. In der Abwägung mit anderen Gesichtspunkten kann eine Entscheidung zugunsten der geschlossenen Bauweise getroffen werden, auch wenn damit den Bewohnern im Vergleich zur offenen Bebauung ungünstigere Belüftungsverhältnisse zugemutet werden. „In bestehenden Strassen, überhaupt im Innern großer Städte, lässt sich das System der freien Bebauung aber wegen des hohen Grundwerthes und wohl auch wegen sonst unvermeidlicher zu großer Ausdehnung der Städte nicht durchführen" (Bericht des Ausschusses über die dritte Versammlung des deutschen Vereins für öffentliche Gesundheitspflege zu München, Vierteljahresschrift für Gesundheitspflege, 1876 S. 109) – Gesichtspunkte, die heute wie vor 100 Jahren in der Abwägung unterschiedlicher Belange für die geschlossene Bauweise sprechen.

53 Lässt der Bebauungsplan eine Grenzbebauung zu, die sich aufgrund ihrer Höhe oder ihrer Tiefe für das Nachbargrundstück als rücksichtslos erweist, so kann der Bebauungsplan insoweit abwägungsfehlerhaft sein. Eine auf dem Nachbargrundstück geplante höhere oder tiefere Grenzbebauung löst zum anderen nicht die Forderung nach einer Abstandfläche aus. In abfallendem Gelände ergibt sich natürlicherweise eine Abstufung in der Trauflinie mit dem

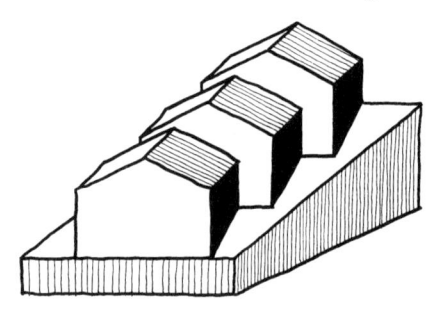

Abb. 6.1.14
Reihenhäuser im Hang mit gestaffelten und versetzten Giebelwänden.

Ergebnis, dass jeweils die Giebelfläche des im Hang oberhalb stehenden Gebäudes über die des darunter stehenden Gebäudes hinausragt (Abb. 6.1.14). Vor- und Rücksprünge können geradezu das Ziel einer planerischen Festsetzung sein, etwa um eine Gliederung der Straßenfront (zu Versprüngen in einer Reihenhauszeile aus gestalterischen Gründen, vgl. OVG Lüneburg, Beschl. v. 14. 6. 1982 – 1 B 32/82 –, BRS 39 Nr. 54) oder im rückwärtigen Bereich für den Sitzplatz hinter dem Haus eine Nischenbildung zu erreichen. Das Ziel einer in der Tiefe gestaffelten Bauflucht kann u. a. dadurch erreicht werden, dass die Grundstücksgrenzen bei der Parzellierung nicht rechtwinklig, sondern in einem spitzen Winkel zur Straßenflucht ausgerichtet werden (OVG NRW, Beschl. v. 27. 4. 1995 – 10 B 1142/95 – Abb. 6.1.15 und 6.1.16).

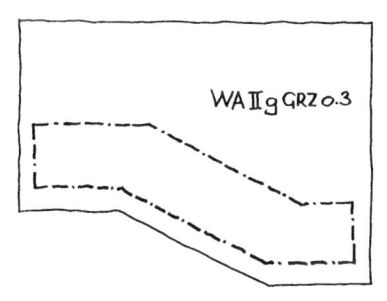

Abb. 6.1.15
Festsetzung der überbaubaren Grundstücksfläche mittels Baugrenzen im spitzen Winkel zu einer vorgegebenen Grundstücksteilung.

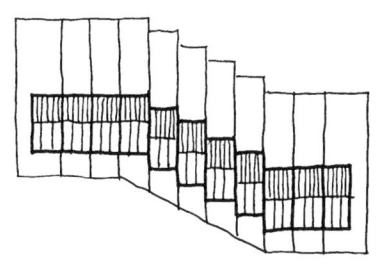

Abb. 6.1.16
Die Ausführung der Bebauung nach den Festsetzungen des in Abb. 6.1.15 dargestellten Bebauungsplans führt in Verbindung mit der vorgegebenen Grundstücksteilung zu einer Staffelung in der Gebäudeflucht.

Die Grenzwände sind nach § 31 Abs. 1 Nr. 1 als Gebäudeabschlusswände auszuführen. Öffnungen sind in Gebäudeabschlusswänden unzulässig (§ 31 Abs. 3). Die Grenzwände erhalten in aller Regel keine Bekleidung, die den Anforderungen an den Witterungsschutz (§ 16) oder an die Baugestaltung (§ 12) entsprechen. Die Dachentwässerung erfolgt zur Gebäudevorderseite sowie zur Gebäuderückseite („traufständige Bauweise"), sofern nicht Dachinnenentwässerung vorgesehen ist (bei Flachdächern oder „giebelständiger Bauweise"). Soweit die Grenzwände durch entsprechende Versprünge in der

Höhe oder in der Tiefe auf Dauer nicht angebaut werden (Abb. 6.1.14), müssen sie aus Gründen des Witterungsschutzes und der Baugestaltung verputzt und gestrichen werden oder eine sonstige Bekleidung erhalten, die den genannten Anforderungen entspricht.

d) Offene Bauweise

55 Mit der Festsetzung der offenen Bauweise verfolgt der Plangeber zunächst, ähnlich wie mit der geschlossenen Bauweise ein stadtgestalterisches Ziel, das sich jedoch von dem, das mit der Festsetzung der geschlossenen Bauweise verfolgt wird, deutlich unterscheidet. Einzelhäuser, Doppelhäuser oder Hausgruppen sollen als in sich geschlossene Baukörper in Erscheinung treten, und jedes Haus oder jede Hausgruppe soll sich gegenüber benachbarten Häusern oder Hausgruppen durch einen bundesrechtlich nicht festgelegten Gebäudeabstand abheben. Bei Einführung der offenen Bauweise im 19. Jahrhundert wurde auch eine im Vergleich zur geschlossenen Bauweise bessere Belichtung und Belüftung der Gebäude als Ziel genannt („Über die großen Vortheile — Licht und freier Luftzutritt —, welche in hygienischer Beziehung das Pavillon- und noch mehr das Villensystem gewährt, dürfte kaum ein Zweifel bestehen." — Über die hygienischen Anforderungen an Neubauten zunächst in neuen Quartieren größerer Städte, in: Vierteljahresschrift für Gesundheitspflege 1876, S. 109).

56 Die mit der Festsetzung der offenen Bauweise verfolgten **städtebaulichen Ziele** werden dadurch erreicht, dass die Gebäude nach § 22 Abs. 2 BauNVO als Einzelhäuser, Doppelhäuser oder als Hausgruppen mit seitlichem Grenzabstand errichtet werden. Soweit mit den Abstandvorschriften die Stellung der Gebäude zu den seitlichen Grundstücksgrenzen geregelt wird, dienen sie vorrangig der Konkretisierung der mit der Festsetzung der offenen Bauweise verfolgten städtebaulichen Ziele. Den Vorrang der städtebaulichen Ziele gegenüber der mit den Abstandvorschriften auch angestrebten nachbarschützenden Wirkung hat das OVG NRW in seiner Entscheidung vom 4. Juni 1985 hervorgehoben: In ihrer schematischen, die konkreten Gegebenheiten beispielsweise des angrenzenden Grundstücks außer acht lassenden Abstandsfestlegung sind die Bauwichvorschriften für eine große Zahl von Fallkonstruktionen, und zwar immer dann, wenn die Einhaltung eines Grenzabstandes die Interessensphäre des Grundstücksnachbarn nicht berührt, im Bereich des Nachbarschutzes irrelevant. Das bedeutet, dass sie mit einer entsprechenden Schutzfunktion für derartige Fälle nicht ausgestattet sind. Ihre Zielsetzung beschränkt sich insoweit allein auf die Regelung von Fakten rein städtebaulichen bzw. ordnungsrechtlichen Inhalts (OVG NRW, Urt. v. 4. 6. 1985 — 7 A 480/84 —, BRS 44 Nr. 161).

Der Durchsetzung der mit der Festsetzung der offenen Bauweise verfolgten städtebaulichen Ziele dienen die Abstandvorschriften auch dann, wenn die Gebäude als Einzelhäuser, Doppelhäuser oder als Hausgruppen auf einem ungeteilten Grundstück errichtet werden. Aus den Vorschriften über die Bemessung der Tiefe der Abstandflächen ergeben sich in Verbindung mit der Vorschrift des Abs. 3, wonach sich die Abstandflächen nicht überdecken dürfen, die gleichen seitlichen Gebäudeabstände wie in Verbindung mit der Vorschrift des Abs. 2, wonach die Abstandflächen auf dem Grundstück selbst liegen müssen.

Der Begriff des Hauses in **„Einzelhaus"**, **„Doppelhaus"** und **„Hausgruppe"** wird in den baurechtlichen Bestimmungen nicht definiert (OVG NRW, Beschl. v. 14. 8. 1997 — 10 B 1869/97 — BauR 1998 S. 93). Aus dem Sprachgebrauch ergibt sich jedoch, dass ein Doppelhaus aus zwei aneinander gebauten Gebäuden besteht und dass eine Hausgruppe dann vorliegt, wenn mindestens drei Gebäude aneinander gebaut sind (OVG Lüneburg, Urt. v. 21. 4. 1986 — 1 A 56/85 — BRS 46 Nr. 98). Gebäude im Sinne des § 2 Abs. 2 ist bei einem Reihenhaus nicht die gesamte aus aneinander gereihten Elementen bestehende Hausgruppe, sondern jedes einzelne selbständig nutzbare Element (VGH Bad.-Württ., Beschl. v. 8. 3. 1988 — 8 S 1021/88 — , BRS 48 Nr. 169). Ein Doppelhaus im Sinne des § 22 Abs. 2 BauNVO ist eine bauliche Anlage, die dadurch entsteht, dass zwei Gebäude auf benachbarten Grundstücken durch Aneinanderbauen an der gemeinsamen Grundstücksgrenze zu einer Einheit zusammengefügt werden (BVerwG, Urt. v. 24. 2. 2000 — 4 C 12.98 BauR 2000 S. 1168). Das OVG Rheinland-Pfalz war davon ausgegangen, dass dem Begriff Doppelhaus immanent sei, dass es auf zwei verschiedenen Grundstücken steht und dass die gemeinsame Grundstücksgrenze zwischen den beiden Gebäuden verläuft (OVG Rhld.-Pf., Urt. v. 23. 1. 1986 — A 124/84 —, BRS 46 Nr. 99). Der VGH Bad.-Württ. hat demgegenüber die Auffassung vertreten, dass sich eine dahingehende Forderung nicht aus § 22 Abs. 2 BauNVO entnehmen lasse. Zum Wesen des Doppelhauses gehöre es nicht, dass es auf zwei (aneinander grenzenden) Grundstücken stehe. Allerdings sei die Regelung auch nicht dahin zu verstehen, dass ein Doppelhaus mit seitlichem Grenzabstand auf einem einzigen Grundstück errichtet werden müsse. Es sei nicht anzunehmen, dass der Verordnungsgeber die herkömmliche oder jedenfalls übliche Errichtung von Doppelhäusern (und Hausgruppen) auf verschiedenen Grundstücken verbieten wollte. Die für den Begriff des Doppelhauses allein maßgebliche funktionale Selbständigkeit werde nicht durch die Existenz eines gemeinsam genutzten, baulich völlig untergeordneten Versorgungs- und Installationsraums aufgehoben (VGH Bad.-Württ., Urt. v. 25. 6. 1996 — 5 S 2572/95 — BauR 1997 S. 274).

57

Doppelhäuser werden häufig von einem Bauträger auf ungeteiltem Grundstück errichtet. Eine Grundstücksteilung kann auch nach der Bebauung eines Grundstücks mit einem Doppelhaus erfolgen; sie kann auch vollständig entfallen — so beispielsweise im Werksiedlungsbau. Die beiden aneinander gebauten Gebäude werden nicht erst durch den Vorgang der Teilung zum Doppelhaus.

58 Die Begriffe Einzelhaus, Doppelhaus, Hausgruppe werden im allgemeinen Sprachgebrauch nur für Wohnhäuser verwendet bzw. für Gebäude mit überwiegender Wohnnutzung. Zwar wird der Begriff Haus auch in anderem Zusammenhang verwendet, etwa in „Kaufhaus" für ein Gebäude mit gewerblicher Nutzung. Zwei aneinander gebaute Kaufhäuser dürften aber im allgemeinen Verständnis wohl kaum als Doppelhaus angesehen werden.

59 Die in § 6 Abs. 1 Satz 2 Buchst. b enthaltene Berechtigung, an die Grenze bauen zu dürfen, gilt nicht, wenn ein Gebäude, an das angebaut werden soll, seinerseits den allgemeinen Regelungen über die Einhaltung eines Grenzabstandes nicht unterworfen ist, wie dies etwa bei Grenzgaragen, Gebäuden mit Abstellräumen und Gewächshäusern im Sinne von Abs. 11 Nr. 1 (vgl. Rn. 276 ff.) der Fall ist. An eine an der Grenze vorhandene Garage, die nicht die Voraussetzungen des Abs. 11 Nr. 1 erfüllt, kann jedoch mit einem Gebäude der Hauptnutzung, z. B. mit einem Wohnhaus, angebaut werden, soweit dies nach den planungsrechtlichen Vorgaben zulässig ist (OVG NRW, Beschl. v. 28. 4. 1995 — 7 B 489/95 —, s. auch Rn. 61).

60 Über die Zahl der in einem Einzelhaus, in einer Doppelhaushälfte oder in einem Gebäude, das Teil einer Hausgruppe ist, zulässigen Wohnungen, sagen die planungsrechtlichen Vorschriften über die Bauweise nichts aus. Im Allgemeinen wird allerdings unter einem Einzelhaus, das in der offenen Bauweise zulässig ist, ein Ein- oder Zweifamilienhaus verstanden bzw. ein Gebäude mit nicht mehr als zwei Wohnungen. Eine Festsetzung, nach der Einzelhäuser nur als Einfamilienhäuser zugelassen sein sollen, könnte jedoch nicht im Rahmen der Festsetzungen über die Bauweise erfolgen (OVG Rhld.-Pf., Urt. v. 23. 1. 1986 — A 124/84 —, BRS 46 Nr. 99). Eine solche Festsetzung wäre allenfalls nach § 9 Abs. 1 Nr. 6 BauGB zulässig.

61 Über die **Größe der Gebäude**, die als Einzelhaus, Doppelhaus oder als Hausgruppe errichtet werden, findet sich in § 22 Abs. 2 BauNVO keine abschließende Regelung. Lediglich für die Gesamtlänge des Baukörpers, der entweder als Einzelhaus und insoweit als selbständiges Gebäude oder als Doppelhaus, bestehend aus zwei Gebäuden, oder als Hausgruppe, bestehend mindestens

aus drei Gebäuden, errichtet werden soll, wird ein Höchstmaß von 50 m genannt. Ein Einzelhaus könnte danach auch ein Hochhaus sein (so Fickert/Fieseler BauNVO § 22 Rn. 6.1; OVG Rhld.-Pf., Urt. v. 23. 1. 1986 – 1 A 124/84 –, BauR 86 S. 322) und zwei aneinander gebaute Gebäude von insgesamt 50 m Länge könnten ein Doppelhaus sein, auch wenn eins der beiden Gebäude ein Hochhaus ist. Das entspräche aber nicht einem Doppelhaus im Sinne des allgemeinen Sprachgebrauchs. Die beiden Haushälften können zwar zueinander versetzt oder gestaffelt an der Grenze errichtet werden, sie müssen jedoch zu einem wesentlichen Teil aneinander gebaut sein. Insoweit setzt die Doppelhaus-Festsetzung der Baufreiheit Schranken. In welchem Umfang die beiden Haushälften an der Grenze zusammengebaut sein müssen, lässt sich jedoch weder abstrakt-generell noch mathematisch-prozentual festlegen.

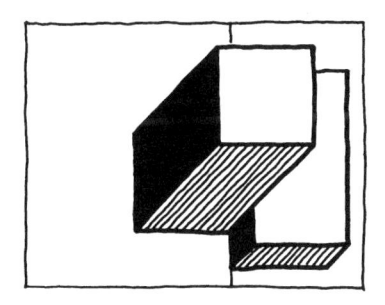

Abb. 6.1.17
Aneinander gebaute Gebäude, die in der Zahl der Vollgeschosse oder in der Gebäudetiefe deutlich voneinander abweichen, werden allgemein nicht als Doppelhaus bezeichnet.

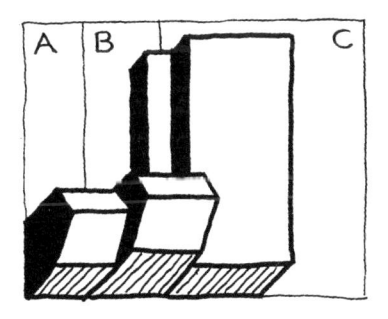

Abb. 6.1.18
Drei aneinander gebaute Gebäude bilden keine Hausgruppe im Sinne des § 22 Abs. 2 BauNVO, wenn sie in Höhe und Tiefe deutlich voneinander abweichen.

Maßgeblich sind die Umstände des Einzelfalls (BVerwG, Urt. v. 24. 2. 2000 — 4 C 12.98 —, BauR 2000 S. 1168). Zwei aneinandergebaute Gebäude, die in der Zahl der Vollgeschosse oder in der Gebäudetiefe deutlich voneinander abweichen, können danach jedenfalls nicht als Doppelhaus bezeichnet werden (Abb. 6.1.17).

62 Nach § 22 Abs. 2 Satz 1 BauNVO werden die Gebäude in der offenen Bauweise mit seitlichem Grenzabstand errichtet. Werden nach § 22 Abs. 2 Satz 3 BauNVO bei der Festsetzung der offenen Bauweise im Bebauungsplan Doppelhäuser und Hausgruppen ausgeschlossen, so darf grundsätzlich nicht an Nachbargrenzen gebaut werden. Die Voraussetzungen für die Anwendung des § 6 Abs. 1 Satz 2 sind dann nicht gegeben. Jedes Gebäude muss allseitig Abstandflächen nach § 6 Abs. 1 Satz 1 einhalten. Da aber in der offenen Bauweise allgemein auch Doppelhäuser und Hausgruppen zulässig sind, ist der Landesgesetzgeber davon ausgegangen, dass ein einseitiger oder auch ein beidseitiger Grenzanbau bei der Errichtung von Doppelhäusern und Hausgruppen nicht ausgeschlossen sein soll, dass vielmehr in diesen Fällen nach den planungsrechtlichen Vorschriften an die Grenze gebaut werden darf. Anders als in der geschlossenen Bauweise ist jedoch der Grenzanbau vom Nachbargrundstück in der offenen Bauweise planungsrechtlich nicht gesichert. Daher musste dem Entstehen offener — nicht angebauter — Brandgiebel durch eine entsprechende bauordnungsrechtliche Regelung begegnet werden. Dies ist in Abs. 1 Satz 2 unter Buchst. b mit der Vorschrift erfolgt, wonach der Grenzanbau in den Fällen, in denen das Gebäude nach den planungsrechtlichen Vorschriften ohne Grenzabstand gebaut werden darf, im Einzelfall öffentlich-rechtlich gesichert werden muss. Als öffentlich-rechtliche Sicherung ist die Eintragung einer Baulast (Anbaulast) in das Baulastenverzeichnis geeignet, denn die Baulast ist darauf gerichtet, bauordnungsrechtliche aber auch bauplanungsrechtliche Hindernisse zu überwinden, die der Bebauung eines Grundstücks entgegenstehen, soweit nicht den Zielen eines Bebauungsplans oder bauplanungsrechtlichen Genehmigungstatbeständen widerstreitende Zustände geschaffen werden.

63 Das Planungsrecht überlässt es dem Träger der Bauleitplanung, darüber zu entscheiden, ob Einzelhäuser, Doppelhäuser oder Hausgruppen zulässig oder nicht zulässig sein sollen. Werden Doppelhäuser und Hausgruppen im Bebauungsplan nicht ausgeschlossen oder eingeschränkt, so überlässt der Plangeber die Entscheidung, ob Einzelhäuser, Doppelhäuser oder Hausgruppen gebaut werden, der Bauausführung.

64 Doppelhäuser und Hausgruppen wurden, seitdem es diese Hausformen gibt (seit Mitte des 19. Jahrhunderts), und werden auch heute noch in aller Regel

von einem Bauträger als baulich-städtebauliche Einheiten errichtet. Sie können auf einem Grundstück zur Grundstücksteilung nach der Bauausführung oder nach einer entsprechenden Parzellierung auf benachbarten Grundstücken errichtet werden. Jedenfalls erübrigt es sich bei Ausführung durch einen Bauträger, den Grenzanbau vom Nachbargrundstück öffentlich-rechtlich zu sichern; denn ein an der Grundstücksgrenze vorhandenes Gebäude steht der öffentlich-rechtlichen Sicherung gleich (OVG NRW, Beschl. v. 14. 7. 1995 — 7 B 1620/95 —; Urt. v. 13. 12. 1995 — 7 A 159/94 —, BRS 57 Nr. 137).

Doppelhäuser und Hausgruppen können aber auch von Einzelbauherren errichtet werden. Will ein Bauherr eine Doppelhaushälfte oder das Endhaus einer Hausgruppe errichten, so bleibt es ihm überlassen, an welcher Nachbargrenze er das Gebäude errichtet. Will er das Mittelhaus einer Hausgruppe errichten, so kann er auch beidseitig an die Nachbargrenze bauen. Das sind die in § 6 Abs. 1 Satz 2 Buchstabe b angesprochenen Fälle: anders als in der geschlossenen Bauweise muss nicht an die Nachbargrenze gebaut werden; es darf aber an die Grenze gebaut werden. Sind im Bebauungsplan Doppelhäuser unter Verwendung des Planzeichens Nr. 3.1.2 oder 3.1.3 der Anlage zur PlanzV ausdrücklich vorgeschrieben, so muss derjenige, der lediglich eine Doppelhaushälfte errichten will, einseitig an einer der beiden Nachbargrenzen anbauen. Aber auch dann bleibt es demjenigen, der eine Doppelhaushälfte zuerst errichtet, freigestellt, an welcher Seite er sein Gebäude errichtet, ob er an die linke oder an die rechte Nachbargrenze anbaut. Entsprechendes gilt bei Festsetzung von Hausgruppen (Planzeichen Nr. 3.1.3, Anlage zur PlanzV) für die Endhäuser einer Hausgruppe. **65**

Werden die Gebäude, die ein Doppelhaus oder eine Hausgruppe bilden, nicht im Zusammenhang errichtet, ist auch auf dem Nachbargrundstück noch kein Gebäude an der Grundstücksgrenze vorhanden, so ist die öffentlich-rechtliche Anbausicherung durch Eintragung einer Baulast in das Baulastenverzeichnis erforderlich. Eine Baulast kann nur mit Einwilligung des Nachbarn eingetragen werden. Das bedeutet: der zuerst Bauende bestimmt mit seinem Vorhaben, dass auch der Nachbar sein Gebäude an der Nachbargrenze errichtet und an welcher Seite er anbauen muss. Er kann sein Vorhaben aber nur realisieren, wenn der Nachbar mit dem Grenzanbau einverstanden ist, und wenn dieser selbst bereit ist, sofern er sein Grundstück bebauen will, sein Gebäude ebenfalls an der Nachbargrenze, und zwar an der gleichen Nachbargrenze zu errichten. Eine zeitliche Bindung erfolgt nicht. Wenn der Nachbar jedoch offensichtlich nicht gewillt ist, den Grenzanbau in absehbarer Zeit zu verwirklichen, wenn er beispielsweise sein Grundstück gerade mit Grenzabstand bebaut hat, ist die zugunsten des Grenzanbaus eingetragene Baulast unwirk- **66** sam (OVG NRW, Urt. v. 28. 10. 1985 — 11 A 2586/82 —, BRS 44 Nr. 99). Der andere Nachbar, zu dem der zuerst Bauende einen Abstand eingehalten hat, muss seinerseits mit Grenzabstand bauen. Das ergibt sich aus § 22 Abs. 2 Satz 1 BauNVO, wonach in der offenen Bauweise Doppelhäuser und Hausgruppen mit Grenzabstand errichtet werden müssen. Einer zusätzlichen öffentlich-rechtlichen Sicherung bedarf es nicht. Abs. 1 Satz 2 ist nicht anwendbar.

67 Auch wenn Doppelhäuser oder Hausgruppen nicht von einem Bauträger im Zusammenhang errichtet werden, kann auf eine öffentlich-rechtliche Sicherung verzichtet werden, wenn auf dem Nachbargrundstück bereits ein Gebäude an der Grenze vorhanden ist (OVG NRW, Urt. v. 13. 12. 1995 — 7 A 159/94 — a. a. O. Rn. 57). Ist der Abbruch eines an der Grundstücksgrenze vorhandenen Gebäudes beantragt, so ist der Fortbestand des Gebäudes nicht gesichert. Eine Anbausicherung im Sinne des Abs. 1 Satz 2 Buchst. b durch ein vorhandenes Gebäude an der Grundstücksgrenze ist nur dann gewährleistet, wenn von dessen Fortbestand ausgegangen werden kann. Nur unter dieser Voraussetzung kann mit ausreichender Sicherheit verhindert werden, dass nur an einer Grundstücksgrenze angebaut wird. Dies zu verhindern ist Ziel der gesetzlichen Regelung des Abs. 1 Satz 2 Buchst. b (OVG NRW, Beschl. v. 6. 11. 1998 — 7 B 2057/98).

68 Mit der Sicherung des Grenzanbaus allein wird nicht erreicht, dass Doppelhäuser und Hausgruppen auch entstehen. Denn anders als in der geschlossenen Bauweise sind in der offenen Bauweise die Fälle nicht selten, in denen die überbaubare Grundstücksfläche nicht durch eine vordere Baulinie, sondern lediglich durch eine vordere Baugrenze bestimmt wird, hinter die die Gebäude beliebig zurücktreten können (Abb. 6.1.19 und 6.1.20). Das OVG Rheinland-Pfalz hatte im Hinblick auf die aus der Musterbauordnung 1981 abgeleitete Regelung des § 8 Abs. 1 Satz 3 BauO Rheinland-Pfalz festgestellt, dass der Anbau (= Grenzanbau) nicht an irgendeiner Stelle des Grundstücks in beliebigem Umfang erfolgen darf, sondern nur in etwa gleicher Lage und gleichem Umfang wie die vorhandene Grenzbebauung zugelassen werden kann, also im Wesentlichen deckungsgleich. Diese Auffassung war zum Zeitpunkt der Entscheidung eine in Rechtsprechung und Literatur nahezu einhellig vertretene Meinung (OVG Rhld.-Pf., Beschl. v. 9. 1. 1989 — 1 B 69/88 —, BRS 49 Nr. 127).

69 Die Notwendigkeit zum deckungsgleichen Anbau ergibt sich in der offenen Bauweise nicht aus dem Begriff „anbauen" (vgl. Rn. 46), sondern aus einer entsprechend ausgestalteten Baulast oder aus einer auf dem Nachbargrund-

Abstandflächen BauO NRW § 6

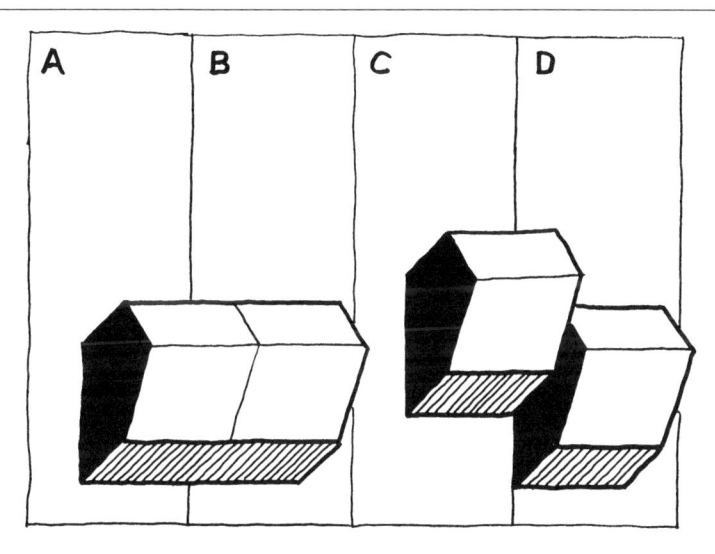

Abb. 6.1.19
Unzulässiger Grenzanbau in der offenen Bauweise.

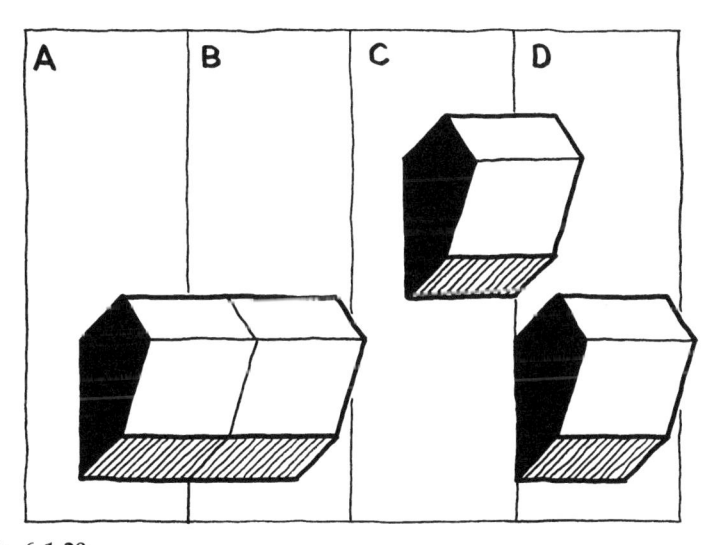

Abb. 6.1.20
Unzulässiger Grenzanbau in der offenen Bauweise.

stück bereits vorhandenen Bebauung, die die Baulast ersetzt. Ihre Schutzfunktion verlieren die Abstandflächen nur insoweit, als die öffentlich-rechtliche Anbausicherung reicht bzw. ein sie ersetzendes Grenzgebäude vorhanden ist, und sie behalten ihre Schutzfunktion für die nicht im Grenzbereich bebauten bzw. durch Anbausicherung erfassten Bereiche des Grundstücks (OVG NRW, Beschl. v. 2. 3. 1990 – 7 B 3427/89; vgl. auch OVG NRW, Urt. v. 12. 3. 1992 – 7 A 1651/89).

70 Die Neuformulierung des § 6 Abs. 1 Satz 2 BauO 95 gibt keine Veranlassung von der bis dahin vorherrschenden Auslegung des Abs. 1 Satz 2 Buchst. b abzurücken; denn der maßgebliche Unterschied zwischen den unter Buchst. a und den unter Buchst. b angesprochenen Fällen liegt gerade darin, dass das Erfordernis des Grenzanbaus nach Buchst. a für alle Grundstücke, die in einem Baugebiet liegen, für das die geschlossene Bauweise festgesetzt ist, gleichermaßen gilt, und zwar in voller Bautiefe, unabhängig von der Bebauung auf den Nachbargrundstücken, dass demgegenüber der Grenzanbau nach Buchst. b nur insoweit zulässig ist, als der zuerst Bauende einen entsprechenden Grenzanbau auf dem Nachbargrundstück gesichert hat.

71 Das OVG NRW war in seiner Entscheidung vom 8. 11. 1984 (7 B 2224/84, BRS 42 Nr. 119) davon ausgegangen, dass die Anwendung des § 6 Abs. 1 Satz 2 Buchstabe b BauO 84 eine Ausnahme von dem auch in der BauO 84 beibehaltenen und in seiner Wertigkeit anerkannten Prinzip darstelle, im Bereich der offenen Bauweise grundsätzlich einen Grenzabstand einzuhalten. Es handelt sich hier um ein städtebauliches Prinzip, das sich aus der insoweit eindeutigen planungsrechtlichen Vorschrift des § 22 Abs. 2 Satz 1 BauNVO ergibt, unabhängig davon, ob es durch landesrechtliche Vorschriften anerkannt wird. Die Feststellung des OVG NRW in seiner Entscheidung vom 8. 11. 84, dass sich die Auslegung des Begriffs „anbauen" im Sinne der Abstandflächenvorschriften an diesem Prinzip zu orientieren habe, hat nach wie vor Gültigkeit. Ohne auf die Frage einzugehen, ob und inwieweit mit landesrechtlichen Vorschriften ein bundesrechtlich geregeltes städtebauliches Gestaltungsprinzip modifiziert – ggf. auch unterlaufen – werden kann, hatte sich der 10. Senat mit seiner Entscheidung vom 5. 10. 1995 (10 B 2445/95, BauR 1996 S. 83) der in der Begründung zum Gesetzentwurf vertretenen Auffassung des Gesetzgebers angeschlossen, dass es in den Fällen des Abs. 1 Satz 2 Buchstabe b in gleicher Weise wie in den Fällen des Abs. 1 Satz 2 Buchstabe a nur noch darauf ankomme, ob sich das Vorhaben innerhalb der überbaubaren Grundstücksfläche hält. Dieser Auffassung hatte sich der 7. Senat angeschlossen (Urt. v. 13. 12. 1995 – 7 A 159/94 –, BauR 1996 S. 529).

Mit seinem Urteil vom 24. 2. 2000 (4 C 12.98, vgl. Rn. 61) hat das BVerwG klargestellt, dass die Doppelhausfestsetzung als solche der Baufreiheit Schranken setzt, unabhängig davon, ob oder in wie weit die Überbaubarkeit des Grundstücks durch Festsetzungen nach § 23 BauNVO oder im unbeplanten Innenbereich durch faktische rückwärtige Baugrenzen begrenzt wird. In dem System der offenen Bauweise, dass durch seitliche Grenzabstände zu den benachbarten Grundstücken gekennzeichnet sei, so das BVerwG, ordne sich ein aus zwei Gebäuden zusammengefügter Baukörper nur ein und könne somit als Doppelhaus gelten, wenn das Abstandsgebot an der gemeinsamen Grundstücksgrenze auf der Grundlage der Gegenseitigkeit überwunden werde. Die Zulässigkeit einer Bebauung als Doppelhaus setze daher in Gebieten der offenen Bauweise den wechselseitigen Verzicht auf seitliche Grenzabstände an der gemeinsamen Grundstücksgrenze voraus. Dieser Verzicht binde die benachbarten Grundeigentümer bauplanungsrechtlich in ein Verhältnis des gegenseitigen Interessenausgleichs ein: Ihre Baufreiheit werde zugleich erweitert und beschränkt. Die enge Wechselbeziehung, die jeden Grundeigentümer zugleich begünstige und belaste, sei aus städtebaulichen Gründen (Steuerung der Bebauungsdichte, Gestaltung des Orts- oder Stadtbildes) gewollt und begründe ein nachbarliches Austauschverhältnis, das nicht einseitig aufgehoben oder aus dem Gleichgewicht gebracht werden dürfe. **72**

Da sich aus den planungsrechtlichen Vorschriften nicht ableiten lässt, in welchem Umfang die beiden Haushälfte an der Grenze zusammengebaut werden müssen, kann dies durch eine entsprechende Ausgestaltung der Baulast im Einzelfall festgelegt werden. Eine einschränkende Ausgestaltung der Baulast, die sich auf die Höhe der anderen Doppelhaushälfte beziehen kann, verstößt nicht gegen Satz 2 Buchst. b, wonach eine Abstandfläche innerhalb der überbaubaren Grundstücksfläche nicht erforderlich ist, wenn das Gebäude ohne Grenzabstand gebaut werden darf; denn die dort genannte weitere Voraussetzung für die Zulässigkeit eines Grenzanbaus, wonach öffentlich-rechtlich gesichert sein muss, dass auf dem Nachbargrundstück ebenfalls ohne Grenzabstand gebaut wird, ist als eine weiter einengende Vorschrift anzusehen, die geeignet ist, das durch die Doppelhausfestsetzung begründete nachbarliche Austauschverhältnis im Einzelfall zu konkretisieren. **73**

§ 6 BauO NRW   Abstandflächen

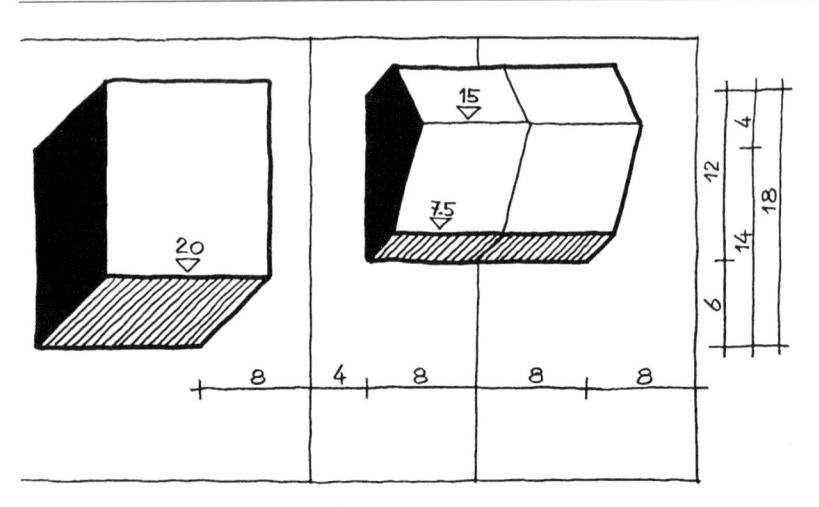

Abb. 6.1.21
Bebauung aufgrund eines Bebauungsplans mit den Festsetzungen WA o, H=20 m über Geländeoberfläche; Bebauungstiefe 18 m, bezogen auf eine vordere Baugrenze.

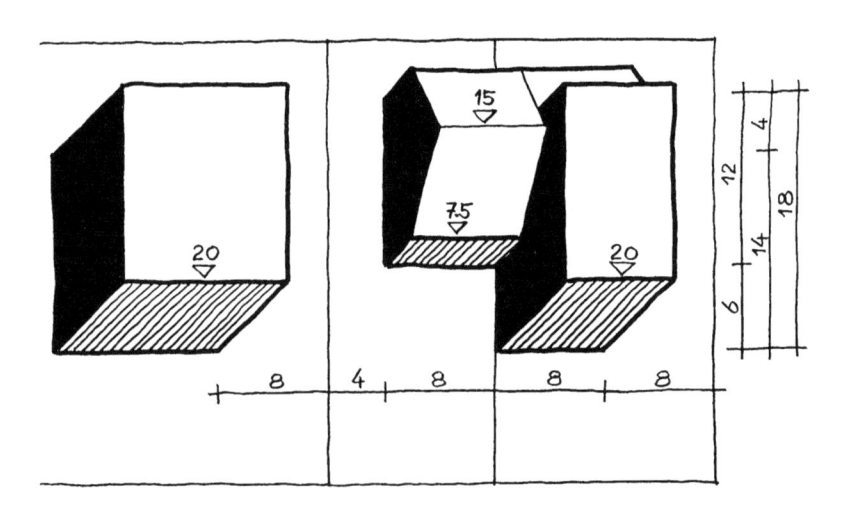

Abb. 6.1.22
Unzulässige Änderung einer Doppelhaushälfte.

Zwingende oder eng begrenzte Festsetzungen eines Bebauungsplans über die überbaubaren Grundstücksflächen und über die Höhe der baulichen Anlagen (Traufhöhe) bzw. über die Zahl der Vollgeschosse („Baukörperplan") können die öffentlich-rechtliche Sicherung des deckungsgleichen Anbaus durch Baulast ersetzen. 74

Die Festsetzung über die überbaubaren und nicht überbaubaren Grundstücksflächen erfolgt in aller Regel durch Eintragung einer vorderen Baulinie oder Baugrenze in die Planzeichnung. Die Bebauungstiefe kann über eine Maßangabe im Text des Bebauungsplans erfolgen, bei enger Begrenzung etwa auf 12 m. Üblicherweise wird sie jedoch durch Eintragung einer rückwärtigen Baugrenze in die Planzeichnung festgesetzt (Abb. 6.1.23). Eine zusätzliche seitliche Begrenzung der Baukörper durch Baulinien und Baugrenzen ist zulässig. Durch eine seitliche Begrenzung der Baukörper wird die Dispositionsfreiheit des Bauherrn eingeschränkt. Es wird damit festgelegt, an welcher Seite er an die Grenze bauen muss (Abb. 6.1.25 bis 6.1.28).

Sofern mit den Festsetzungen über die überbaubaren Grundstücksflächen nicht auf eine vorgegebene Parzellierung Rücksicht genommen wird, müssen die Grundstücksgrenzen den Festsetzungen des Bebaungsplans im Rahmen einer Umlegung oder Grenzregelung nach den §§ 45 ff. BauGB angepasst werden. Zahl und Frontbreite der Gebäude ergeben sich aus der Parzellierung (Abb. 6.1.24). Werden allerdings Hausgruppen oder Doppelhäuser durch seitliche Baulinien oder Baugrenzen festgesetzt, so bestimmen diese Festsetzungen mittelbar auch die Grundstücksteilung (Abb. 6.1.25–6.1.28). 75

Parzellenbreiten von 5 bis 6 m sind für die Reihenhausbebauung in geschlossener Bauweise üblich. Sie sind auch für Mittelgebäude von Hausgruppen geeignet, nicht jedoch für Einzelhäuser, Doppelhäuser oder End-

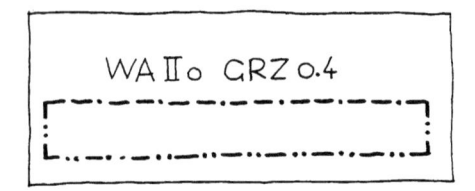

Abb. 6.1.23

Bebauungsplan mit Festsetzungen über Art und Maß der baulichen Nutzung (WA II), die Bauweise (o) und die überbaubaren Grundstücksflächen. Der Bebauungsplan lässt offen, ob und wo Einzelhäuser, Doppelhäuser oder Hausgruppen ausgeführt werden.

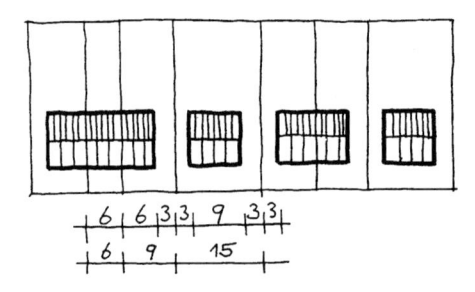

Abb. 6.1.24

Ausführung einer zweigeschossigen Wohnbebauung aufgrund der Festsetzungen des Bebauungsplans nach Abb. 6.1.23. Aus der Breite der Bauparzellen ergibt sich, ob bzw. wo Einzelhäuser, Doppelhäuser oder Hausgruppen erstellt werden können.

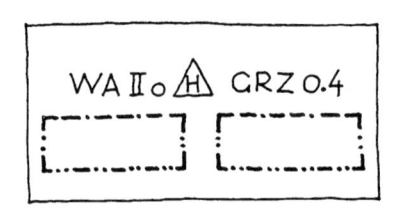

Abb. 6.1.25

Bebauungsplan mit Festsetzungen der offenen Bauweise — nur Hausgruppen zulässig — und Bestimmung der Hausgruppen durch Festsetzung der überbaubaren Grundstücksflächen.

Abstandflächen | BauO NRW § 6

Abb. 6.1.26
Ausführung der Bebauung und Grundstücksteilung entsprechend den Festsetzungen des Bebauungsplans Abb. 6.1.25.

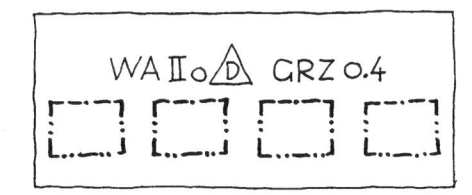

Abb. 6.1.27
Bebauungsplan mit Festsetzung der offenen Bauweise — nur Doppelhäuser zulässig — und Bestimmung der Doppelhäuser durch Festsetzung der überbaubaren Grundstücksflächen.

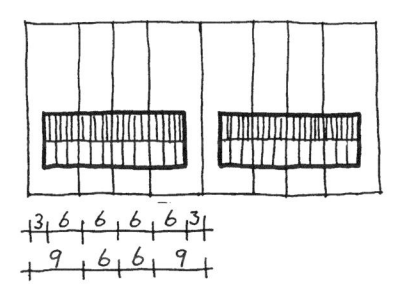

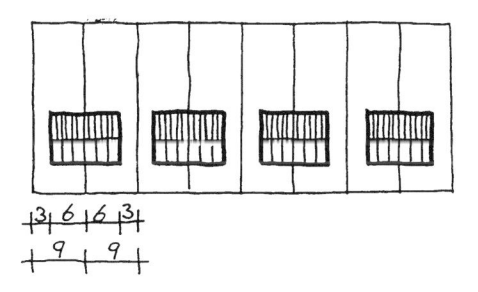

Abb. 6.1.28
Ausführung der Bebauung und Grundstücksteilung entsprechend den Festsetzungen des Bebauungsplans Abb. 6.1.27.

häuser von Hausgruppen. Da Doppelhäuser und Endhäuser von Hausgruppen nur einseitig an die Nachbargrenze gebaut werden dürfen, muss der angestrebten Frontbreite des Gebäudes die Tiefe der zur anderen Nachbargrenze einzuhaltenden Abstandflächen, im Normalfall also mindestens 3 m, hinzugerechnet werden, um geeignete Parzellenbreiten zu erhalten. So ergeben sich Parzellenbreiten von ca. 9 m, wenn für die beiden Doppelhaushälften bzw. Endhäuser einer Hausgruppe eine Frontbreite von 6 m erreicht werden soll.

Für Einzelhäuser müssen die Parzellen eine Mindestbreite von 12 m aufweisen. Sind die Grundstücke etwa nur 11 m breit, so würden bei beidseitigen Abstandflächen mit einer Tiefe von 3 m Baukörper mit einem Frontmaß von 5 m entstehen. Derartige Ergebnisse würden nicht nur für die Grundrisslösung der Wohnhäuser Probleme bringen, sondern auch mit der beabsichtigten Stadtgestaltung in vielen Fällen nicht in Einklang stehen (vgl. OVG NRW, Urt. v. 26. 5. 1997 – 10 A 2406/94). Parzellenbreiten von 15 m und mehr sind für Einzelhäuser eher üblich. Bei einer Parzellenbreite von 15 m und Ausschluss von Doppelhäusern und Hausgruppen wird bei einer Abstandfläche von 3 m Tiefe das Straßenbild durch einen Wechsel von Häusern mit einer Frontbreite bis zu 9 m und Gebäudeabständen von mindestens 6 m geprägt.

76 Im unbeplanten Innenbereich weist die vorhandene Bebauung häufig teils Merkmale der offenen Bauweise, teils solche der geschlossenen Bauweise auf; eine eindeutig feststellbare Bautiefe ist oftmals nicht vorgegeben, und auch die Geschossigkeit unterliegt starken Schwankungen. An die Grundstücksgrenze darf nicht gebaut werden, wenn innerhalb eines im Zusammenhang bebauten Ortsteils Gebäude teilweise an der Grenze, teilweise mit Grenzabstand errichtet sind, ohne dass in der maßgebenden Bebauung ein organisch gewachsenes, einheitliches Ordnungssystem hinreichend zum Ausdruck kommt (BayVGH, Urt. vom 21. 7. 1997 – 14 B 96.3086 –, BRS 59 Nr. 113). In diesen Gebieten sind aber auch nicht selten Grenzbauten entstanden, die über Jahre oder Jahrzehnte ohne einen entsprechenden Anbau auf dem Nachbargrundstück geblieben sind. Das Nachbargrundstück ist dann in aller Regel noch unbebaut oder nur mit untergeordneten Gebäuden, Garagen o. Ä. bebaut. Insoweit handelt es sich um eine Baulücke. Wird die Baulücke geschlossen, so ist die Ergänzung der vorhandenen Doppelhaushälfte durch einen entsprechenden Anbau auf dem Nachbargrundstück aus städtebaulichen Gründen geboten.

77 In dem der Entscheidung des OVG NRW vom 12. 3. 1992 zugrunde liegenden Fall (OVG NRW, Urt. v. 12. 3. 1992 – 7 A 1651/89) ging es um die Zulässigkeit eines auf einem vorhandenen fünfgeschossigen Gebäude geplanten Staffelgeschosses im unbeplanten Innenbereich (Abb. 6.1.29). Die Erhöhung des

vorhandenen Gebäudes um ein sechstes Geschoss war nach den prägenden Merkmalen der Umgebung zulässig. Die Bebauung war in den unteren fünf Geschossen durch geschlossene Bauweise geprägt; das Staffelgeschoss auf dem Nachbargebäude war jedoch abweichend von der sonst prägenden geschlossenen Bauweise mit Grenzabstand errichtet worden. Danach war für das sechste Geschoss (das Staffelgeschoss) nicht § 6 Abs. 1 Satz 2 Buchstabe a BauO NRW 1984, sondern § 6 Abs. 1 Satz 2 Buchstabe b BauO NRW 1984 anzuwenden. In diesen Fällen (also nach § 6 Abs. 1 Satz 2 Buchstabe b BauO 1984), so das Gericht, war grundsätzlich ein Grenzabstand einzuhalten, soweit nicht öffentlich-rechtlich gesichert war, dass von der anderen Seite angebaut wird oder wenn ein vorhandenes grenzständiges Gebäude die öffentlich-rechtliche Anbausicherung ersetzte.

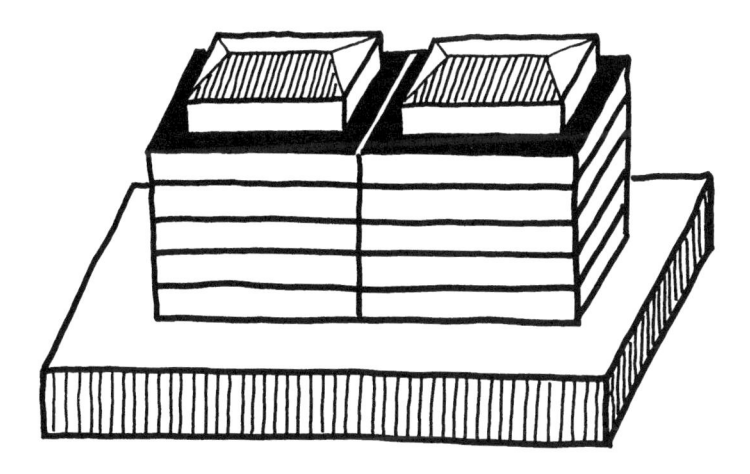

Abb. 6.1.29
Sechsgeschossige Bebauung in abweichender Bauweise (Penthaus-Bebauung). Die Gebäude sind vom Erdgeschoss bis zum 4. Obergeschoss ohne Grenzabstand errichtet worden. Im 5. Obergeschoss (Staffelgeschoss) wird ein Grenzabstand eingehalten.

So wie hier, wenn auf ein vorhandenes grenzständiges Gebäude ein weiteres Geschoss mit Grenzabstand errichtet werden muss, muss auch, wenn an ein vorhandenes grenzständiges Gebäude ein rückwärtiger Anbau errichtet werden soll, mit Grenzabstand gebaut werden, sofern auf dem Nachbargrundstück ein entsprechender Anbau mit Grenzabstand vorhanden ist (Abb. 6.1.30). Aus der Zulässigkeit des Grenzanbaus als solchem kann nicht geschlossen werden, dass bei Abweichung von der geschlossenen Bauweise oder bei Abweichungen vom Grenzbau im Falle von Doppelhäusern oder

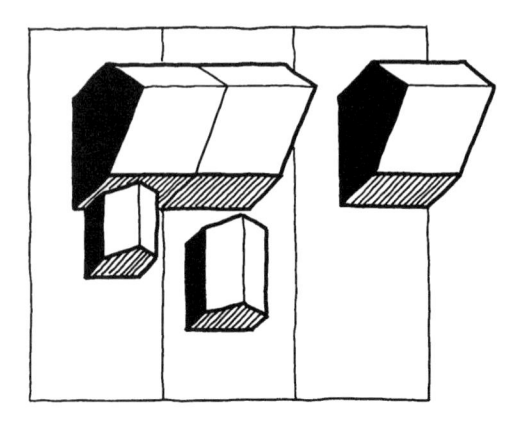

§ 6 BauO NRW — Abstandflächen

Abb. 6.1.30
In der offenen Bauweise ist der Grenzanbau nur im Falle von Doppelhäusern und Hausgruppen zulässig. Soweit in der offenen Bauweise keine Doppelhäuser oder Hausgruppen errichtet werden, muss mit Grenzabstand gebaut werden.

Hausgruppen in der Grundstückstiefe (insoweit „abweichende Bauweise") ein Grenzanbau zulässig wäre. Derjenige, der zuerst sein Gebäude an der Grenze gebaut hat, aber im rückwärtigen Grundstücksteil von der grenzständigen Bauweise abweicht, bestimmt insoweit die Bebauung auf dem Nachbargrundstück.

79 Mit den Vorschriften des § 30 BauGB sollen die städtebaulichen Ordnungsziele so, wie sie mit den Festsetzungen eines Bebauungsplans konkretisiert worden sind, durchgesetzt werden. § 30 BauGB begründet aus sich heraus jedoch keine subjektiv-öffentlichen Rechte zugunsten des Nachbarn. Ob Festsetzungen auf der Grundlage der §§ 16 ff. und des § 23 BauNVO auch darauf gerichtet sind, dem Schutz des Nachbarn zu dienen, hängt vom Willen der Gemeinde als Planungsträger ab. Diese Anknüpfung versagt im nicht überplanten Bereich. § 34 Abs. 1 BauGB dient insoweit als Planersatz. Er enthält einen eigenständigen Zulässigkeitsmaßstab. Das BVerwG ist der Auffassung, dass dieser Maßstab notwendigerweise weniger scharf sei, da er sich an der Umgebungsbebauung zu orientieren habe (BVerwG, Beschl. v. 19. 10. 1995 – 4 B 215/95 – BRS 57 Nr. 219; vgl. auch VGH Bad.-Württ., Urt. v. 10. 11. 1992 – 5 S 1475/92; Hambg. OVG, Beschl. v. 3. 5. 1994 – Bs II 18/94 –, BauR 1995 S. 213; OVG NRW, Beschl. v. 21. 7. 1994 – 10 B 10/94 –, BauR 1995 S. 211). In der Auffassung, dass § 34 Abs. 1

BauGB einen eigenständigen Zulässigkeitsmaßstab enthält, kann dem Bundesverwaltungsgericht gefolgt werden, nicht jedoch in der Annahme, dass dieser notwendigerweise weniger scharf sei als der eines Bebauungsplans. Das kann so sein, ist möglicherweise in der Mehrzahl der Fälle so, muss aber nicht so sein.

Liegen die bebauten Grundstücksflächen jeweils an der Straße oder bis zu 12 m von ihr entfernt, so ist damit in Bezug auf die überbaubaren Grundstücksflächen der Rahmen gegeben. Liegen die überbauten Grundstücksflächen aber ausschließlich unmittelbar an der Straße, so ist der Rahmen auf Null reduziert; denn je reiner, d. h. einheitlicher, die beachtliche Umgebung, um so enger wird voraussetzungsgemäß der Rahmen, den sie hergibt (BVerwG, Urt. v. 26. 5. 1978 – 4 C 977 –, BRS 33 Nr. 36). Ein Bebauungsplan kann eine nach der Umgebungsbebauung eindeutig vorgegebene Bebauungstiefe durch Festsetzung einer neuen Baugrenze verkleinern oder vergrößern und insoweit den Zulässigkeitsrahmen einschränken oder erweitern. Auch kann mit der Festsetzung einer anderen Gebäudehöhe ein durch den Bestand eindeutig vorgegebener Rahmen entweder eingeschränkt oder aber auch erweitert werden. Ein Bebauungsplan, der aufgrund einer Erweiterung des Zulässigkeitsrahmens eine Bebauung ermöglicht, die sich in unzumutbarer Weise verschattend auf eine bestehende Bebauung auswirkt, kann abwägungsfehlerhaft sein.

Nach dem Urteil des BVerwG vom 24. 2. 2000 (4 C 12.98) ist das Erfordernis der baulichen Einheit im Falle eines Doppelhauses nur erfüllt, wenn die beiden Gebäude in wechselseitig verträglicher und abgestimmter Weise aneinander gebaut sind. Insoweit ist die planerische Festsetzung von Doppelhäusern in der offenen Bauweise nachbarschützend. In welchem Umfang die beiden Haushälften an der Grenze zusammengebaut sein müssen, lässt sich jedoch weder abstrakt-generell noch mathematisch-prozentual festlegen. Maßgeblich sind die Umstände des Einzelfalls. Bei Anwendung des Einfügungsgebots nach § 34 Abs. 1 ist im Falle von Doppelhäusern der Grundsatz, wonach in aller Regel die größere Nähe mit einer stärker prägenden Wirkung Hand in Hand geht (BVerwG, Urt. v. 26. 5. 1978 – 4 C 977 –, BRS 33 Nr. 36) zu beachten. Im Falle eines Doppelhauses gibt es für die zweite Doppelhaushälfte hinsichtlich der Einhaltung der vorderen und rückwärtigen Baufluchten bzw. der Bautiefe ebenso wie hinsichtlich der Gebäudehöhe nichts stärker Prägendes als die durch das auf dem Nachbargrundstück vorhandene Gebäude vorgegebenen Baufluchten, die Trauf- und die Firsthöhe. Diese sind für die zweite Doppelhaushälfte maßgebend, auch wenn die Baufluchten durch die Gebäude auf dem anderen Nachbargrundstück, zu dem eine Abstandfläche eingehalten werden muss, abweicht. Die bauliche und sonstige Nutzung der Grundstücke in der weiteren Umgebung können zwar im Hinblick auf die Art der baulichen Nutzung prägende Bedeutung für das Vorhaben haben, nicht aber im Hinblick auf die Bautiefe und die Gebäudehöhe eines Gebäudes, das als Doppelhaushälfte an eine vorhandene Doppelhaushälfte angebaut werden soll.

81 Die Rechtsprechung hat das nachbarschützende Gebot der wechselseitigen Rücksichtnahme aus dem Einfügungsgebot des § 34 Abs. 1 BauGB abgeleitet. Soweit ein Vorhaben im Geltungsbereich eines Bebauungsplans im Hinblick auf die durch die Vorschriften über die Art der baulichen Nutzung geschützten Belange rücksichtslos ist, ist es nach § 15 BauNVO unzulässig. Es ist in Rechtsprechung und Literatur anerkannt, dass diese Vorschrift ebenfalls Ausdruck des Gebots der wechselseitigen Rücksichtnahme ist. Als Teil der Vorschriften über die Art der baulichen Nutzung hat diese Vorschrift jedoch, anders als das Einfügungsgebot des § 34 BauGB, nur eingeschränkte Bedeutung. Eine die Vorschriften der BauNVO über die überbaubaren Grundstücksflächen und über das Maß der baulichen Nutzung ergänzende Vorschrift, die dem § 15 BauNVO entspräche, gibt es nicht. Insofern kann auch eine nach den Festsetzungen des Bebauungsplans zulässige Bautiefe nach dem Gebot der wechselseitigen Rücksichtnahme nicht eingeschränkt werden (BVerwG, Urt. v. 16. 3. 1995 — 4 C 3.94 —, ZfBR 1995 S. 212; missverständliche Erwähnung des § 15 BauNVO in OVG NRW, Beschl. v. 24. 2. 1995 — 7 B 311/94; Beschl. v. 24. 4. 1995 — 10 B 3161/54; Beschl. v. 9. 5. 1995 — 7 B 1624/95).

82 Das OVG NRW geht davon aus, dass ein Verstoß gegen das planungsrechtliche Gebot der Rücksichtnahme in den Fällen des § 34 BauGB in aller Regel nicht in Betracht komme, wenn die landesrechtlichen Abstandflächen eingehalten sind (vgl. OVG NW, Beschl. v. 22. 7. 1994 — 7 B 1627/94). Nur wenn wesentliche städtebauliche Besonderheiten gegeben seien und die Verhältnisse derart von der nach § 6 BauO NRW vorausgesetzten Normsituation abweichen, dass diese Regelungen keine sachgerechte Grundlage für die Beurteilung der planungsrechtlichen Auswirkungen eines Vorhabens auf ein Nachbargrundstück abgeben können, könne ein Verstoß gegen das planungsrechtliche Gebot der Rücksichtnahme im Hinblick auf die durch die Abstandvorschriften erfassten Schutzgüter in Betracht kommen (OVG, Beschl. v. 14. 7. 1995 — 7 B 1620/95). Zu den durch die Abstandvorschriften erfassten Schutzgütern rechnet das OVG NRW in Übereinstimmung mit dem Bundesverwaltungsgericht die Belichtung, Besonnung und Belüftung (BVerwG, Beschl. v. 22. 11. 1984 — 4 B 224.84 — BRS 42 Nr. 206; Urt. v. 13. 7. 1988 — 7 A 2897/86 — BRS 48 Nr. 139 —; OVG NRW Beschl. v. 22. 7. 1994 — 7 B 1627/94, vgl. Rn. 5) sowie die Wahrung eines ausreichenden Sozialabstandes. Der BayVGH hatte aus der Rechtsprechung des BVerwG abgelei-

tet, dass die nachbarlichen Belange ausreichender Belichtung, Besonnung und Belüftung sowie der Begrenzung der Einsichtmöglichkeiten nicht Gegenstand des nachbarschützenden Gebots der Rücksichtnahme sein könnten, weil deren Sicherung (nur) die landesrechtlichen Abstandflächenvorschriften dienten. Das BVerwG hat darauf Bezug nehmend jedoch eingeräumt, ob diese Rechtsauffassung zutreffe, möge im Grundsatz einer erneuten kritischen Überprüfung in einem Revisionsverfahren bedürfen (BVerwG, Urt. v. 11. 1. 1999 — 4 B 128.98 —, UPR 1999 S. 191). Die 5. Kammer des VG Gelsenkirchen hält danach an der Rechtsprechung, wonach eine Verletzung des bundesrechtlichen Gebots der Rücksichtnahme wegen einer Beeinträchtigung von Belichtung, Belüftung und Besonnung ausgeschlossen sei, nicht weiter fest. Sie geht vielmehr in Zukunft davon aus, dass schon aus gesetzessystematischen Gründen eine Verdrängung des bundesrechtlichen Rücksichtnahmegebots durch die (unterschiedlichen) bauordnungsrechtlichen Abstandflächenvorschriften der Länder ausgeschlossen sei. § 34 Abs. 1 BauGB könne im Hinblick auf das in ihm enthaltene Rücksichtnahmegebot auch dann verletzt sein, wenn die landesrechtliche Abstandflächenvorschrift des § 6 eingehalten ist (VG Gelsenkirchen, Beschl. v. 26. 5. 1999 — 5 L 584/99).

Zur Frage der Rücksichtslosigkeit eines in einer Hausgruppe errichteten Gebäudes, das die straßenseitige Baugrenze aufnimmt, damit aber um 5,0 m gegenüber der angrenzenden Nachbarbebauung zur Straße hin verspringt — verneinend OVG NRW, Beschl. v. 17. 9. 1998 — 10 A 5818/96. 83

e) Abweichende Bauweisen

Nach § 22 Abs. 4 BauNVO besteht die Möglichkeit, planungsrechtlich eine abweichende Bauweise festzusetzen. Abweichende Bauweisen sind solche, die im Hinblick auf den Grenzanbau von den beiden in § 22 Abs. 2 und 3 BauNVO definierten Bauweisen abweichen, nicht hingegen Bauweisen, die sich auf andere Merkmale beziehen, etwa auf die Stellung des Giebels zur Straße, wobei nach giebelständiger oder traufständiger Bauweise unterschieden wird. Es ist jedoch planungsrechtlich nicht geregelt, worin die Abweichung von den beiden in § 22 Abs. 2 und 3 BauNVO definierten Bauweisen — der geschlossenen bzw. der offenen Bauweise — bestehen könnte. 84

Die Abweichung kann darin bestehen, dass die geschlossene Bauweise nur für das Erdgeschoss, ggf. auch für das erste Obergeschoss gilt, während die (weiteren) Obergeschosse in einem bestimmten Abstand zur Grundstücksgrenze entsprechend den Festsetzungen des Bebauungsplans errichtet werden sollen (**Kettenbauweise**, Abb. 6.1.31). 85

§ 6 BauO NRW   Abstandflächen

Abb. 6.1.31
Wohnbebauung in Kettenbauweise.

86 Als abweichende Bauweise kann weiterhin festgesetzt werden, dass einseitig an die Grenze gebaut, auf dem Nachbargrundstück aber nicht angebaut werden soll (**halb offene Bauweise**, Abb. 6.1.32). Der BayVGH hatte zunächst mit Urteil vom 14. 2. 1969 (– Nr. 126 I/68 –, BRS 22 Nr. 109) ausgeführt, die Vorschrift, dass Abstandflächen nicht eingehalten werden müssen, wenn an die Grundstücksgrenze gebaut werden darf, betreffe nur den Fall des beidseitigen Anbaus. In seinem Urteil vom 19. 11. 1976 (Nr. 106 I/73 – BayVBl. 77, 177) ist er davon abgerückt. Das bedeutet: In der halb offenen Bauweise ist Abs. 1 Satz 1 nur einseitig anzuwenden. Zur anderen Seite muss ohne Grenzabstand gebaut werden (Abs. 1 Satz 2 Buchst. a – VGH Bad.-Württ., Beschl. v. 1. 7. 1994 – 5 S 1280/94 –, BRS 56 Nr. 101). Das führt dazu, dass der Abstand zwischen den Gebäuden bei festgesetzter halb offener Bauweise im Regelfall halb so groß ist wie im Fall einer festgesetzten offenen Bauweise – es sei denn, der Bebauungsplan setzt etwas anderes fest (Rn. 365 ff.).

Nach § 31 muss die Wand, die an die Grenze gebaut werden muss, als **Gebäudeabschlusswand** ausgeführt werden. Öffnungen sind in Gebäudeabschlusswänden unzulässig (§ 31 Abs. 3). Diese Vorschrift dient dem Schutz vor Brandübertragung, und zwar sowohl dem Schutz des Gebäudes selbst, das an die Grenze gebaut werden soll, als auch dem Schutz des Nachbargebäudes. Aus den Vorschriften ergibt sich nicht, dass die Wand des Nachbargebäudes, die mit Abstandfläche zur Nachbargrenze errichtet werden muss, keine Öffnungen aufweisen darf. Aus der Festsetzung der halb offenen Bauweise wird sich aber in Verbindung mit § 48 Abs. 2 in aller Regel ergeben, dass Aufenthaltsräume mit ihren notwendigen Fenstern nicht zur seitlichen Grundstücksgrenze orientiert werden können. Der Bebauungsplan kann dies nicht festsetzen; doch sollte auf diese einschränkende Wirkung der Festsetzung einer halboffenen Bauweise in der Begründung zum Bebauungsplan hingewiesen werden.

| Abstandflächen | BauO NRW § 6 |

Unterschiedliche städtebauliche Ziele können zur Festsetzung einer halb offenen Bauweise führen. So können mittels Festsetzung der halb offenen Bauweise im Falle von Gartenhofhäusern unmittelbare Zugänge zu den Gärten geschaffen werden (Abb. 6.1.32). In vielen Fällen geht es jedoch lediglich darum, den Gebäudeabstand zu reduzieren und damit eine bestimmte städtebauliche Gestaltkonzeption zu verwirklichen, eine entsprechend vorgeprägte Situation zu bewahren, oder bei geringeren Parzellenbreiten eine zweckmäßige und wirtschaftlich vertretbare bauliche Nutzung zu ermöglichen (flächensparendes Bauen). **87**

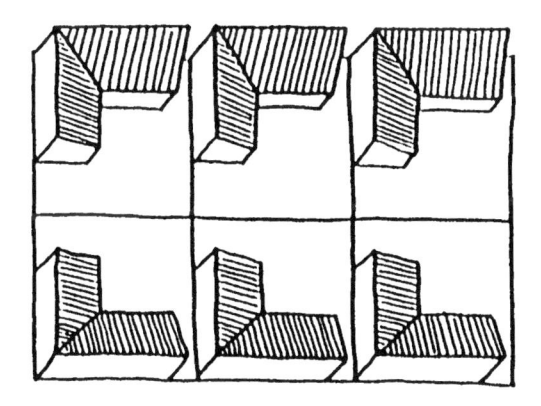

Abb. 6.1.32
Gartenhofhäuser in halb offener Bauweise.

Bei der Festsetzung einer abweichenden Bauweise im Bebauungsplan kann nicht nur festgesetzt werden, dass einseitig an die Nachbargrenze gebaut wird; es kann auch festgesetzt werden, dass zur anderen Seite ein geringerer Abstand einzuhalten ist, als er sich aus den Bemessungsregeln der Absätze 4 ff. ergeben würde. Eine solche von den Bemessungsregeln abweichende planungsrechtliche Regelung muss jedoch nach Abs. 17 als zwingende Festsetzung erfolgen. **88**

Sollen im hinteren Grundstücksteil andere Grundsätze über den Grenzanbau gelten als im vorderen Grundstücksteil, so kann dies durch textliche Festsetzungen im Bebauungsplan vorgeschrieben werden. Die Grenze zu einer von der Vorderhausbebauung abweichenden Hinterlandbebauung kann in der Planzeichnung unter Verwendung des Planzeichens 15.14 der Anlage zur **89**

PlanzV festgesetzt werden, beispielsweise im vorderen Grundstücksbereich WA mit Einschränkungen bezüglich der ausnahmsweise zulässigen Nutzungen, Zahl der Vollgeschosse II, offene Bauweise — nur Doppelhäuser zulässig — im rückwärtigen Bereich MI ohne Einschränkungen, Zahl der Vollgeschosse I, abweichende Bauweise — einseitiger Grenzanbau auch ohne Anbausicherung vom Nachbargrundstück zulässig (Abb. 6.1.33, 6.1.34).

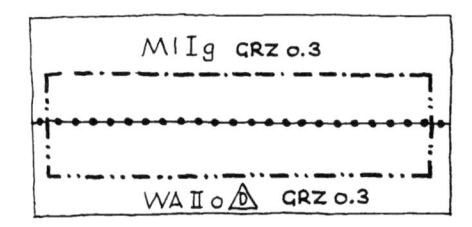

Abb. 6.1.33
Bebauungsplan mit unterschiedlicher Festsetzung über Art, Maß und Bauweise für Vorderhausbebauung und Hinterlandbebauung.

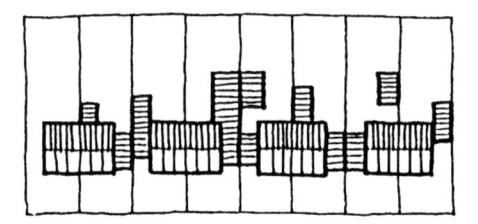

Abb. 6.1.34
Ausführung der im Bebauungsplan 6.1.33 festgesetzten Doppelhausbebauung mit Grenzgaragen und anderen rückwärtigen Grenzbauten für unterschiedliche Nutzungen.

f) Mögliche Abweichungen von den planungsrechtlichen Vorgaben

90   In Abs. 1 Sätze 3 und 4 werden mögliche Abweichungen von den planungsrechtlichen Regelungen genannt. Voraussetzung für die Anwendung der Kann-Vorschrift ist, dass die tatsächliche Bebauung auf dem Nachbargrundstück ihrerseits nicht mit den Festsetzungen eines Bebauungsplans oder den prägenden Merkmalen der Umgebung des Vorhabens übereinstimmt (OVG NRW, Beschl. v. 26. 1. 1987 — 11 B 2860/86 —, BRS 47 Nr. 95).

91   Ist im Bebauungsplan die offene Bauweise festgesetzt, oder weist die vorhandene Bebauung im unbeplanten Innenbereich überwiegend die Merkmale einer

offenen Bauweise auf, so muss nicht in jedem Fall mit Grenzabstand gebaut werden, es sei denn, Doppelhäuser und Hausgruppen sind ausgeschlossen. Ein vollständiger Ausschluss von Doppelhäusern und Hausgruppen im Bebauungsplan dürfte allerdings kaum gerechtfertigt sein, wenn im baulichen Bestand auch nur ein Gebäude ohne Grenzabstand vorhanden ist. Ist im unbeplanten Innenbereich ein Gebäude ohne Grenzabstand vorhanden, so kann nicht davon ausgegangen werden, ein faktischer Ausschluss von Doppelhäusern und Hausgruppen gehöre zu den prägenden Merkmalen der Umgebung. Insoweit kann der in Satz 3 angenommene Fall praktisch nicht vorkommen. Vielmehr muss auch in der offenen Bauweise in aller Regel ohne Grenzabstand gebaut werden, wenn auf dem Nachbargrundstück ein Gebäude ohne Grenzabstand vorhanden ist (vgl. Rn. 64 ff.). Es kann allenfalls fraglich sein, ob ein Grenzanbau verlangt werden sollte, wenn der Bestand des vorhandenen Grenzbaus nicht gesichert ist oder wenn es sich bei dem vorhandenen Grenzbau um einen Fremdkörper handelt – z. B. mehrgeschossiger Grenzbau in einer sonst eingeschossigen offenen Bebauung (vgl. OVG NRW, Beschl. v. 20. 1. 2000 – 7 B 2103/99 –, BauR 2000 S. 866).

Für eine Gleichstellung grenznaher mit grenzständiger Bebauung lässt Abs. 1 Satz 3 keinen Raum (OVG NRW, Beschl. v. 5. 10. 1998 – 7 B 1850/98).

Muß nach planungsrechtlichen Vorschriften ein Gebäude an sich ohne seitlichen Grenzabstand errichtet werden (geschlossene Bauweise), so kann hiervon abweichend eine Abstandfläche wegen eines auf dem Nachbargrundstück vorhandenen Gebäudes nur insoweit verlangt oder gestattet werden, als hierfür eine planungsrechtliche Rechtfertigung besteht. Das ist insbesondere der Fall, wenn die Abweichung nach § 22 Abs. 3, 2. Halbsatz BauNVO oder im Rahmen des § 34 Abs. 1 BauGB wegen des nachbarschützenden Rücksichtnahmegebots erforderlich ist (BVerwG, Beschl. v. 12. 1. 1995 – 4 B 197.94 –, ZfBR 1995 S. 158). 92

Ergibt sich die Anforderung, dass ohne Grenzabstand gebaut werden muss, aus den Festsetzungen eines Bebauungsplans, und ist es das Ziel der bauplanungsrechtlichen Festsetzung, eine bestehende uneinheitliche Bebauung neu zu ordnen, so kann ein mit Grenzabstand errichtetes vorhandenes Gebäude keine Vorbildwirkung für einen Neubau auf dem Nachbargrundstück entfalten. Der Neubau muss entsprechend den Festsetzungen des Bebauungsplans an der Nachbargrenze errichtet werden. Das vorhandene Gebäude steht zwar weiterhin unter baurechtlichem Bestandsschutz; bei baulichen Veränderungen, insbesondere bei Abbruch und Neubau, muss jedoch eine Anpassung an die Festsetzung des Bebauungsplans erfolgen. Es ist Sache des Plangebers, die Auswir- 93 kungen der Überplanung auf die bestehende Bebauung in der Abwägung zu berücksichtigen. Steht das mit Grenzabstand errichtete Gebäude unter Denkmalschutz, und ist insoweit eine Anpassung an die geschlossene Bauweise aus Gründen des Denkmalschutzes unzulässig, so muss das Gebäude von der Festsetzung über die geschlossene Bauweise ausgenommen werden, und es muss entschieden und ggf. durch Festsetzung über die überbaubaren Grundstücksflächen klargestellt werden, welchen Abstand die Bebauung auf den Nachbargrundstücken einhalten muss.

Abb. 6.1.35
Vorhaben im unbeplanten Innenbereich. Die Umgebung des Vorhabens wird durch geschlossene Bauweise geprägt. Auf dem Nachbargrundstück befindet sich ein Gebäude mit Grenzabstand, der sich insoweit als Fremdkörper erweist.

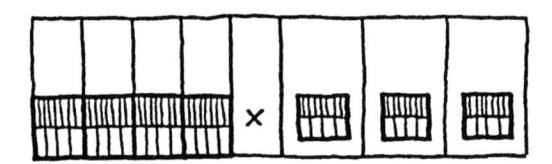

Abb. 6.1.36
Vorhaben im unbeplanten Innenbereich im Grenzbereich zwischen geschlossener und offener Bauweise.

94 Liegt das Grundstück, auf dem das Vorhaben verwirklicht werden soll, im unbeplanten Innenbereich, fehlt es insoweit an einer planungsrechtlichen Zielvorgabe für die Bebauung des Grundstücks, so wird zu prüfen sein, ob es sich bei dem Gebäude, das entgegen einer überwiegend vorhandenen geschlossenen Bauweise mit seitlichem Grenzabstand errichtet worden ist, um einen für die Eigenart der Umgebung unbeachtlichen Fremdkörper handelt (Abb. 6.1.35). Dann wird in aller Regel eine Abweichung von der geschlossenen Bauweise planungsrechtlich nicht gerechtfertigt sein. Anders ist die städtebauliche Situation zu beurteilen, wenn sich das Grundstück, auf dem das Vorhaben verwirklicht werden soll, im Grenzbereich zwischen geschlossener Bauweise einerseits und offener Bauweise andererseits befindet (Abb. 6.1.36). Ein Zwang zum beidseitigen Grenzanbau ist dann nicht gegeben. Die geschlossene

Bauweise muss lediglich zu einem sinnvollen Abschluss gebracht werden. Daraus kann aber nicht abgeleitet werden, dass eine Abstandfläche mit einer sich aus den Absätzen 4 bis 6 zu errechnenden Tiefe erforderlich ist. Geringere Tiefen der Abstandflächen können nach Abs. 16 gestattet oder verlangt werden, wenn dies die städtebaulichen Verhältnisse auch unter Würdigung nachbarlicher Belange rechtfertigen. Das OVG Berlin hat die Auffassung vertreten, dass die Möglichkeit der Gestattung geringerer Tiefen der Abstandflächen auch den völligen Verzicht auf eine solche Abstandfläche, d. h. die Zulassung einer Grenzbebauung impliziere (OVG Berlin, Beschl. v. 28. 8. 1996 – OVG 2 S 15.96 –, ZBR 1997 S. 105).

Ist auf dem Nachbargrundstück ein Gebäude an der Grenze vorhanden und weist die an der Grenze errichtete Außenwand des Gebäudes (notwendige) Fenster auf, so sind die bauordnungsrechtlichen Voraussetzungen für einen Gebäudeanbau Wand an Wand nicht gegeben, weil Grenzwände als Gebäudeabschlusswände zu erstellen sind, die u. a. keine Öffnungen aufweisen dürfen (§ 31). **95**

§ 6 BauO NRW Abstandflächen

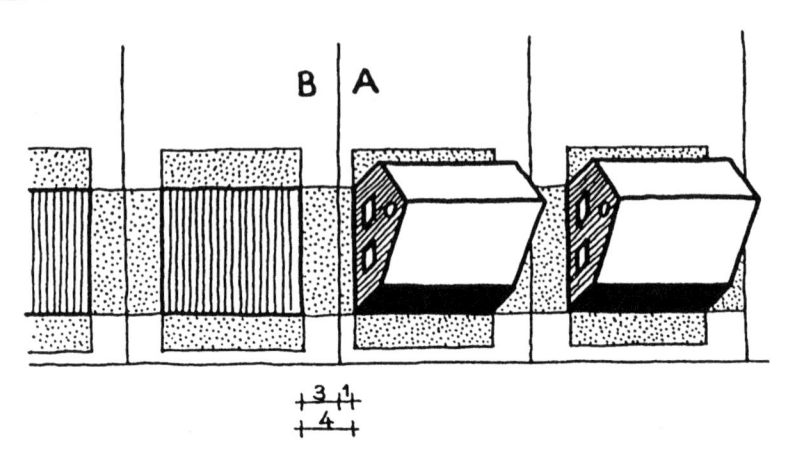

Abb. 6.1.37

Bebauung in offener Bauweise. Das vorhandene Gebäude auf Grundstück A hält zwar einen Abstand zur Nachbargrenze ein; dieser entspricht aber nicht dem Abstand, der sich aus den Bemessungsregeln der Absätze 4 bis 6 ergeben würde. Sofern die erforderlichen Abstandflächen nicht vom Grundstück A auf Grundstück B übertragen worden sind (§ 7 Abs. 1), müssen auf Grundstück B nur die für das dort geplante Gebäude erforderlichen Abstandflächen eingehalten werden.

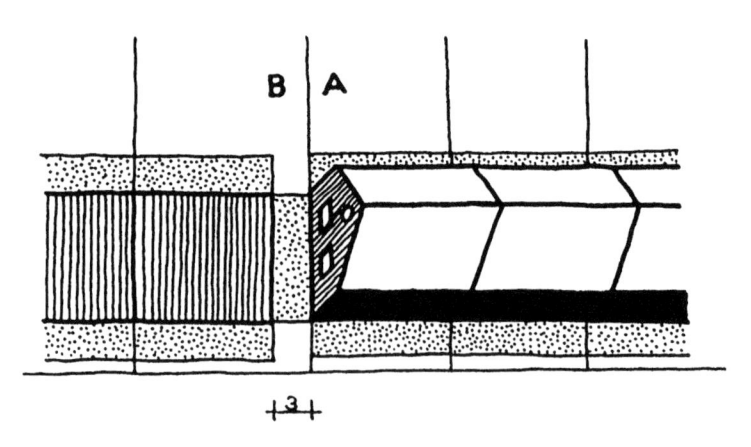

Abb. 6.1.38

Regelwidriger Einzelfall (A) in einer planungsrechtlich vorgegebenen geschlossenen Bauweise. Da das an der Nachbargrenze vorhandene Gebäude Fenster in der Grenzwand aufweist, entspricht die Grenzwand nicht den Anforderungen des § 31.

Sofern das auf dem Nachbargrundstück vorhandene Gebäude unter baurechtlichem Bestandsschutz steht, kann nicht nur das Zumauern der in der Grenzwand vorhandenen Fenster nicht verlangt werden (OVG NRW, Beschl. v. 31. 1. 1991 — 7 B 241/91 —, BauR 1991, S. 738); auch eine Anpassung an andere Vorschriften über Gebäudeabschlusswände (§ 29 Abs. 1 Zeile 5), etwa die Beseitigung einer Außenwandbekleidung, die dem Witterungsschutz dient, und die einem Anbau Wand an Wand entgegenstehen kann (z. B. eine Verschieferung), kann nicht verlangt werden.

Eine Anpassung käme nach § 87 Abs. 1 nur dann in Betracht, wenn diese wegen der Sicherheit für Leben oder Gesundheit erforderlich wäre. Diese Voraussetzungen sind jedoch im Allgemeinen nicht gegeben, sofern auf dem eigenen Grundstück der erforderliche Abstand zur Nachbargrenze gewahrt wird. Zur Bedeutung des Unterschiedes zwischen einer konkreten und einer abstrakten Gefahr im Rahmen der öffentlich-rechtlichen Vorschriften zur Gefahrenabwehr vgl. OVG NRW, Beschl. v. 7. 8. 1997 — 7 A 150/96 (vgl. auch Hambg. OVG, Beschl. v. 4. 1. 1996 — Bs II 61/95 — BRS 58 Nr. 112).

Auch wenn ein Zumauern von Fenstern in einer Grenzwand des Nachbargebäudes nicht verlangt werden kann, kann ein Grenzanbau zulässig sein, wenn dadurch Fenster eines grenzständig errichteten Gebäudes auf dem Nachbargrundstück verdeckt werden (OVG NRW, Beschl. v. 23. 1. 1996 — 10 B 2282/95; VGH Bad.-Württ., Beschl. v. 20. 1. 1997 — 5 S 3088/96 —, BauR 1998 S. 91). Der Bestandsschutz für ein Fenster in der Grenzwand hindert den Nachbarn nicht, auf seinem Grundstück eine Bebauung vorzunehmen, durch die das Fenster geschlossen wird (OVG NRW, Beschl. v. 31. 1. 1991 — 7 B 241/91 —, BRS 52 Nr. 179; Beschl. v. 14. 7. 1995 — 7 B 1620/95).

In der geschlossenen Bauweise müssen die Besonderheiten des Einzelfalles berücksichtigt werden (BayVGH, Beschl. v. 19. 4. 1994 — 2 CS 94.755 —, BRS 56 Nr. 102). Das ergibt sich aus § 22 Abs. 3 BauNVO; § 22 Abs. 3, zweiter Halbsatz BauNVO entbindet von der Verpflichtung, auf die seitliche Nachbargrenze zu bauen, wenn die vorhandene Bebauung eine Abweichung erfordert (BVerwG, Beschl. v. 22. 10. 1992 — 4 B 210.92 —, BauR 1993, S. 304; BVerwG, Beschl. v. 12. 1. 1995 — 4 B 197.94 —, ZfBR 1995 S. 158).

Wenn sich eine vorhandene städtebauliche Situation im Rahmen der nach § 34 BauGB erforderlichen städtebaulichen Bestandsaufnahme nicht eindeutig einer der beiden in § 22 Absätze 2 und 3 BauNVO genannten Bauweisen, also der offenen oder geschlossenen Bauweise, zuordnen lässt, so muss von abweichender Bauweise im Sinne des § 22 Abs. 4 BauNVO ausgegangen werden (OVG NRW, Urt. v. 14. 1. 1993 — 7 A 287/91 —, OVG Rhld.-Pf., Urt. v.

4. 2. 1993 — 1 A 12323/91 —, BauR 1993, S. 320), wobei die Merkmale der Abweichung im Einzelnen zu beschreiben wären. Auch wenn die Merkmale einer geschlossenen Bauweise überwiegen mögen, kann nicht ohne weiteres von geschlossener Bauweise für ein ganzes Baugebiet ausgegangen werden (a. A. BayVGH, Urt. v. 20. 5. 1985 — Nr. 14 B 84 A 5 93 —, BauR 1986 S. 193).

97 Ergibt sich aus den Festsetzungen eines Bebauungsplans oder aus den prägenden Merkmalen der Umgebung des Vorhabens, dass nach den Grundsätzen über die **halb offene Bauweise** (Rn. 77 f.) lediglich einseitig Abstandflächen eingehalten werden müssen, so ist zu prüfen, an welcher Seite eine Abstandfläche eingehalten werden muss.

Unter den Voraussetzungen des § 7 Abs. 1 ist es zulässig, dass die vor der Außenwand des bereits bebauten Grundstücks erforderliche Abstandfläche ganz oder teilweise auf das Nachbargrundstück übertragen wird (Abb. 6.1.39). Dann braucht das neu zu errichtende Gebäude, wie in der halb offenen Bauweise üblich, nur zu einer Nachbargrenze eine Abstandfläche einzuhalten. Wird das Abstandsmaß von 2,50 m zur Nachbargrenze unterschritten, so ist die Wand nach § 31 Abs. 1 Nr. 1 als Gebäudeabschlusswand herzustellen.

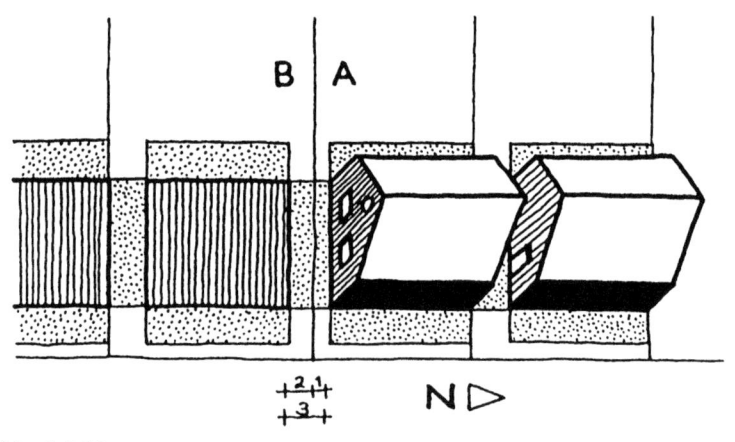

Abb. 6.1.39
Bebauung in halb offener Bauweise. Auf Grundstück A wird zwar wie auch sonst in der vorhandenen Bebauung an der Südseite ein Abstand zur Nachbargrenze eingehalten. Ein Grenzanbau auf Grundstück B würde jedoch die notwendigen Fenster in der Südwand des Hauses auf Grundstück A in unzumutbarer Weise verschatten. Daher kann die Übertragung von Abstandflächen in der nach den Absätzen 4 bis 6 erforderlichen Tiefe auf Grundstück B zulässig sein. Die übertragene Abstandfläche auf Grundstück B darf nicht überbaut werden.

3. Bezug zum Grundstück (Abs. 2 Satz 1)

Während in Abs. 1 Satz 1 die Lage der Abstandflächen in Bezug auf das Gebäude geregelt ist — sie müssen vor den Außenwänden der Gebäude in der Ebene der Geländeoberfläche liegen (Rn. 25 ff.) —, wird in Abs. 2 bestimmt, dass sie außerdem auf dem Grundstück selbst — d. h. auf dem Grundstück, auf dem das Gebäude steht oder errichtet werden soll — liegen müssen: Sie dürfen also im Regelfall nicht von Grundstücksgrenzen durchschnitten werden. Diese Grundstücksgrenzen können sowohl bereits vorhandene als auch erst künftig geplante Grenzen sein, wenn letztere in den zugrunde gelegten Baugenehmigungsunterlagen entsprechend eingetragen und damit zum Inhalt des Bauantrages gemacht sind (OVG NRW, Beschl. v. 24. 3. 1998 — 7 B 328/98). Von diesem Grundsatz kann im Hinblick auf Nachbargrenzen lediglich unter den Voraussetzungen des § 7 abgewichen werden. Im Hinblick auf Grundstücksgrenzen zu öffentlichen Verkehrsflächen, öffentlichen Grünflächen und öffentlichen Wasserflächen gilt Satz 2 (Rn. 101).

98

Die bauordnungsrechtlichen Ziele (Brandschutz, ein verträgliches Wohnklima, ausreichende Tagesbeleuchtung) werden im Normalfall (Rn. 18) erreicht, wenn die Gebäude die Abstände wahren, die sich aus den Absätzen 4 bis 9 unter Berücksichtigung des Überdeckungsverbots nach Abs. 3 ergeben, und zwar unabhängig davon, ob die Abstandflächen auf dem Grundstück selbst liegen oder ob sie sich auf andere Grundstücke erstrecken.

99

Ohne die Vorschrift, wonach die Abstandflächen auf dem Grundstück selbst liegen müssen, könnte ein Bauherr im Rahmen des planungsrechtlich Zulässigen ein Gebäude errichten, das ein anderes Grundstück insoweit belastet, als sich Abstandflächen auf das andere Grundstück erstrecken. Diese Abstandflächen auf dem anderen Grundstück dürften dann nicht überbaut werden und aufgrund des Überdeckungsverbots (Abs. 3) auch nicht auf die Abstandflächen angerechnet werden, die auf dem anderen Grundstück vor den Außenwänden der dort planungsrechtlich zulässigen Gebäude von Gebäuden freigehalten werden müssen. Um eine solche Wirkung auszuschließen, wird in Abs. 2 Satz 1 vorgeschrieben, dass die Abstände auf dem Grundstück selbst liegen müssen.

Im Normalfall werden die Gebäude auf rechteckig geschnittenen Grundstücken errichtet, wobei die seitlichen Grundstücksgrenzen rechtwinklig zur Erschließungsstraße verlaufen. Verlaufen die seitlichen Grundstücksgrenzen nicht im rechten Winkel zur Straße, sondern schräg, so werden die Abstandflächen, die vor einer im spitzen Winkel zur Nachbargrenze stehenden Außenwand einzuhalten sind, bei seitlichem Grenzanbau, namentlich in der geschlossenen Bauweise, von der Nachbargrenze durchschnitten (Abb. 6.2.1).

100

§ 6 BauO NRW   Abstandflächen

Das ist nach der Vorschrift des Abs. 2 Satz 1 nicht zulässig. Aufgrund des atypischen Grundstückszuschnitts sind jedoch die Voraussetzungen für die Anwendung des § 73 Abs. 1 gegeben. Die atypische Grundstücks- und Bausituation gebietet eine Abweichung von den Abstandflächenvorschriften in einem Maße, dass das in § 73 Abs. 1 eingeräumte Ermessen auf Null reduziert ist (OVG NRW, Beschl. v. 12. 2. 1997 — 7 B 2608/96).

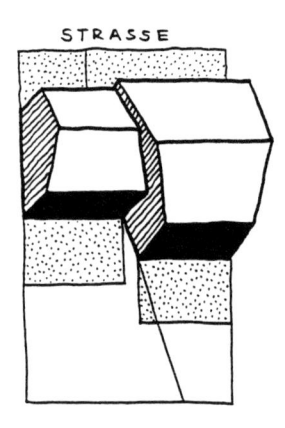

Abb. 6.2.1
Abweichung von der Vorschrift des § 6 Abs. 2 Satz 1 bei atypischem Grundstückszuschnitt.

4. Abstandflächen auf öffentlichen Verkehrsflächen, öffentlichen Grünflächen und öffentlichen Wasserflächen (Abs. 2 Satz 2)

101 Nach Abs. 2 Satz 2 dürfen die Abstandflächen auch auf öffentlichen Verkehrsflächen, öffentlichen Grünflächen und öffentlichen Wasserflächen liegen, und zwar ganz, wenn nach planungsrechtlichen Vorschriften an die vordere Grundstücksgrenze zur Straße gebaut werden darf (Baugrenze) oder muss (Baulinie) oder teilweise, wenn und soweit zwischen den genannten öffentlichen Flächen und überbaubarer Grundstücksfläche eine nicht überbaubare Grundstücksfläche (Vorgartenfläche) liegt.

102 Die Regelung trägt der Tatsache Rechnung, dass die genannten öffentlichen Flächen aufgrund anderer gesetzlicher Regelungen, insbesondere der Festsetzungen eines Bebauungsplans, von einer Bebauung mit oberirdischen Gebäuden freigehalten werden.

Die Abstandflächen dürfen die genannten öffentlichen Flächen nur bis zu deren Mitte in Anspruch nehmen. Damit wird erreicht, dass die Gebäudeabstände in dem der Regelung zugrunde liegenden Normalfall bei einander gegenüberstehenden gleichhohen Gebäuden wie aufgrund der Regelung des Satzes 1 auch über die genannten öffentlichen Flächen hinweg gemessen doppelt so groß sind wie die Tiefen der vor den Außenwänden einzuhaltenden Abstandflächen.

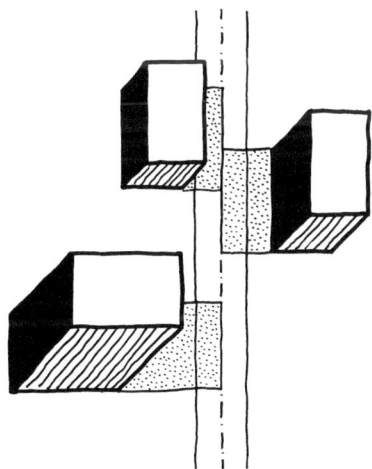

Abb. 6.2.2
Die Mittellinie der Straße wird aufgrund der Bestimmungen des Abs. 2 Satz 2 zur Grenzlinie für die Abstandfläche, die von den Außenwänden der Gebäude zu beiden Seiten der Straße einzuhalten sind.

Sieht man von dem Normalfall einander beidseits der Straße gegenüberstehender gleich hoher Gebäude ab, so müssen sich die Gebäude entsprechend ihrer Höhe an der **Mittellinie der Straße** orientieren, denn die Mittellinie der Straße wird aufgrund des Abs. 2 Satz 2 zur Grenzlinie für die Abstandflächen, die vor den Außenwänden der Gebäude zu beiden Seiten der Straße einzuhalten sind (Abb. 6.2.2). Wird die Straßenbreite und die Höhe der Straßenrandbebauung nicht durch zwingende Festsetzungen eines Bebauungsplans bestimmt, so ergibt sich bei vorgegebenem Abstand der einander gegenüberliegenden Außenwände der Straßenrandbebauung eine Bindung für die Höhe der Straßenrandbebauung. Ist die Straßenrandbebauung zu beiden Seiten der Straße gleich hoch, so darf die Wandhöhe der Gebäude in der Straßenrandbebauung nach Abs. 5 Satz 2 das 1,25fache (in MK-Gebieten das zweifache) der Straßenbreite nicht übersteigen. Ist die Straßenbreite geringer als 0,8 H (in MK-Gebieten 0,5 H), so muss das Gebäude hinter die Bauflucht zurückgesetzt werden (Abb. 6.2.3).

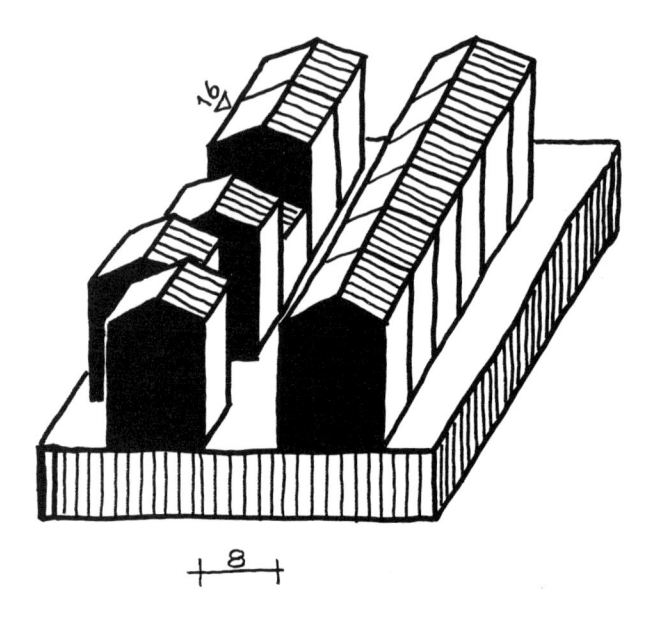

§ 6 BauO NRW   Abstandflächen

Abb. 6.2.3
Geschlossene Blockrandbebauung. Der Abstand der Außenwände der Straßenrandbebauung beträgt 0,5 H. Bei Schließung einer Baulücke muss das Vorhaben entweder hinter die vorhandene Bauflucht zurücktreten, oder es muss in der Traufhöhe unter der vorgegebenen Traufhöhe bleiben, damit die vor den Außenwänden erforderliche Abstandfläche gemessen bis zur Straßenmitte eine Tiefe von 0,4 H einhalten kann.

In überwiegend bebauten Gebieten können jedoch nach Abs. 16 geringere Tiefen der Abstandflächen gestattet oder verlangt werden, wenn die Gestaltung des Straßenbildes dies auch unter Berücksichtigung nachbarlicher Belange rechtfertigt (Rn. 365 ff.).

104 Zur Wahrung der bauhistorischen Bedeutung oder aus anderen Gründen erhaltenswerten Eigenart eines Ortsteils kann die Tiefe der Abstandflächen in einer Satzung nach § 86 Abs. 1 Nr. 7 mit einem geringeren Wert als 0,4 H festgesetzt werden, in MK-Gebieten auch mit einem geringeren Wert als 0,25 H. In einem Bebauungsplan können die überbaubaren Grundstücksflächen mit einer vorderen (straßenseitigen) Baulinie und die Zahl der Vollgeschosse unter den in Abs. 17 genannten Voraussetzungen (Rn. 392 ff.) festgesetzt werden, auch wenn aufgrund dieser Festsetzung die Tiefen der Abstandflächen nach Abs. 5 nicht eingehalten werden können.

Wird die Baulinie an der vorderen Grundstücksgrenze festgesetzt, so reduziert sich die Abstandfläche auf Null. Abs. 2 Satz 2 kommt dann nicht zur Anwendung. Selbst wenn man der Auffassung wäre, eine Reduzierung der Abstandflächen auf Null könne durch Festsetzung einer Baulinie und der Zahl der Vollgeschosse nicht in Betracht kommen, so wäre dies ohne praktische Bedeutung. Es müsste dann angenommen werden, dass Abstandflächen mit einer durch die Festsetzung über die überbaubaren Grundstücksflächen reduzierten Tiefe jeweils bis zur Straßenmitte von baulichen Anlagen freizuhalten ist. Das wird aber bereits durch die Festsetzung der Flächen als Verkehrsflächen erreicht. **105**

Bei der Ermittlung der Straßenmitte bzw. der Mitte der öffentlichen Grün- oder Wasserflächen ist von den Festsetzungen des Bebauungsplans auszugehen, im Übrigen von den tatsächlichen (den faktischen) Begrenzungen dieser Flächen. **106**

Im Bebauungsplan werden die öffentlichen Verkehrsflächen, die öffentlichen Grünflächen sowie die öffentlichen Wasserflächen durch eigene Signaturen nach den Nummern 6, 9 und 10 Anlage zur PlanzV gekennzeichnet und gegenüber dem Bauland abgegrenzt. Aus diesen Festsetzungen lässt sich die Mitte der öffentlichen Verkehrsflächen, der öffentlichen Grünflächen und der öffentlichen Wasserflächen ermitteln. Es kommt nicht darauf an, ob die zivilrechtlichen Eigentumsverhältnisse bereits an die Festsetzungen des Bebauungsplans angepasst sind oder nicht. Insofern sind auch die Eintragungen im Liegenschaftskataster für die Ermittlung der genannten öffentlichen Flächen nicht maßgebend.

Die öffentlichen Verkehrsflächen sind nicht in jedem Fall gleichzusetzen mit den örtlichen Verkehrsflächen im Sinne des § 30 Abs. 1 BauGB bzw. § 55 Abs. 2 BauGB. Es kann sich z. B. auch um überörtliche Verkehrsflächen handeln.

Straßenböschungen als Damm oder Einschnitt können im Bebauungsplan entweder als Teil der Verkehrsfläche nach § 9 Abs. 1 Nr. 11 BauGB oder als Flächen für Aufschüttungen oder Abgrabungen nach § 9 Abs. 1 Nr. 26 BauGB festgesetzt werden (vgl. Schriever in Brügelmann u. a. § 55 Rn. 17). Dabei kann es sich auch um private Grundstücksflächen handeln. Das können private Vorgartenflächen sein, die als Teil des Baulandes anzusehen sind, oder wenn die Grundstücke auf der anderen Straßenseite (noch) nicht als Bauland ausgewiesen sind, anders genutzte private Grundstücksflächen. Auch in diesen Fällen ist die im Bebauungsplan festgesetzte Verkehrsfläche maßgebend.

§ 6 BauO NRW — Abstandflächen

107 Im nicht beplanten Innenbereich (§ 34 BauGB) ist die tatsächliche Verkehrsfläche maßgebend. Zur Ermittlung der Straßenmitte ist von der faktischen Straßenbegrenzungslinie auszugehen, die in der geschlossenen Bauweise häufig mit der faktischen vorderen Baulinie zusammenfällt. In der offenen Bauweise liegen demgegenüber im allgemeinen private Vorgartenflächen zwischen den Gebäuden bzw. der faktischen Baulinie oder der faktischen Baugrenze und der faktischen Straßenbegrenzungslinie. Diese Flächen sind bei der Ermittlung der Straßenmitte nicht mitzurechnen.

108 Abs. 2 Satz 2 ist auf ein in einem Bebauungsplan zugunsten der Allgemeinheit festgesetztes Gehrecht für eine private Wegeparzelle nicht anwendbar (OVG NRW, Beschl. v. 22. 1. 1993 — 10 B 84/93). Doch kann die Erstreckung von Abstandflächen auf eine private Wegeparzelle als Abweichung von Abs. 2 Satz 1 zugelassen werden; denn die Schutzwirkung der Abstandflächen (Belichtung, Belüftung, Brandschutz) kommt einer privaten Wegeparzelle nicht zugute (OVG NRW, Beschl. v. 6. 10. 1999 — 7 B 1766/99).

5. Überdeckungsverbot (Abs. 3)

a) Zweck und Bedeutung der Regelung

109 Aus den Regelungen des Abs. 2, wonach die Abstandflächen auf dem Grundstück selbst liegen müssen, folgt bereits für Gebäude auf benachbarten Grundstücken, dass sich die Abstandflächen nicht überdecken können. Gleiches ergibt sich für die Abstandflächen zu öffentlichen Verkehrsflächen, öffentlichen Grünflächen und öffentlichen Wasserflächen aus der Einschränkung „jedoch nur bis zu deren Mitte".

Um Entsprechendes auch für die Fälle zu erreichen, in denen Gebäude oder Gebäudeteile einander auf demselben Grundstück gegenüberliegen, wird in Abs. 3 allgemein vorgeschrieben, dass Abstandflächen sich nicht überdecken dürfen. Die Regelung wird auch wirksam in den Fällen des § 7. Mit dem Überdeckungsverbot wird erreicht, dass der Abstand zwischen sich gegenüberliegenden Wänden regelmäßig gleich der Summe der Tiefen ihrer Abstandflächen ist. Dieser Abstand ist notwendig, um die mit § 6 verfolgten Ziele zu erreichen. Das Überdeckungsverbot, das sich aus Abs. 2 mittelbar ergibt und das in Abs. 3 unmittelbar angesprochen ist, ist also wesentlicher Bestandteil der geltenden Abstandregelung.

110 Steht ein Gebäude zulässigerweise, etwa aufgrund älterer baurechtlicher Bestimmungen oder aufgrund einer zugelassenen Abweichung von den geltenden baurechtlichen Bestimmungen, oder auch unzulässigerweise **in geringerem**

| Abstandflächen | BauO NRW § 6 |

Abstand zur Nachbargrenze als sich dies aus den Bemessungsregeln ergibt (Rn. 95), und ist die Übertragung des fehlenden Teils der Abstandfläche auf das Nachbargrundstück nicht öffentlich-rechtlich gesichert — was die Einwilligung des Nachbarn voraussetzt (vgl. § 7 Rn. 8) —, so wird das Überdeckungsverbot nicht wirksam. Der Nachbar braucht nur die für seinen Bau erforderlichen Abstände einzuhalten und muss nicht darüber hinaus den auf dem anderen Grundstück fehlenden Abstand auf sein Grundstück übernehmen (Grosse-Suchsdorf § 7 Rn. 11 mit Hinweis auf BayVGH 8. 12. 75 — 264 I 72 — BRS 29 Nr. 78 und OVG Bremen 8. 4. 75 — I BA 23/74 — BRS 29 Nr. 151; OVG NRW, Beschl. v. 20. 1. 2000 — 7 B 2103/99 —, BauR 2000 S. 866).

b) Geltung nur für einander gegenüberliegende Wände

Das Überdeckungsverbot muss mit Einschränkungen versehen werden, da anderenfalls selbst **stumpfwinklige Gebäudeanschlüsse** wegen der sich im Bereich des Wandanschlusses überdeckenden Abstandflächen unzulässig wären. Um eine solche Wirkung auszuschließen, ist in Abs. 3 Halbsatz 2 geregelt, dass das Überdeckungsverbot für Wände, die in einem Winkel von mehr als 75° zueinander stehen, nicht gilt (Abb. 6.3.1).

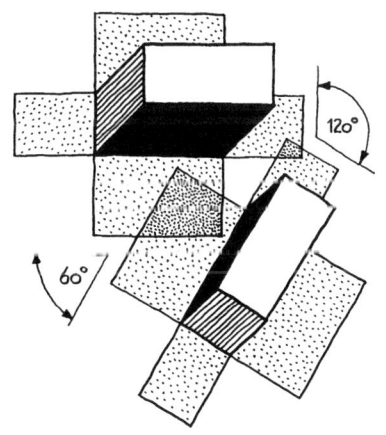

111

Abb. 6.3.1
Zulässige (bei 120°) und unzulässige (bei 60°) Überdeckung von Abstandflächen.

112 Der Winkel von 75° ist lichttechnisch nicht begründet und auch nicht zu begründen. Die Festlegung ist das Ergebnis einer Abwägung zwischen den Belangen einer ausreichenden Tagesbeleuchtung auf der einen Seite und den Belangen einer freien Grundrissgestaltung von Gebäuden auf der anderen Seite. Auch Wände, die in einem Winkel von mehr als 75° zueinander stehen, also beispielsweise in einem **Winkel von 90°**, verschatten sich wechselseitig. Das gilt besonders für unmittelbar aneinander stoßende, also baulich miteinander verbundene Außenwände eines anderen oder desselben Gebäudes. Die verschattende Wirkung nimmt aber mit der Entfernung vom Wandanschlusspunkt kontinuierlich ab. Diese Abnahme der verschattenden Wirkung einer anschließenden Wand wird jedoch im Falle geschlossener, annähernd quadratischer Innenhöfe kaum wirksam mit der Folge, dass die Beleuchtungsverhältnisse in den unteren Geschossen einer mehrgeschossigen Hofumbauung unzureichend bleiben, auch wenn die Mindesttiefen der Abstandflächen nach Abs. 5 eingehalten werden (Rn. 178) (Abb. 6.3.2, 6.3.3).

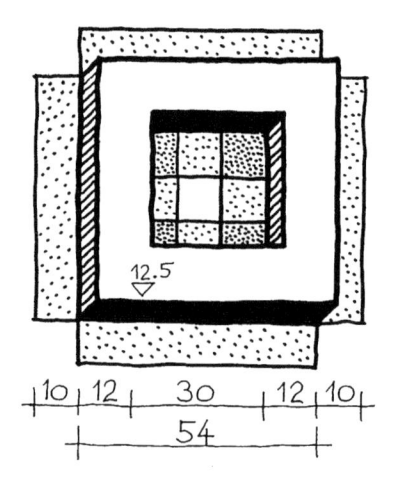

Abb. 6.3.2

Bauordnungsrechtlich zulässige viergeschossige geschlossene Blockrandbebauung im allgemeinen Wohngebiet. Die vor den in einem Winkel von 90° zueinander stehenden zum Innenhof gewandten Außenwänden liegenden Abstandflächen dürfen sich überdecken. Die Beleuchtung in den unteren Geschossen ist namentlich im Bereich der Hofecken unzureichend. Eine Vergrößerung des Hofes zur Sicherstellung einer ausreichenden Beleuchtung kann mit bauordnungsrechtlichen Mitteln nicht durchgesetzt werden, wohl aber durch Festsetzungen eines Bebauungsplans.

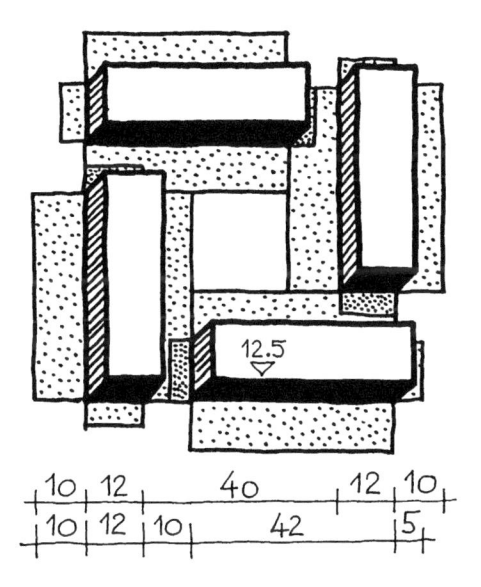

Abstandflächen BauO NRW § 6

Abb. 6.3.3
Die gleichen Baumassen wie in Abb. 6.3.2 (Bruttogeschossfläche = 8064 m²) könnten bei vergrößertem Innenhof und Vermeidung geschlossener Blockecken zu einer wesentlichen Verbesserung in der Tagesbeleuchtung, aber auch im Hinblick auf die anderen bauordnungsrechtlichen Belange führen. Die Bebauung ist gleichwohl unzulässig; die vor den Schmalseiten der Gebäude erforderlichen Abstandflächen überdecken sich mit den vor den Langseiten der Gebäude erforderlichen Abstandflächen.

Spitzwinklige Gebäudeanschlüsse zwischen 90° und 75° würden dazu führen, dass sich die bei geraden Wänden als rechteckig anzunehmenden Abstandflächen mit dem jeweils anschließenden Gebäudeteil überschneiden (Abb. 6.3.4). Dies führt zur Unzulässigkeit spitzwinkliger Gebäudeanschlüsse aufgrund des Abs. 1 Satz 1 in Verbindung mit Abs. 1 Satz 1 Halbsatz 2. Die Zulässigkeit kann durch eine geringfügige Korrektur im Bereich der Gebäudeinnenecke erreicht werden (Abb. 6.3.5).

113

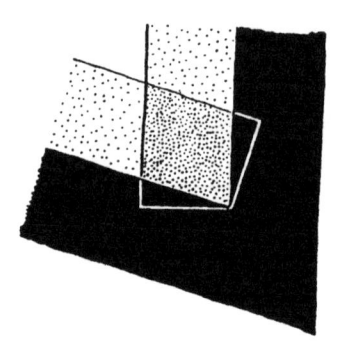

§ 6 BauO NRW Abstandflächen

Abb. 6.3.4
Spitzwinklige Gebäudeanschlüsse sind unzulässig. Sie können nur als Abweichung (§ 73) zugelassen werden.

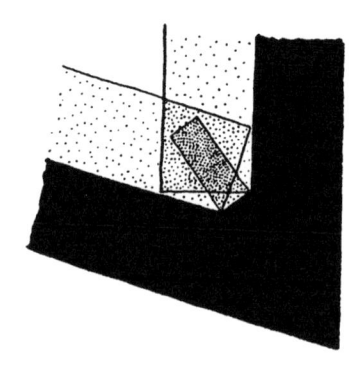

Abb. 6.3.5
Eine Mehrfachüberdeckung von Abstandflächen ist zulässig.

c) Sonderregelung für Gartenhofhäuser

Die Freistellung von Gartenhöfen bei Wohngebäuden mit nicht mehr als zwei 114
Wohnungen vom Überdeckungsverbot nach Abs. 3 Halbsatz 2 Nr. 2 läuft auf
eine Halbierung der erforderlichen Innenhofabmessungen in diesen Fällen hinaus. Durch die Beschränkung auf Gartenhöfe bei Wohngebäuden mit nicht
mehr als zwei Wohnungen wird verhindert, dass die Fenster unterschiedlicher
Wohnungen auf den gleichen Innenhof ausgerichtet werden. Die Beschränkung dient insoweit dem Wohnfrieden (Rn. 2). Im Falle eines Gebäudes mit
zwei Wohnungen ist es nicht Sache bauordnungsrechtlicher Regelungen, dafür
zu sorgen, dass eine wechselseitige Störung zwischen den Räumen der beiden
Wohnungen ausgeschlossen wird.

Aus der Beschränkung auf Wohngebäude mit nicht mehr als zwei Wohnungen 115
ergibt sich, dass die Regelung vor allem auf eingeschossige Gebäude anwendbar ist und auch in diesen Fällen am meisten genutzt werden wird. Danach
sind bei einer Geschosshöhe von 3,00 m Innenhöfe von nur 3,00 m Tiefe
zulässig und bei einem Dachüberstand von 0,50 m beispielsweise eine Dachöffnung („Impluvium") von 2,00 m im Quadrat.

Mit der Formulierung „fremder Sicht entzogener Gartenhof" war eine Formu- 116
lierung aus § 17 Abs. 2 BauNVO a. F. übernommen worden. Die Regelung ist
im Zusammenhang mit der Novellierung der BauNVO 1990 ersatzlos gestrichen worden. Das ist jedoch für die Anwendbarkeit des Abs. 3 Halbsatz 2
Nr. 2 ohne Bedeutung.

d) Ausschluss des Überdeckungsverbots für Gebäude und bauliche Anlagen, die in den Abstandflächen zulässig sind oder gestattet werden

Mit Abs. 3 Halbsatz 2 Nr. 3 wird klargestellt, dass das Überdeckungsverbot 117
nicht für Gebäude und bauliche Anlagen gilt, die in den Abstandflächen
zulässig sind oder gestattet werden. Zulässig in den Abstandflächen eines
Gebäudes sind die in Abs. 11 näher beschriebenen überdachten Stellplätze,
Grenzgaragen, Gebäude mit Abstellräumen, Gewächshäuser, Stützmauern
und geschlossenen Einfriedungen sowie die in Abs. 12 genannten Gebäude
und baulichen Anlagen, wenn die Beleuchtung der Räume des Gebäudes nicht
wesentlich beeinträchtigt wird (Rn. 312).

C Bemessungsregeln

1. Das Maß H als Bezugsgröße (Abs. 4)

a) Allgemeine Bemessungsgrundsätze

118 Abgesehen von den Fällen, in denen von festen Werten als Mindesttiefen auszugehen ist (3-m-Regelung in Abs. 5 Satz 5 und Abs. 6 Satz 1), richtet sich die Mindesttiefe der Abstandfläche nach der Höhe der Gebäude. Dabei ist die Wandhöhe Ausgangspunkt für die Berechnung der Tiefe der Abstandfläche, und zwar **die Höhe der eigenen, nicht die der gegenüberliegenden Wand** (Rn. 120 ff.). Die Tiefe der Abstandfläche muss für jede Außenwand eines Gebäudes gesondert ermittelt werden (Abb. 6.4.1).

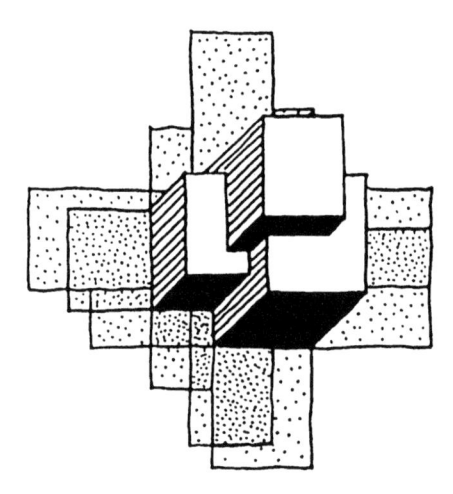

Abb. 6.4.1
Die Tiefe der Abstandfläche ist für jede Außenwand eines Gebäudes gesondert zu ermitteln.

119 Da **nicht mehr** wie in früheren Regelungen die Zahl der **Vollgeschosse** (§ 7 und § 8 BauO 62, § 7 BauO 70) oder der Geschosse (§ 8 BauO 62, Abstandflächenverordnung 1970) maßgebend ist für die Berechnung der Tiefe der Abstandfläche, ist die Frage, ob ein Geschoss als Vollgeschoss anzusehen ist oder nicht, eine Frage, die insbesondere in steilen Hanglagen schwierig zu beantworten war und ist, für die Ermittlung der Tiefe der Abstandfläche ohne Bedeutung.

Maßgebend sind die Außenmaße der Wand. Ein Drempel ist als Teil der Außenwand bei der Ermittlung der Wandhöhe hinzuzurechnen. Die Maßangaben über die Wandhöhe müssen eindeutig sein (OVG NRW, Beschl. v. 29. 4. 1996 — 7 B 785/96).

Die Vorschrift, wonach die Tiefe der Abstandfläche senkrecht zur Wand zu messen ist, gilt zunächst für die Darstellung der Abstandfläche im Grundriss. Danach ist die Abstandfläche in einem Winkel von **90° zur Wandflucht** zu messen, bei gekrümmten Außenwänden senkrecht zur Tangente im jeweiligen Punkt. Daraus folgt, dass die Abstandfläche **vor geraden Außenwänden** regelmäßig ein **Rechteck** ist oder eine Fläche, die sich aus Rechtecken unterschiedlicher Tiefe zusammensetzt (Abb. 6.4.2 und 6.4.3). Dabei ist die Breite der

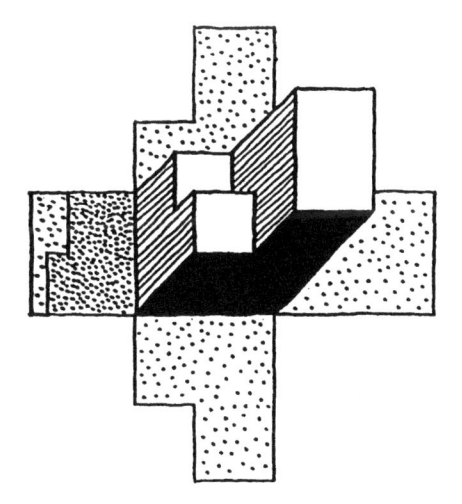

120

Abb. 6.4.2
Vor geraden Außenwänden ist die Abstandfläche immer ein Rechteck oder eine Fläche, die sich aus mehreren Rechtecken zusammensetzt.

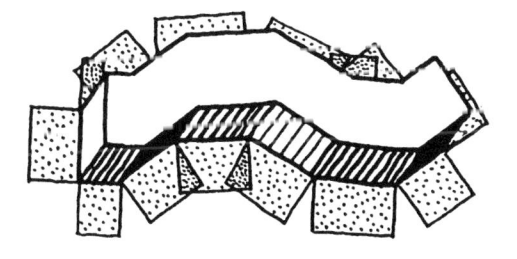

Abb. 6.4.3
Bei stumpfwinkligen Wandabknickungen ergeben sich zulässige Überdeckungen der Abstandflächen in den Innenecken.

§ 6 BauO NRW — Abstandflächen

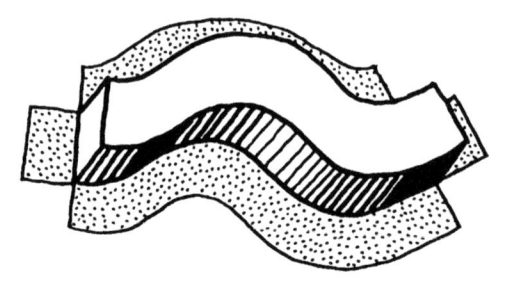

Abb. 6.4.4
Bei gekrümmten Wandflächen folgt die Abstandfläche der Wandkrümmung.

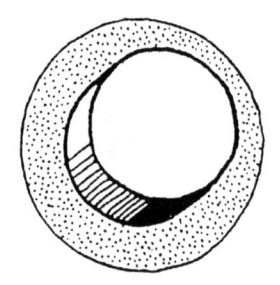

Abb. 6.4.5
Bei Gebäuden mit kreisrundem Grundriss ist die Abstandfläche ein Kreisring.

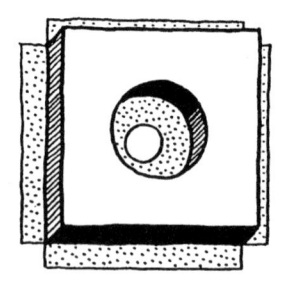

Abb. 6.4.6
Bei kreisrunden Innenhöfen ist die Abstandfläche ein Kreisring oder ein Kreis.

Abstandflächen · BauO NRW § 6

Abstandfläche gleich der Wandlänge, unabhängig von deren Höhe. Bei gekrümmten Wandflächen folgt die Abstandfläche der Wandkrümmung (Abb. 6.4.4). Bei Gebäuden mit kreisrundem Grundriss ist die Abstandfläche ein Kreisring (Abb. 6.4.5), bei kreisrunden Innenhöfen ein Kreisring oder ein Kreis (Abb. 6.4.6). Die Anweisung gilt aber auch für die Darstellung im Schnitt. In ebenem Gelände kommt dem keine Bedeutung zu, wohl aber im hängigen Gelände. Dann ist nämlich vom unteren Bezugspunkt der Wand eine Horizontale zu ziehen, auf dieser Horizontalen die Tiefe der Abstandfläche abzutragen und auf die Geländeoberfläche nach unten oder nach oben zu projizieren (Abb. 6.4.7).

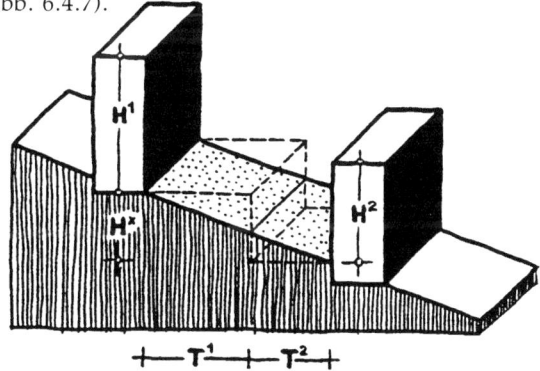

Abb. 6.4.7

Die Höhendifferenz H^x zwischen den Bezugspunkten zweier sich gegenüberliegender Außenwände bleibt bei der Ermittlung der H unberücksichtigt.

b) Unterer Bezugspunkt

Bei der Ermittlung der Wandhöhe H ist nach Abs. 4 Satz 2 von der Geländeoberfläche auszugehen. Maßgebend ist die Schnittlinie der Geländeoberfläche im Sinne des § 2 mit der Außenwand. Die Geländeoberfläche ist für alle genehmigungsbedürftigen Vorhaben die Fläche, die sich aus der Baugenehmigung ergibt (OVG NRW, Urt. v. 19. 3. 1993 — 7 A 634/90); ist eine Baugenehmigung nicht erforderlich (genehmigungsfreie Vorhaben), enthält aber ein Bebauungsplan Festsetzungen über die Höhenlage der Geländeoberfläche, so ist die Geländeoberfläche maßgebend, die sich aus den Festsetzungen des Bebauungsplans ergibt, im Übrigen die natürliche Geländeoberfläche. **121**

Im Bauantrag kann die Beibehaltung oder eine Veränderung der vorgegebenen **Geländeoberfläche** vorgesehen sein. Bei der Erstbebauung eines Grundstücks wird die vorgegebene, d. h. die vor Ausführung der geplanten Bebauung vorhandene Geländeoberfläche in aller Regel die **natürliche Geländeoberfläche** sein. Die natürliche Geländeoberfläche ist die nicht durch Aufschüttungen oder Abgrabungen künstlich veränderte Geländeoberfläche. **122**

§ 6 BauO NRW   Abstandflächen

Eintragungen über die Geländeoberfläche in den Bauvorlagen, die den unteren Bezugspunkt für die Berechung der H in einem für den Antragsteller günstigen Sinne manipulieren, sind von der Bauaufsichtsbehörde im Genehmigungsverfahren zu korrigieren.

Eine im Bauantrag vorgesehene Beibehaltung oder Veränderung der vorgegebenen (also der natürlichen oder der vorgängig veränderten) Geländeoberfläche kann durch die Baugenehmigung bestätigt werden. Die Bauaufsichtsbehörde kann aber auch eine vom Antragsteller nicht vorgesehene Beibehaltung oder Veränderung der Geländeoberfläche im Bereich des Grundstücks verlangen, wenn dies aus den in § 9 Abs. 3 genannten Gründen erforderlich ist. Eine beabsichtigte Geländeveränderung im Zusammenhang mit der Errichtung eines Gebäudes ist regelmäßig an den Voraussetzungen des § 9 Abs. 3 zu messen (OVG NRW, Beschl. v. 28. 1. 1998 — 7 B 3080/97).

123 **In hängigem Gelände** kann der Fall eintreten, dass die einander gegenüberliegenden Außenwände zweier Gebäude oder Gebäudeteile in ihren unteren Bezugspunkten eine Höhendifferenz aufweisen. Diese Differenz bleibt bei der Ermittlung der H und den daraus abzuleitenden Tiefen der Abstandflächen unberücksichtigt, mit der Folge, dass sich hinsichtlich der Beleuchtung für das im Hang unten stehende Gebäude, verglichen mit dem Normalfall (ebenes Gelände), ungünstigere Verhältnisse ergeben (Abb. 6.4.7).

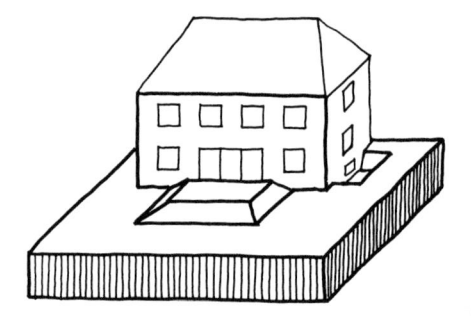

Abb. 6.4.8
Geringfügige Abgrabungen und Anschüttungen bleiben bei der Ermittlung der H unberücksichtigt.

124 Geringfügige Veränderungen der Geländeoberfläche, wie Abgrabungen vor Kellerfenstern oder Anböschungen für erhöhte Terassen o. Ä. (Abb. 6.4.8), bleiben bei der Berechnung der H unberücksichtigt (OVG NRW, Beschl. v. 27. 7. 1995 — 7 B 1413/95). Bei einem Bauvorhaben geplante bzw. durchgeführte Abgrabungen verändern den maßgebenden unteren Bezugspunkt für die Wandhöhe dann nicht, wenn die Vertiefung lediglich einem Teil des Bau-

körpers selbst unmittelbar zugeordnet ist, technisch mit ihm in Verbindung steht und der Funktion des angrenzenden Raumes unmittelbar dient (z. B. bei einem Kellerlichtschacht oder einer Kellertreppe); entscheidend ist insoweit die untergeordnete und unselbständige Funktion der Abgrabung und ihrer Wirkung einer nur punktuellen und im Verhältnis zur übrigen Grundstücksfläche untergeordneten Veränderung des Profils des Baugrundstücks (OVG NRW, Beschlüsse v. 8. 8. 1995 − 7 B 1831/95 −, v. 5. 9. 1995 − 7 B 1886/95 − und v. 29. 5. 1996 − 7 B 456/96). Abgrabungen können hingegen bei der Ermittlung des unteren Bezugspunktes für die maßgebliche Wandhöhe nicht außer Betracht bleiben, wenn sie die vorgenannten Kriterien nicht mehr erfüllen und z. B. der erst die Nutzung als Aufenthaltsraum ermöglichenden Belichtung von Räumlichkeiten dienen, deren baurechtlich ordnungsgemäße Nutzung (ausreichende Belichtung) ansonsten nur durch ein Herausheben des Gebäudes aus dem Erdreich gewährleistet werden könnte (OVG NRW, Beschl. v. 27. 9. 1996 − 7 B 2094/96).

125 Wenn das Gelände über die Länge der Außenwand abfällt, ist Satz 3 anzuwenden. Danach ist **die im Mittel gemessene Wandhöhe** für die Berechnung der Tiefe der Abstandfläche maßgebend (Abb. 6.4.9). Auf diese Weise wird erreicht, dass die Abstandfläche bei regelmäßigem oberen Wandabschluss auch in hängigem Gelände immer ein Rechteck ist. Zum anderen ergibt sich aus der vorgeschriebenen Berechnungsmethode, dass in hängigem Gelände auch bei regelmäßigem oberem Gebäudeabschluss, also beispielsweise bei allseitig gleicher Traufhöhe über NN, für jede Außenwand das Maß H und daraus die Tiefe der Abstandfläche gesondert ermittelt werden muss, denn in aller Regel werden sich die gemittelten Wandhöhen entsprechend dem Hangverlauf voneinander unterscheiden und allenfalls zufällig übereinstimmen (Abb. 6.4.10).

Das OVG NRW hatte die Auffassung vertreten, dass eine einfache Mittelung in den Fällen, in denen das Gelände nicht gleichmäßig von einer Gebäudekante zur anderen abfällt, nicht erfolgen dürfe, weil auf diese Weise die tatsächlichen Auswirkungen einer Wand auf das Nachbargrundstück nicht angemessen erfasst würden (OVG NRW, Beschl. v. 2. 3. 1993 − 7 B 3764/92; Beschl. v. 5. 9. 1995 − 7 B 1873/95). Dieser Auffassung ist der Gesetzgeber mit der Neufassung des Abs. 4 Sätze 3 und 4 gefolgt. Satz 4 Halbsatz 2 soll die Ermittlung der mittleren Wandhöhe vor allem dann erleichtern, wenn das Gelände keinen linearen Verlauf nimmt. Dann muss die mittlere Wandhöhe für jeden Wandabschnitt gesondert berechnet werden (Abb. 6.4.9). Diese Berechnungsmethode mag angebracht sein, soweit sich die Geländeversprünge ohne weiteres bestimmten Wandabschnitten zuordnen lassen. Wenn das Gelände aber in Form einer Kurve oder einer Bodenwelle an die Außenwand anschließt, dürfte die Abschnittbildung auf Schwierigkeiten stoßen.

§ 6 BauO NRW — Abstandflächen

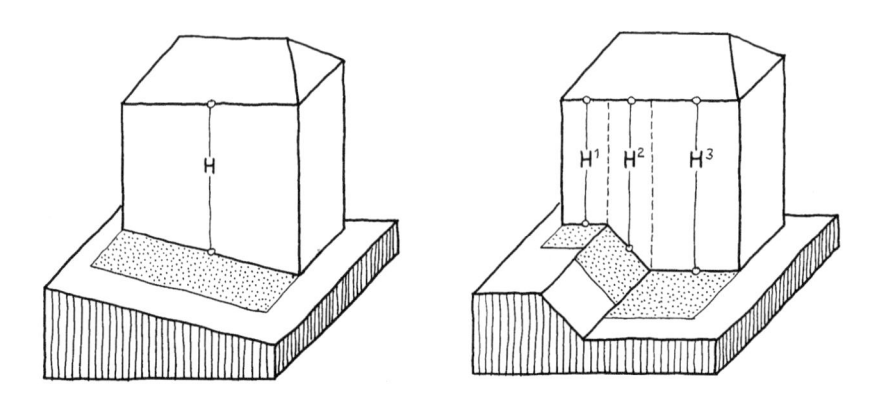

Abb. 6.4.9
Bei geneigter Geländeoberfläche ist die im Mittel gemessene Wandhöhe maßgebend.

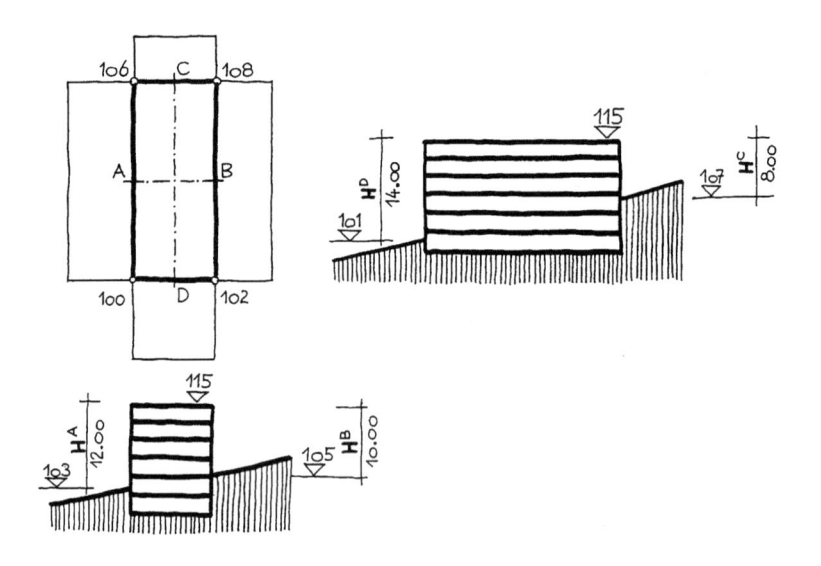

Abb. 6.4.10
In hängigem Gelände ist auch im Falle eines regelmäßigen Baukörpers mit gleicher Traufhöhe über NN für jede Außenwand das Maß H gesondert zu ermitteln.

| Abstandflächen | BauO NRW § 6 |

Bei stärker **gegliederten Gebäuden,** etwa bei einer mehrflügeligen Anlage, können mehrere Außenwände zur gleichen Gebäudeseite ausgerichtet sein (Rn. 200). Ist der Versatz im Verhältnis zur Größe des Gebäudes bzw. zu der betreffenden Gebäudewand nur gering, so wird man allgemein nur von **einer** Außenwand sprechen, die lediglich gegeneinander versetzte Wandteile aufweist. 126

Bei unregelmäßigem oberen Wandabschluss ist nach Satz 3 eine Abschnittbildung auch dann geboten, wenn die Außenwand nicht gegliedert ist (Rn. 129). 127

Bei in der Tiefe gestaffelten Außenwänden und horizontalem oberen und unteren Wandabschluss ergibt sich bereits aus der Staffelung als solcher eine Abstandfläche, die sich aus zwei oder mehreren Rechtecken mit gleicher Tiefe zusammensetzt. In Hanglagen folgt jedoch aus der Vorschrift, wonach sich die H aus der Mittelung der an den Gebäudekanten oder der vertikalen Begrenzungen der Wandteile zu messenden Wandhöhen ergibt, dass die Rechtecke, aus denen sich die Abstandfläche zusammensetzt, ungleich tief sind. Für den hangabwärts gelegenen Wandabschnitt errechnet sich jedenfalls ein größeres Maß H als im Falle einer ungegliederten Wand für die Wand als ganze.

Auf die Geländeoberfläche muss auch dann Bezug genommen werden, wenn die Außenwand nicht bis zum Gelände hinabreicht, z. B. bei **Gebäuden auf Stützen** (Abb. 6.4.11) oder bei **terrassierten Gebäuden** (OVG NRW, Urt. v. 21. 8. 1995 — 10 A 2749/91 — BRS 57 Nr. 145) und Gebäuden mit „Breitfuß". In den letztgenannten Fällen wird die Schnittlinie der Wand mit dem Gelände durch die vorgelagerten Bauteile ganz oder teilweise verdeckt (Abb. 6.4.12). Der für die Ermittlung der Tiefe der Abstandfläche bei schrä- 128

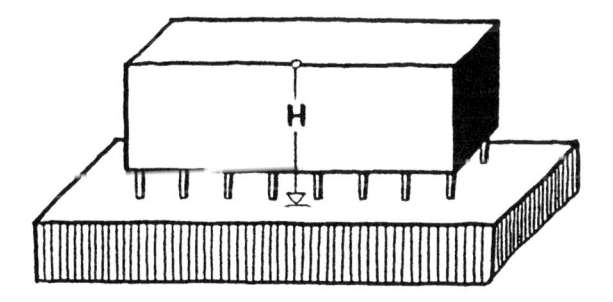

Abb. 6.4.11
Unterer Bezugspunkt für die Ermittlung des Maßes H ist auch bei Gebäuden auf Stützen immer die Geländeoberfläche.

gem Geländeverlauf maßgebende Schnittpunkt der Mittellinie der Wand mit der Geländeoberfläche liegt also bei entsprechend gegliederten Baukörpern im Gebäudeinneren. Da die Abstandflächen im Lageplan, der dem Bauantrag nach § 1 BauPrüfVO beigefügt werden muss, einzutragen sind, empfiehlt es sich, in schwierigen Fällen Skizzen beizufügen, aus denen entnommen werden kann, wie die Tiefe der Abstandflächen für die einzelnen Wände bzw. Wandabschnitte ermittelt wurden.

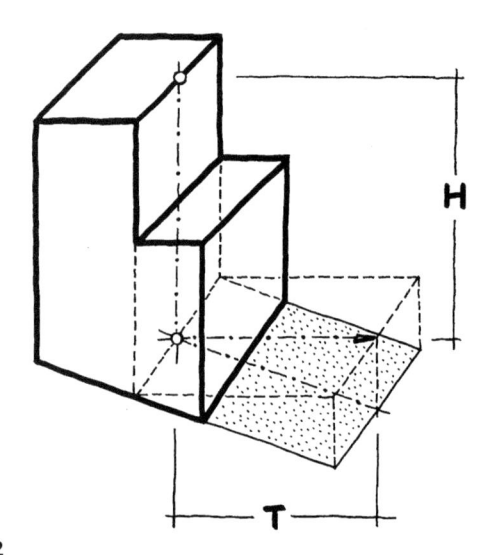

Abb. 6.4.12
Wird die Schnittlinie der Außenwand mit der Geländeoberfläche durch vorgelagerte Bauteile verdeckt, so ist von einer fiktiven Schnittlinie der Außenwand mit der Geländeoberfläche auszugehen und bei nicht waagerechtem Verlauf dieser Linie der Mittelwert in Bezug auf den oberen Wandabschluss zu bilden.

c) Oberer Bezugspunkt

129 Oberer Bezugspunkt für die Berechnung der Wandhöhe ist bei geradem oberen Wandabschluss die **Oberkante der Wand**. Bei Versprüngen im oberen Wandabschluss ist die betreffende Außenwand nach Satz 3 in entsprechende **Wandabschnitte** zu unterteilen (Abb. 6.4.13). Für jeden Wandabschnitt ist danach die Wandhöhe und daraus die Tiefe der Abstandfläche gesondert zu ermitteln. Eine Mittelung wie im Falle eines ungleichmäßigen unteren Wandabschlusses ist nicht vorgesehen. Bei geneigter Geländeoberfläche ist für jeden Teilabschnitt gesondert die im Mittel gemessene Wandhöhe maßgebend (Abb. 6.4.14).

Abb. 6.4.13
Bei Versprüngen im oberen Wandabschluss ist die betreffende Außenwand in Abschnitte zu unterteilen und das Maß H für jeden Wandabschnitt gesondert zu ermitteln.

Abb. 6.4.14
Bei schrägem Geländeanschnitt ist für jeden Wandabschnitt die im Mittel gemessene Wandhöhe maßgebend.

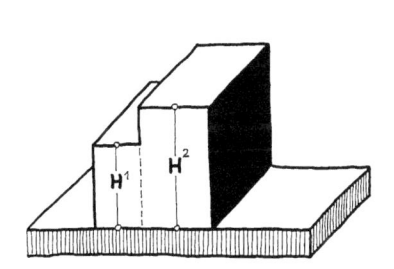

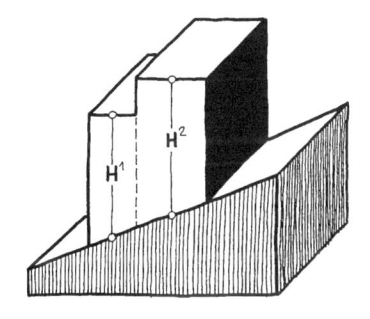

Wird der obere Wandabschluss durch ein Dach bestimmt, so ist die Außenwand bis Oberkante Dachhaut zu verlängern und bis zur **Schnittlinie der Außenwand mit der Dachhaut** zu messen. Das gilt für Flachdächer und Steildächer gleichermaßen. Als Dachhaut wird das Deckmaterial des Daches bezeichnet (Ziegel, Schiefer, Blech, Pappe). Maßgebend ist also nicht die tragende Dachkonstruktion (z. B. Oberkante Sparren). Bei gewelltem Deckmaterial ist vom obersten Punkt der Wellung auszugehen (Abb. 6.4.15). 130

Die Schnittlinie der Wand mit der Dachhaut ist eine gedachte Linie; sie ist nicht identisch mit der von außen sichtbaren Traufkante. Die Traufe oder Traufkante ist nach dem Sprachgebrauch im Baugewerbe ganz allgemein „die untere waagerechte Begrenzung der Dachfläche" (OVG NRW, Urt. v. 12. 2. 1975 − X A 352/73 −, BRS 29 Nr. 102). Die tatsächliche Traufe liegt unter- 131

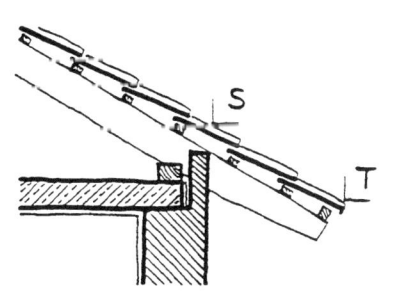

Abb. 6.4.15
Als oberer Bezugspunkt für die Ermittlung der Wandhöhe H ist nicht die Traufkante T, sondern die Schnittlinie der Außenwand mit der Dachhaut S maßgebend.

halb der Schnittlinie der Außenwand mit der Dachhaut. Im Allgemeinen ist die Maßdifferenz gering. Sie kann aber bei weit auskragenden oder auch steilen Dächern (Mansarddach) das Maß von 0,50 m übersteigen.

132 Mit der Entscheidung, dass nicht die tatsächliche Traufe nach dem allgemeinen Sprachgebrauch, sondern eine gedachte Schnittlinie für die Berechnung der Wandhöhe maßgebend sein soll, ist der Gesetzgeber einer inzwischen durch die Rechtsprechung (OVG NRW, Urt. v. 29. 3. 1983 – VII A 2583/81 –, BRS 40 Nr. 108) verfestigten Definition des Innenministers Nordrhein-Westfalen (unveröffentlichter Erlass v. 10. 4. 1974 – Az: V A 2–100–2, zitiert bei Gädtke/Temme, Kom. z. BauO NRW 1970, 6. Aufl., S. 39/40) gefolgt.

Der Innenminister hatte angenommen, dass es darauf ankomme, von einer Bezugslinie auszugehen, „die unabhängig von baugestalterischen Aspekten" eine eindeutige Festlegung anhand vergleichbarer Kriterien ermöglicht. Bei der Festlegung einer **Traufhöhe im Bebauungsplan** oder in einer Gestaltungssatzung nach § 86 Abs. 1 Nr. 1 kommt es aber gerade auf die gestalterischen Aspekte an, also auf die Einhaltung der tatsächlichen Traufkante. Es ist dann nicht von der Schnittlinie der Außenwand mit der Dachhaut auszugehen.

d) Berücksichtigung von Dach- und Giebelflächen

133 Der Wandhöhe wird die Höhe von Steildächern mit mehr als 45° Dachneigung hinzugerechnet, und zwar voll oder zu einem Drittel, **entsprechend der Dachneigung**. Dächer mit einer Dachneigung unter 45° bleiben unberücksichtigt, es sei denn, sie haben größere Dachgaupen oder Dachaufbauten (Rn. 137).

Die Regelung enthält keinen Anhalt für die Annahme, der Gesetzgeber halte Dächer mit einer Dachneigung von unter 45° grundsätzlich unter abstandrechtlichen Gesichtspunkten für irrelevant. Es kann nicht ernsthaft bezweifelt werden, dass Dächer immer die vom Abstandflächenrecht geschützten Belange (z. B. Belichtung, Besonnung, Belüftung, Sozialabstand) beeinträchtigen. Durch die gesetzliche Regelung des Abs. 4 Satz 4 BauO 84/95 (= Abs. 4 Satz 5 BauO 2000) hat der Gesetzgeber lediglich entschieden, dass der Nachbar Beeinträchtigungen durch ein Dach mit weniger als 45° Neigung als ihm zumutbar hinzunehmen hat. Diese Ausgangslage ist aber nur in einer Konstellation gegeben, in der das Dach als Teil einer ihrerseits im Übrigen das Abstandrecht wahrenden baulichen Anlage in Erscheinung tritt. Das ist nicht der Fall, wenn die Wand, auf der das Dach aufgebracht ist, schon als solche dem materiellen Recht zuwiderläuft (OVG NRW, Urt. v. 18. 1. 1999 – 7 A 898/98).

134 Bei der Ermittlung der Höhe des Daches ist wie bei der Ermittlung der Wandhöhe (Rn. 130) von der **Schnittlinie der Wand mit der Dachhaut** auszugehen. Bezogen auf diese Linie ist dann die Dachhöhe bis zum First zu ermitteln. Bei asymmetrischen Dächern mit unterschiedlichen Traufhöhen ist die anrechenbare Dachhöhe für jede Gebäudeseite gesondert zu ermitteln.

135 Dächer und Dachteile mit einer Dachneigung von mehr als 70° werden bei der Berechnung der H der ermittelten Wandhöhe voll hinzugerechnet. Diese Regelung ist vor allem bei **Mansarddächern** (Rn. 151) anzuwenden.

136 Dächer und Dachteile mit einer Neigung von weniger als 70°, aber mehr als 45°, sind zu einem Drittel bei der Ermittlung der Wandhöhe H zu berücksichtigen. Diese Regelung ist insbesondere auf **steile Satteldächer** anzuwenden.

137 In gleicher Weise, nämlich zu einem Drittel, sind auch flacher geneigte Dächer, also Dächer mit einer Dachneigung von weniger als 45°, bei der Ermittlung der H zu berücksichtigen, wenn sie **Dachgaupen oder Dachaufbauten** aufweisen, deren Gesamtbreite je Dachfläche mehr als die Hälfte der darunterliegenden Gebäudewand beträgt (OVG NRW, Beschl. v. 27. 9. 1996 – 7 B 2094/96 – Abb. 6.4.16).

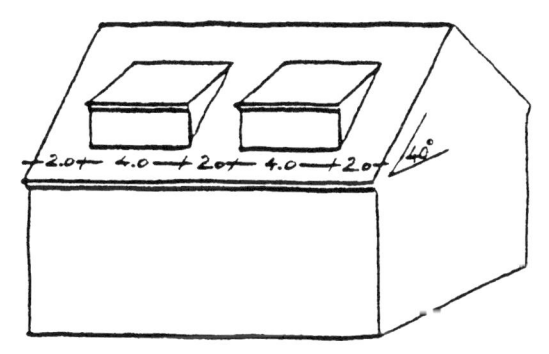

Abb. 6.4.16

Länge der Außenwand: 14,00 m; Breite der Dachgaupen: 2 x 4,00 m = 8,00 m. Die Gesamtbreite der Gaupen beträgt mehr als die Hälfte der darunter liegenden Gebäudewand. Danach ist die Dachhöhe mit einem Drittel der Wandhöhe hinzuzurechnen (§ 6 Abs. 4 Satz 5).

138 Das OVG NRW hat Dachgaupen als Dachaufbauten für stehende Fenster definiert, die auf dem Dach und nicht ganz oder teilweise vor oder auf einer

Außenwand des Hauses errichtet sind (OVG NRW, Beschl. v. 24. 9. 1991 – 7 B 2660/91). Der Bayerische VGH hat es demgegenüber für möglich gehalten, dass eine Dachgaupe auf der Außenwand aufsitzt (BayVGH, Urt. v. 20. 2. 1990 – 14 B 88.02464 –, BRS 50 Nr. 112). Eine solche Dachgaupe kann, wenn sie beispielsweise als Schleppgaupe ausgebildet ist, aber auch als Gaupe mit einem giebelförmigen oberen Abschluss in einem Mansarddach (Abb. 6.4.17) nicht als Zwerchhaus bezeichnet werden. Zwerchhäuser sind

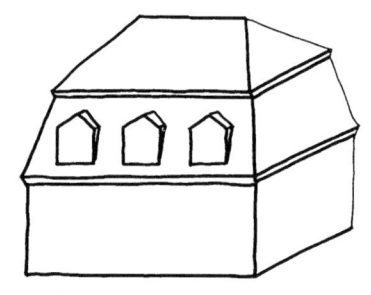

Abb. 6.4.17
Gebäude mit Mansarddach. Die Dachgaupen sitzen auf der Außenwand (in der Flucht der Außenwand) auf.

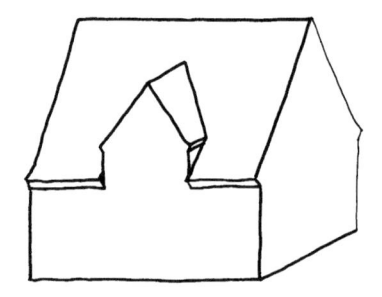

Abb. 6.4.18
Gebäude mit Satteldach und Zwerchhaus.

regelmäßig größere Gebäudeteile, und zwar nach dem allgemeinen Sprachgebrauch nur solche, die mit einem Giebel abschließen (OVG NRW, Urt. v. 17. 12. 1992 – 10 A 2055/89). Zwerchhäuser haben im Übrigen ebenso wie Dachgaupen zur Voraussetzung, dass das Hauptdach des Gebäudes ein Steildach ist (Abb. 6.4.18). Das Zwerchhaus ist weder ein vor die Außenwand vortretender Bauteil noch ein Vorbau im Sinne des Abs. 7 Satz 1; denn Abs. 7 privilegiert nur völlig untergeordnete Bauteile. Der funktional weitreichende Zweck, zusätzlichen Wohnraum zu gewinnen, muss grundsätzlich innerhalb der Abstandflächen verwirklicht werden. Bautechnisch tritt das Zwerchhaus nicht aus der Außenwand heraus. Es verlängert vielmehr die Außenwand des Gebäudes über die Traufe hinaus in den Dachbereich. Es steigt von der Geländeoberfläche aus bis in den Dachbereich auf und stellt sich dort als Dachaufbau dar (OVG NRW, Urt. v. 21. 1. 1999 – 10 A 4072/97).

Während der BayVGH die Auffassung vertreten hat, dass auch dann, wenn eine Dachgaupe auf der Außenwand aufsitzt, die Wandhöhe im Bereich der Gaupe nicht ansteige und insofern die für die Berechnung der Tiefe der Abstandfläche maßgebende Wandhöhe nicht verändere, hat das OVG NRW im Hinblick auf Zwerchhäuser die Auffassung vertreten, dass die Außenwand im Bereich des Zwerchhauses einen Höhenversprung aufweist, der bei der Ermittlung der Tiefen der Abstandflächen zu berücksichtigen sei (OVG NRW, Beschl. v. 16. 1. 1997 – 10 B 3126/96; vgl. auch VGH Bad.-Württ., Beschl. v. 20. 12. 1994 – 3 S 3302/94 –, BRS 56 Nr. 105). Danach ist für die Giebelflächen des Zwerchhauses auch die Berechnung nach Abs. 4 Satz 5 Nr. 2 Spiegelstrich 3 anzuwenden.

Ist das Zwerchhaus kein untergeordneter Bauteil im Sinne des Abs. 7, gilt dies auch für die Seitenwände, unabhängig davon, ob sie dahin beschrieben werden können, sie träten optisch hinter die seitliche Giebelwand zurück (vgl. Rn. 204 – Abb. 6.6.12). Bleibt also das Zwerchhaus bei der Bemessung der Abstandflächen nicht außer Betracht, hat es nicht nur vor seiner Giebelwand eine Abstandfläche einzuhalten, sondern auch vor den Seitenwänden. Die Gesamthöhe der Seitenwand des Zwerchhauses ist durch eine gedachte Verlängerung der Seitenwand bis zum Schnitt mit der Geländeoberfläche zu ermitteln. Von diesem fiktiven Schnitt mit der Geländeoberfläche aus ist die Tiefe der Abstandfläche zu bemessen (OVG NRW, Urt. v. 21. 1. 1999 – 10 A 4072/97). **139**

Giebelwände sind für die Ermittlung der H als Außenwände anzusehen, die sich aus einem unteren rechteckigen oder – bei schrägem Geländeanschnitt – trapezförmigen Hauptwandteil und der oberen dreieckigen Giebelfläche zusammensetzen (Abb. 6.4.19). Der Hauptwandteil ist bei der Berechnung der **140**

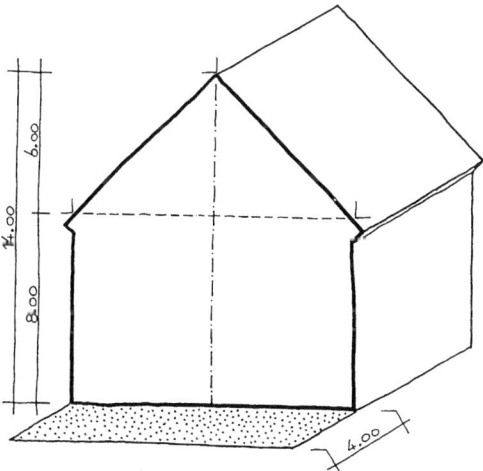

Abb. 6.4.19
Ermittlung der H für eine symmetrische Giebelwand – Satteldach:
H = 8,00 m + (6,00 m : 3) = 10,00 m.

H voll zu berücksichtigen, die dreieckige Giebelfläche zu einem Drittel. Die Trennlinie zwischen beiden Teilwandflächen ergibt sich aus der Schnittlinie der Außenwand (traufseitig) mit der Dachhaut (Rn. 130).

141 Die Regelung führt dazu, dass sich für Giebelwände bei tief herabgezogenen Traufen z. B. im Falle beidseitig „abgeschleppter" Dächer ein geringeres Maß H errechnet als für eine Giebelfläche mit gleicher Firsthöhe, aber normal angesetzter Traufe. Das gilt insbesondere auch für die sogenannten „Nurdachhäuser", bei denen auf Traufwände ganz verzichtet wird. Es handelt sich um eine wohl ungewollte Nebenwirkung der gesetzlichen Regelung bei einer Abweichung von dem der Regelung zugrunde liegenden Normalfall (Rn. 18) — hier Verzicht auf traufseitige Außenwände.

142 Der BayVGH hat die Möglichkeit einer sinngemäßen Auslegung — im Rahmen richterrechtlicher Rechtsfortbildung — nur für den Fall anerkannt, dass Unklarheiten oder Zweifel bestehen bzw. dass das Gesetz etwas offen lässt (BayVGH, Beschl. v. 21. 4. 1986 — Nr. Gr. S. 1/85 — 15 B 84 A. 2534 —, BauR 1986, 431). Das ist hier nicht der Fall. Die Aufteilung der Giebelfläche eines Nurdachhauses in „geschosshohe Wandteile und Restgiebel" wäre willkürlich. Eine derartige sinngemäße Auslegung käme allenfalls dann in

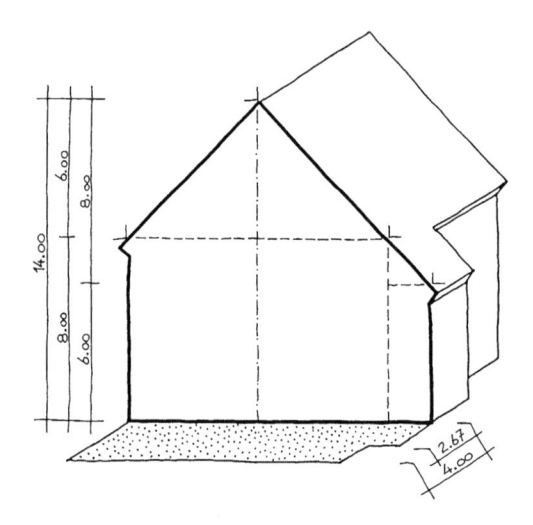

Abb. 6.4.21

Ermittlung der H für eine asymmetrische Giebelwand mit unterschiedlichen Traufhöhen — abgeschlepptes Satteldach: $H^1 = 8,00\ m + (6,00\ m:3) = 10,00\ m$; $H^2 = 6,00\ m + (2,00\ m:3) = 6,66\ m$.

Betracht, wenn bei vorhandenen Traufwänden lediglich die Giebelwand über die Traufe hinweg bis zur Geländeoberfläche verlängert wird in der offensichtlichen Absicht, die Tiefe der Abstandflächen zu verringern.

Die Schnittlinie zwischen Hauptwandfläche und Giebeldreieck muss immer eine Waagerechte sein. Bei **unterschiedlichen Traufhöhen** muss daher die Giebelfläche in 4 Teilflächen aufgeteilt werden. Die Wandabschnitte entstehen, indem durch den Schnittpunkt der höheren Wand mit der Dachhaut eine Horizontale und durch deren Schnittpunkt mit der Dachhaut auf der anderen Gebäudeseite eine Vertikale bis zur Geländeoberfläche gezogen wird (Abb. 6.4.20). 143

Für jeden Wandabschnitt mit zugehöriger Teilgiebelfläche ist das Maß H und mithin die jeweilige Tiefe der Abstandfläche getrennt zu ermitteln (OVG NRW, Beschl. v. 5. 9. 1995 − 7 B 1886/95). Dabei ist auch für die einzelnen Wandabschnitte jeweils der untere viereckige Wandteil voll bei der Berechnung der H zu berücksichtigen, die darüberliegenden dreieckigen Wandteile jeweils zu einem Drittel. Daraus folgt, dass sich die Abstandfläche vor einer Giebelwand mit unterschiedlichen Traufhöhen aus zwei Rechtecken mit unterschiedlicher Tiefe zusammensetzt. 144

Bei schräg verlaufendem oberen Wandabschluss **(Pultdach)** ist nicht etwa von der mittleren Wandhöhe auszugehen; vielmehr muss die Wandfläche, wie im Falle des Satteldachs, in zwei Teilflächen aufgeteilt werden, wobei die Trennlinie als Waagerechte von der Schnittlinie der niedrigen Wand mit der Dachhaut − traufseitig − zu ziehen ist (OVG NRW, Beschl. v. 25. 10. 1995 − 7 B 2297/95 −, BRS 57 Nr. 144; Abb. 6.4.22). 145

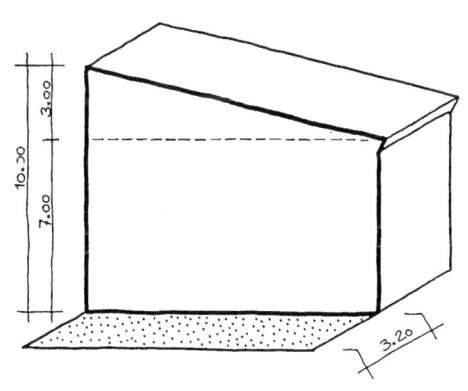

Abb. 6.4.22
Ermittlung der H für eine Giebelwand mit schrägem oberen Wandabschluss − Pultdach: H=7,00 m+(3,00 m:3)=8,00 m.

e) Besondere Dachformen

146 Das Gesetz regelt nicht, in welcher Weise besondere Dachformen bei der Berechnung der Wandhöhe H zu berücksichtigen sind. § 6 Abs. 4 kann und will den Bauherrn nicht auf bestimmte Grundtypen des Hausbaus festlegen. Wie die vom Gesetzgeber nicht unmittelbar in den Blick genommenen Bauformen unter Berücksichtigung von Sinn und Zweck des § 6 in das Grundmuster der Abstandflächen eingefangen werden können, muss im Einzelfall geklärt werden (OVG NRW, Urt. v. 21. 8. 1995 − 10 A 2749/91 −, BRS 57 Nr. 145).

Besondere Dachformen sind:

das Walmdach,

das Krüppelwalmdach,

das Mansarddach,

das Zeltdach,

weiterhin tonnenförmige und kuppelförmige Dächer oder Dachteile. Da es in diesen Fällen − anders als im Falle des „Nurdachhauses" (Rn. 141) − an einer gesetzlichen Regelung fehlt, kommen „Abminderungen" in Betracht. Bei der sinngemäßen Anwendung der Vorschriften über die Anrechnung von Dachflächen ist von der verschattenden Wirkung der unterschiedlichen Dachformen auszugehen. Diese lässt sich nicht berechnen, sondern nur abschätzen.

147 Für die Ermittlung der Dachhöhe (traufseitig) eines tonnenförmigen Daches sind zunächst die Bereiche zu ermitteln, in denen die Dachneigung zwischen 90° und mehr als 70°, 70° und mehr als 45° sowie 45° und weniger beträgt, und zwar in der Weise, dass die Punkte auf der Dachoberfläche festgelegt werden, an denen eine Tangente zur Dachhaut die genannten Neigungswerte > 70° und > 45° gerade aufweist. Sodann ist festzustellen, in welcher Höhe die jeweiligen Berührungspunkte der Tangenten mit der Dachhaut oberhalb der fiktiven Grundfläche des Daches liegen. Aus den ermittelten Höhenmaßen ergibt sich, welcher Abschnitt des Dachbereichs voll und welcher mit einem Drittel und welcher überhaupt nicht bei der Berechnung der Abstandflächen zu berücksichtigen ist (OVG NRW, Bechl. v. 15. 2. 1996 − 7 B 3431/95 −, BRS 58 Nr. 106). Bei der Berechnung der Giebelflächen von **tonnenförmigen Dächern** erscheint es gerechtfertigt, von einem Dach gleicher Höhe mit ebenen Dachflächen als Vergleichsfall auszugehen (Abb. 6.4.23).

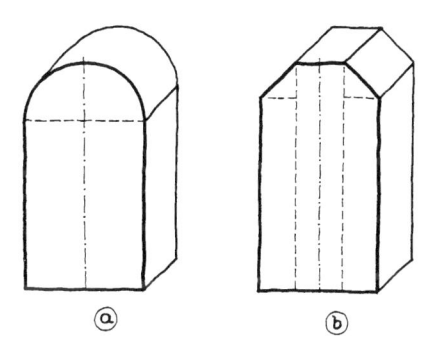

Abb. 6.4.23
Tonnenförmiges Dach (a), Dach mit vergleichbarer Verschattungswirkung (b).

Bei einem **Zeltdach** kann von der für das Satteldach geltenden Berechnungs- **148** methode ausgegangen werden: Bei einem Satteldach über quadratischem Grundriss mit einer Dachneigung von mehr als 45° sind die Dächer nach Satz 5 mit einem Drittel ihrer Höhe anzurechnen, ebenfalls die dreieckige Giebelfläche. Bei einem Zeltdach über gleicher Grundfläche könnte davon ausgegangen werden, dass die in einem Winkel von weniger als 70° nach hinten gekippte dreieckige Giebelfläche nochmals zu dritteln wäre. Danach wäre die Höhe des Zeltdachs mit einem Neuntel anzurechnen. Bei einer Dachhöhe (Höhe der Spitze des Zeltdachs über den Schnittlinien der Dachflächen mit den Außenwänden) von 5,00 m ergäbe sich daraus ein Zuschlag von 0,55 m zu dem bis zur Schnittlinie der Außenwand mit der Dachhaut gemessenen Wert (Abb. 6.4.24).

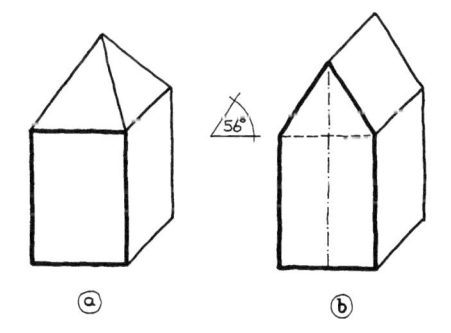

Abb. 6.4.24
Zeltdach (a), Dachneigung 56°. Die verschattende Wirkung ist geringer als im Falle eines Satteldachs mit gleicher Dachneigung (b).

§ 6 BauO NRW							Abstandflächen

Abb. 6.4.25
Zeltdach (a), Dachneigung 70°. Die verschattende Wirkung ist geringer als im Falle eines Satteldachs mit gleicher Dachneigung (b).

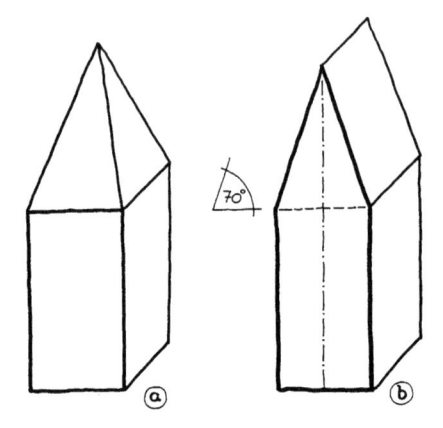

Die geringe verschattende Wirkung, die von einem Zeltdach ausgeht, spricht allerdings dafür, die Dachhöhe in diesen Fällen vollständig zu vernachlässigen. Dafür spricht auch die Tatsache, dass die angeführte Berechnungsmethode auf ein mehr als 70° steiles Zeltdach nicht anwendbar ist, weil es nach Abs. 4 Satz 5 keine Anhaltspunkte gibt, nach denen die für ein gleichhohes senkrecht stehendes Giebeldreieck erforderliche Drittelung reduziert werden könnte. Die verschattende Wirkung eines mehr als 70° steilen Zeltdachs ist aber nicht nur geringer als diejenige, die von einem mehr als 70° steilen Satteldach ausgeht — ein solches muss bei der Berechnung der Wandhöhe H in voller Höhe berücksichtigt werden —, die verschattende Wirkung ist auch geringer als diejenige, die von einem gleichhohen senkrecht stehenden Giebeldreieck ausgeht. Andererseits wäre es aber auch nicht gerechtfertigt, eine etwa 12,00 m hohe Turmspitze bei der Berechnung des Maßes H vollständig zu vernachlässigen. Eine Berücksichtigung mit einem Sechstel der Höhe der Turmspitze erscheint gerechtfertigt. Das ergäbe bei einer angenommenen Höhe der Turmspitze von 12,00 m einen Zuschlag von 2,00 m, der bei der Ermittlung der Wandhöhe H dem bis zur Schnittlinie der Außenwand mit der Dachhaut gemessenen Wert hinzuzurechnen wäre (Abb. 6.4.25).

149 Das **Walmdach** kann als ein Dach angesehen werden, das aus einem Satteldach und zwei Zeltdachhälften zusammengesetzt ist. Die für das Satteldach nach Abs. 4 Satz 5 geltenden Grundsätze einerseits und die für Zeltdächer ent-

sprechend ihrer verschattenden Wirkung abgeleiteten Grundsätze andererseits können sinngemäß miteinander kombiniert werden (Abb. 6.4.26).

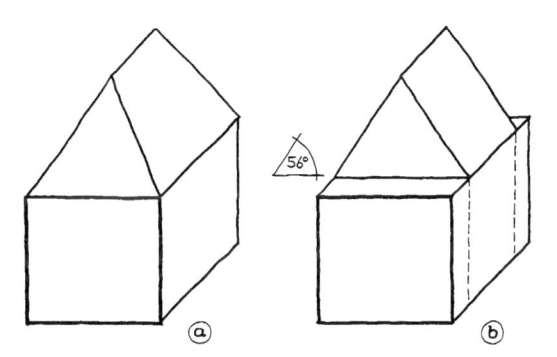

Abb. 6.4.26
Walmdach (a), Dachneigung 56°. Das Dach ist vergleichbar einem Satteldach mit zwei vorgelagerten halben Zeltdächern (b).

Die relevante Giebelhöhe ermittelt sich bei einem **Krüppelwalmdach** nicht stets aus dem Unterschied zwischen der Höhe des Schnittpunktes Wand/Dachhaut als dem unteren und der Höhe des Giebels bis zum First als dem oberen Bezugspunkt. Die Höhe der Abwalmung (des Krüppelwalmes) ist vielmehr, wie aus dem auch § 6 Abs. 4 Satz 5 Nr. 1 bzw. Nr. 2 jeweils erster Spiegelstrich BauO NRW bestimmenden Gedanken abgestufter Nachbarschaftsauswirkungen folgt, bei der Berechnung der Giebelhöhe nicht zu berücksichtigen, wenn die Neigung der Walmfläche nicht mehr als 45° aufweist. In diesem Fall ist die Höhe der Giebelfläche lediglich vom Schnittpunkt Wand/Dachhaut bis zum unteren Ansatz des Krüppelwalmes zu berücksichtigen. Beträgt die Neigung der Walmfläche zwischen 45° und 70°, so ist deren Höhe mit einem Drittel zu der Höhe der Giebelfläche bis zum unteren Ansatz des Krüppelwalmes hinzuzusetzen. Bei einer Neigung der Walmfläche von über 70° geht die Höhe der Abwalmung vollständig in die Berechnung ein. Die so ermittelte Höhe der Giebelfläche ist sodann je nachdem, ob das Dach des Gebäudes an den beiden Seiten eine Neigung von unter oder über 70° aufweist, ihrerseits mit einem Drittel bzw. im vollem Umfang bei der Berechnung des Maßes H einzustellen (OVG NRW, Beschl. v. 31. 1. 1994 – 10 B 1414/93 –, BRS 56 Nr. 97; Beschl. v. 9. 1. 1997 – 7 B 3156/96). Die Drittelregelung ist nicht anwendbar, wenn der horizontale Verlauf des oberen Abschlusses mehr als die Hälfte der Breite der darunter liegenden Außenwand ausmacht (OVG NRW, Beschl. v. 23. 11. 1995 – 7 B 2752/95 –, BRS 57 Nr. 143; OVG NRW, Urt. v. 13. 10. 1999 – 7 A 999/99).

150

§ 6 BauO NRW   Abstandflächen

151 Bei **Mansarddächern** ist der steile Dachteil aufgrund des Abs. 4 Satz 5 Nr. 1 der Wandhöhe voll hinzuzurechnen, sofern eine Dachneigung von 70° überschritten wird. Wie die Höhe des steilen Dachteils zu ermitteln ist, geht aus der Regelung nicht hervor. Entsprechend der verschattenden Wirkung erscheint es gerechtfertigt, von der Schnittlinie der nach oben verlängerten Flucht der Außenwand mit der nach außen verlängerten Flucht der Dachhaut des oberen flachen Dachteils auszugehen (Abb. 6.4.27).

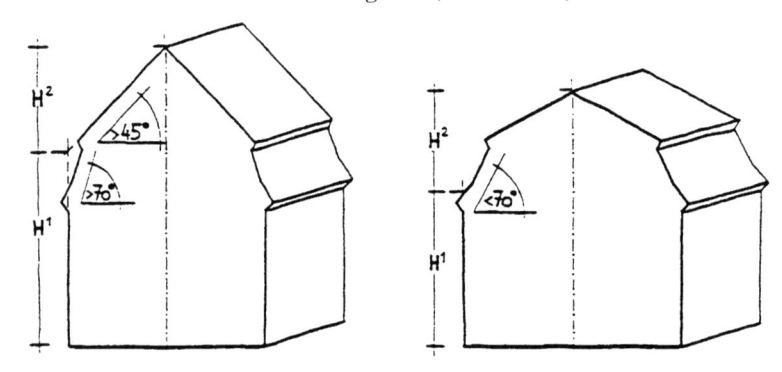

Abb. 6.4.27
Ermittlung der H für eine Giebelwand − Mansarddach: $H = H^1 + {}^1\!/_3\,H^2$.

f) Auswirkungen baulicher Veränderungen

152 Der Ausbau von Dachgeschossen, insbesondere zu Wohnzwecken, ist häufig mit Veränderungen der äußeren Gestaltung der Gebäude im Bereich des Daches verbunden: Aufsetzen eines Steildachs auf ein Flachdach; Aufsetzen von Dachaufbauten mit zum Teil beträchtlichen Abmessungen. Nach Fortfall der Anrechnungsregel des § 20 Abs. 2 Satz 2 BauNVO 1977 in § 20 Abs. 3 BauNVO 1990 ist eine wesentliche planungsrechtliche Einschränkung des möglichen Dachausbaus entfallen; d. h., solange nicht die Grenze zum Vollgeschoss überschritten wird, stehen planungsrechtliche Vorschriften einem Dachausbau in aller Regel nicht entgegen, so dass vermehrt die Frage auftritt, ob bauordnungsrechtliche Vorschriften einem Dachausbau entgegengehalten werden müssen. Außer Fragen des Brandschutzes − wenn etwa nach erfolgtem Dachausbau ein Gebäude nicht mehr als Gebäude geringer Höhe angesehen werden kann − stellt sich häufig die Frage, ob die Regelungen über die Abstandflächen einem geplanten Dachausbau entgegenstehen; denn nicht selten führt der Dachausbau zu einer Vergrößerung der Tiefe der Abstandflächen. Soweit die vergrößerte Abstandfläche nicht auf dem Grundstück selbst nachgewiesen

werden kann, können aufgrund des Dachausbaus nachbarliche Belange berührt werden. Soweit sich jedoch aus den Regelungen über die Anrechnung bzw. Nichtanrechnung von Dächern, Dachteilen, Dachaufbauten und Dachgaupen keine Änderung in der Tiefe der Abstandfläche ergibt oder soweit eine vergrößerte Abstandfläche den Anforderungen des Abs. 2 entspricht, muss der Nachbar die Änderungen in aller Regel hinnehmen. Evtl. zu berücksichtigende baugestalterische Gesichtspunkte haben keine nachbarschützende Bedeutung.

Da der Dachausbau häufig an Gebäuden vorgenommen wird, die nach älteren baurechtlichen Vorschriften genehmigt worden sind oder die für einen namhaften Zeitraum materiell rechtmäßig waren, kann es vorkommen, dass der bauliche Bestand nicht den geltenden Abstandvorschriften entspricht. Bei geringfügigen baulichen Änderungen bestehender Gebäude ohne Veränderung von Länge und Höhe der den Nachbargrenzen zugekehrten Wände können nach Abs. 15 unter Würdigung nachbarlicher Belange geringere Tiefen der Abstandflächen zugelassen werden, wenn Gründe des Brandschutzes nicht entgegenstehen (Rn. 335). In einem Fall, in dem die Außenwand eines bestehenden Gebäudes nicht den erforderlichen Mindestabstand zur Nachbargrenze von 3,00 m wahrte, hat der Bayerische VGH entschieden, dass das Aufsetzen einer Schleppgaupe nicht die Frage der abstandflächenrechtlichen Zulässigkeit des gesamten Gebäudes einschließlich des Änderungsvorhabens auslöse. Er hat jedoch eine andere Beurteilung für möglich gehalten, wenn sich durch eine Änderung im Bereich des Daches (z. B. Aufsetzen eines Satteldachs auf ein Gebäude, das bisher ein Flachdach trägt), eine mehr als nur geringfügige Verschlechterung für den Nachbarn ergibt (BayVGH Urt. v. 20. 2. 1990 – 14 B 88.02464, BRS 50 Nr. 112).

2. Ermittlung der Tiefe der Abstandfläche aus dem Maß H (Abs. 5 Sätze 1 und 2)

a) Bezug zur Art der baulichen Nutzung

153 Die Regelungen des Abs. 5 nehmen auf Abs. 4 Bezug. Während in Abs. 4 Satz 1 der Grundsatz aufgestellt wird, dass sich die Tiefe der Abstandfläche nach der Wandhöhe bemisst, und in Abs. 4 Sätze 2 bis 5 die Berechnung der Bezugsgröße H geregelt ist, wird in Abs. 5 festgelegt, mit welchem Faktor H zu multiplizieren ist, um das Maß für die Tiefe der Abstandfläche zu erhalten.

154 Die H wird allein nach Merkmalen des Gebäudes berechnet (Rn. 118 ff.). Demgegenüber wird mit Abs. 5 ein Bezug zum **Baugebiet** hergestellt, in dem das Gebäude liegt. Eine eigene bauordnungsrechtliche Definition des Bauge-

§ 6 BauO NRW   Abstandflächen

biets gibt es nicht. Insoweit muss zur Bestimmung der in Abs. 5 genannten Gebiete auf die **planungsrechtlichen Gebietsdefinitionen** zurückgegriffen werden (OVG NRW, Urt. v. 5. 2. 1998 – 10 A 6361/95 –, NWVBl. 1998 S. 321).

155 Aus den Vorschriften des ersten Abschnitts der BauNVO über die Art der baulichen Nutzung ergibt sich, was ein Kerngebiet (MK-Gebiet, § 7 BauNVO), ein Gewerbegebiet (GE-Gebiet, § 8 BauNVO), ein Industriegebiet (GI-Gebiet, § 9 BauNVO) oder ein Sondergebiet (SO-Gebiet, §§ 10 und 11 BauNVO) ist.

Diesen Vorschriften ist auch zu entnehmen, für welche Gebiete nach Satz 1 der Faktor 0,8 gilt: das sind die Gebiete, die in Abs. 5 Sätze 1 bis 3 nicht besonders aufgeführt werden, nämlich: Kleinsiedlungsgebiete (WS-Gebiete, § 2 BauNVO), reine Wohngebiete (WR-Gebiete, § 3 BauNVO), allgemeine Wohngebiete (WA-Gebiete, § 4 BauNVO), besondere Wohngebiete (WB-Gebiete, § 4 a BauNVO), Dorfgebiete (MD-Gebiete, § 5 BauNVO), Mischgebiete (MI-Gebiete, § 6 BauNVO) sowie Sondergebiete (SO-Gebiete, §§ 10 und 11 BauNVO), soweit nicht Satz 3 anwendbar ist.

156 Für MK-Gebiete gilt der Faktor 0,5. Für GE- und GI-Gebiete muss nach der Gebäudenutzung differenziert werden. Für die in GE- und GI-Gebieten allgemein zulässigen MK-Gebiet-ähnlichen Nutzungen, wie Büro- und Verwaltungsgebäude, sowie für die dort nach § 8 Abs. 3 und § 9 Abs. 3 BauNVO ausnahmsweise zulässigen Wohnungen gilt wie für MK-Gebiete der Faktor 0,5. Für Gebäude, die überwiegend der Produktion oder der Lagerung dienen, also insbesondere für Werkhallen und Lagerhallen, gilt der Faktor 0,25.

In SO-Gebieten kann nach Satz 3 eine geringere Tiefe als 0,8 H gestattet werden, wenn die Nutzung des SO-Gebietes dies rechtfertigt. Das ist etwa der Fall in Hochschulgebieten. Dort erscheint die Anwendung des für MK-Gebiete vorgesehenen Faktors 0,5 gerechtfertigt. In Hafengebieten kann mit dem für GI-Gebiete vorgesehen Faktor 0,25 gearbeitet werden, während für Wochenendhausgebiete – Sondergebiete, die der Erholung dienen (§ 10 BauNVO) – nur der Faktor 0,8 in Frage kommt. Die Gestattung einer anderen Tiefe als 0,8 H für SO-Gebiete ist eine Ermessensentscheidung der Bauaufsichtsbehörde.

b) Feststellung des Baugebiets

157 Die Differenzierung nach der Art der baulichen Nutzung hat zur Folge, dass der Bestimmung der Abstandflächen eine **Analyse der planungsrechtlichen Situation** vorausgehen muss. Dabei ist zu unterscheiden zwischen den Fällen, in denen die Art der Nutzung durch Festsetzungen eines Bebauungsplans bestimmt wird, und den Fällen, in denen die Art der Nutzung nicht durch

| Abstandflächen | BauO NRW § 6 |

einen Bebauungsplan bestimmt wird. Wird die Art der Nutzung durch einen Bebauungsplan (§ 30 BauGB) bestimmt, so ist die Zuordnung im Allgemeinen unproblematisch, weil die Festsetzung über die Art der Nutzung für Baugebiete erfolgt, deren Grenzen der Bebauungsplan selbst festsetzt.

In den nicht überplanten Gebieten ist zwischen den Fällen zu unterscheiden, in denen ein Vorhaben nach § 34 BauGB (unbeplanter Innenbereich), und denen, in denen ein Vorhaben nach § 35 BauGB (Außenbereich) zu beurteilen ist. Im unbeplanten Innenbereich gibt es neben den Fällen, in denen eine Gebietsbestimmung im Sinne des § 34 Abs. 2 BauGB problemlos ist, andere, in denen eine eindeutige Gebietszuordnung nicht möglich ist. Häufig weist nämlich ein im Zusammenhang bebauter Ortsteil die Merkmale unterschiedlicher Gebietstypen nach der BauNVO auf. In diesen Fällen wird, da die bauordnungsrechtlichen Regelungen über Abstandflächen die Beziehungen zwischen einander gegenüberstehenden, also unmittelbar benachbarten vorhandenen oder zulässigen Gebäuden regeln, von der konkreten Nutzung dieser Gebäude auszugehen sein. Ähnlich ist in den Fällen des § 35 BauGB zu verfahren. **158**

c) Nutzungsgrenzen

Für die Berechnung der Tiefe der Abstandflächen aus der H kommt es in allen Gebieten zunächst (1. Prüfschritt) auf die Zuordnung des Gebäudes zu einem der Baugebiete der BauNVO an. Sofern das Gebäude in einem Gebiet liegt, in dem eine geringere Tiefe der Abstandflächen als 0,8 H zulässig ist — 0,5 H bzw. 0,25 H —, ist nach Satz 5 aber auch zu prüfen (2. Prüfschritt), ob die betreffende Außenwand des Gebäudes zu einem Baugebiet orientiert ist, in dem die Tiefe der Abstandfläche 0,8 H beträgt. Ist das der Fall, so ist eine Abstandfläche mit der Tiefe 0,8 H einzuhalten, auch wenn das Gebäude selbst in einem MK-Gebiet, einem GE- oder GI-Gebiet liegt (OVG NRW, Urt. v. 5. 2. 1998 — 10 A 6361/95 —, BRS 60 Nr. 110). **159**

In GE- und GI-Gebieten kommt es darüber hinaus (3. Prüfschritt) auf die Art der Gebäudenutzung an. Es ist nach Gebäuden, die überwiegend der Produktion oder der Lagerung dienen, und anders genutzten Gebäuden zu unterscheiden. In den übrigen Gebieten, in denen auch gewerblich genutzte Gebäude zulässig sind, ist demgegenüber nicht nach der Art der Gebäudenutzung zu differenzieren (s. jedoch Rn. 158). Das bedeutet: Vor den Außenwänden einer Werkhalle oder einer Lagerhalle genügt im GE-Gebiet eine Abstandfläche mit einer Tiefe von 0,25 H. Im MK-Gebiet muss demgegenüber eine Abstandfläche mit einer Tiefe von 0,5 H und im MI-Gebiet eine Abstandfläche mit einer Tiefe von 0,8 H eingehalten werden. Liegen im GE- oder GI-Gebiet Gebäude, die überwiegend der Produktion oder der Lagerung dienen, **160** einem angrenzenden MK-Gebiet gegenüber, so ist eine Abstandfläche mit einer Tiefe von 0,5 H einzuhalten; liegen sie einem MI-Gebiet gegenüber, so ist eine Abstandfläche mit einer Tiefe von 0,8 H einzuhalten.

161 Trennt eine öffentliche Verkehrsfläche (öffentliche Grünfläche, öffentliche Wasserfläche) zwei Baugebiete mit unterschiedlicher Nutzung im Sinne der BauNVO, beispielsweise ein MK-Gebiet von einem MI-Gebiet, so muss für die Bemessung der Tiefe der Abstandfläche der Faktor 0,8 H bis zur Straßenmitte auch für das im MK-Gebiet stehende Gebäude angenommen werden. Für die Annahme, die Grenze der Baugebiete verlaufe in diesen Fällen auf der Mitte der öffentlichen Verkehrsfläche mit der Folge, vom MK-Gebiet dürfe sie mit einem Faktor 0,5 H und vom MI-Gebiet aus mit einem Faktor 0,8 H jeweils in Anspruch genommen werden, bleibt nach dem Wortlaut und Sinn der Regelung kein Raum (OVG NRW, Urt. v. 5. 2. 1998 — a. a. O.).

162 Das Maß von 0,25 H lässt bei einem festgelegten Grenzabstand von 3 m sogar die Höhenentwicklung eines Gebäudes, das der Produktion oder der Lagerung dient, von max. 12 m über dem vorhandenen Gelände zu, unabhängig davon, ob auf dem Nachbargrundstück ein Gebäude vorhanden ist, das eine andere Nutzung aufweist, sofern beide Grundstücke im GE- oder im GI-Gebiet liegen, die Grundstücksgrenze also nicht zugleich Baugebietsgrenze ist (vgl. Rn. 180). Danach kann die 12 m hohe Außenwand einer Werkhalle neben einem Gebäude, in dem nach § 8 Abs. 3 BauNVO ausnahmsweise eine Betriebsleiterwohnung zugelassen wurde, in einem Abstand von nur 6 m errichtet werden (vgl. Abb. 6.5.12). Ein Rücksichtnahmeverstoß wegen einer „erdrückenden Wirkung" scheidet aus; denn im GE-Gebiet gehört es zur „Normalität", auf lange und hohe geschlossene Wände blicken zu müssen (OVG NRW, Beschl. v. 24. 6. 1998 — 7 B 734/98).

d) Nutzungsänderung

163 Nach Abs. 15 können bei Nutzungsänderungen unter Würdigung nachbarlicher Belange geringere Tiefen der Abstandflächen gestattet werden, wenn Gründe des Brandschutzes nicht entgegenstehen.

164 Aufgrund der mit der Novelle 95 geänderten Regelung für GE- und GI-Gebiete in Satz 1 kann die Nutzungsänderung eines Gebäudes, das überwiegend der Produktion oder Lagerung diente, in überwiegende Büronutzung unzulässig sein, wenn die Abstandflächen eine Tiefe von weniger als 0,5 H haben und Abs. 6 nicht anwendbar ist.

165 Aus der Bezugnahme auf Baugebiete der BauNVO folgt, dass bei Änderung des Bebauungsplans hinsichtlich der Art der baulichen Nutzung — auch ohne Nutzungsänderung des Gebäudes selbst — andere Tiefen der Abstandflächen

Abstandflächen BauO NRW § 6

gelten, sofern etwa die Art der Nutzung von WB- zu MK-Gebiet geändert wird oder vom MI- zu GE-Gebiet. Ähnliches kann in den Fällen des § 34 BauGB vorkommen, wenn etwa aus einem als MI-Gebiet zu charakterisierendem Gebiet durch Zulassung verstärkter Büronutzung faktisch ein MK-Gebiet entsteht. Die Zulässigkeitsvoraussetzungen für Neu- oder Ergänzungsbauten können auf diese Weise entscheidend verändert werden, nicht nur zugunsten dessen, der ein entsprechendes Vorhaben verwirklichen will, sondern ggf. auch zu Lasten des Nachbarn.

3. Wirkung der Regelungen des Abs. 5 Satz 1 im Normalfall

a) Lichteinfallswinkel im Normalfall

Mit der Regelung des Abs. 5 Satz 1 soll eine ausreichende Tagesbeleuchtung der Räume sich gegenüberliegender Gebäude sichergestellt werden. Dieses Ziel wird nur erreicht, wenn vor beiden Gebäuden Abstandflächen mit entsprechender Tiefe eingehalten werden. Im Normalfall kann davon ausgegangen werden, dass sich Gebäude gleicher oder annähernd gleicher Höhe gegenüberstehen. Ist das der Fall, so ergibt sich aus Satz 1 für WS-, WR-, WA-, WB-, MD- und MI-Gebiete ein Mindestabstand von 1,6 H, für MK-Gebiete ein Mindestabstand von 1,0 H, für Gebäude, die überwiegend der Produktion oder der Lagerung dienen, in GE- und GI-Gebieten ein Mindestabstand von 0,5 H. 166

Aus den angegebenen Verhältnissen von Gebäudehöhe zu Gebäudeabstand ergibt sich für WS-, WR-, WA-, WB-, MD- und MI-Gebiete bei Annahme flacher oder flachgeneigter Dächer ein Lichteinfallswinkel zur Waagerechten − bezogen auf eine als waagerecht angenommene Geländeoberfläche − von ca. 33° (Abb. 6.5.1), für MK-Gebiete ein Lichteinfallswinkel von ca. 45° (Abb. 6.5.2), in GE- und GI-Gebieten für Gebäude, die überwiegend der Produktion oder der Lagerung dienen, ein Lichteinfallswinkel von ca. 63° (Abb. 6.5.3). 167

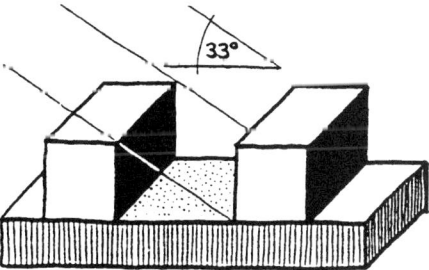

Abb. 6.5.1

In Wohn- und Mischgebieten ergibt sich aus Abs. 5 Satz 1 bei einander gegenüberstehenden gleich hohen Gebäuden in ebenem Gelände ein Lichteinfallswinkel von ca. 33° zur Waagerechten.

§ 6 BauO NRW　　　　　　　　　　　　　　　　　　　　Abstandflächen

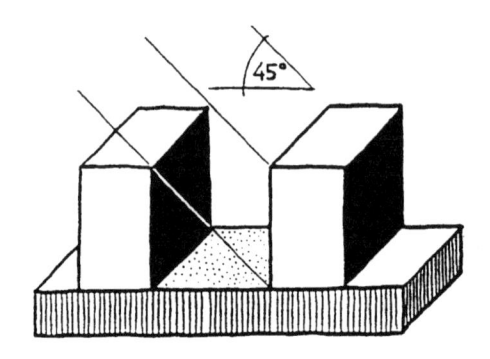

Abb. 6.5.2

In Kerngebieten ergibt sich aus Abs. 5 Satz 1 bei einander gegenüberstehenden gleich hohen Gebäuden in ebenem Gelände ein Lichteinfallswinkel von ca. 45° zur Waagerechten.

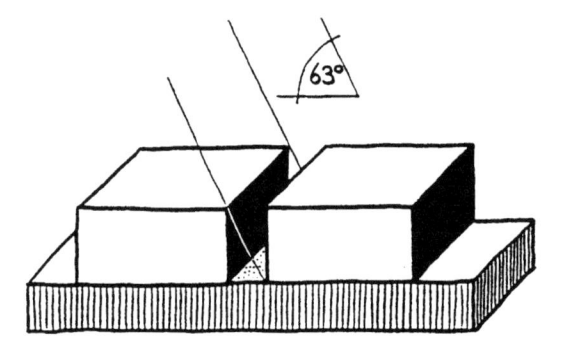

Abb. 6.5.3

In Gewerbe- und Industriegebieten ergibt sich aus Abs. 5 Satz 1 bei einander gegenüberstehenden gleich hohen Gebäuden, sofern sie überwiegend der Produktion oder der Lagerung dienen, in ebenem Gelände ein Lichteinfallswinkel von ca. 63° zur Waagerechten.

b) Bedeutung des Lichteinfallswinkels für die in den Baugebieten zulässigen Nutzungen

168　Da es zum normalen Erscheinungsbild von **WS-, WR-, WA-, WB-, MD- und MI-Gebieten** gehört, dass Wohnungen oder Wohnräume auch im Erdgeschoss vorhanden sind, kann nach der Bemessungsregel des Abs. 5 Satz 1 davon ausgegangen werden, dass für Wohnräume ein Lichteinfallswinkel von ca. 33° als ausreichend angesehen wird. Der Lichteinfallswinkel von 33° darf aber auch nicht wesentlich überschritten werden, wenn eine noch ausreichende Tagesbeleuchtung von Wohnräumen gewährleistet sein soll.

Da **MK-Gebiete** nach § 7 Abs. 1 BauNVO überwiegend der Unterbringung von Handelsbetrieben sowie der zentralen Einrichtungen der Wirtschaft und Verwaltung dienen, kann davon ausgegangen werden, dass für diese Nutzungen ein Lichteinfallswinkel von ca. 45° ausreicht. Soweit Wohnungen nach § 7 Abs. 2 Nr. 6 und 7 BauNVO allgemein zulässig sind, liegen diese normalerweise nicht im Erdgeschoss, sondern in den oberen Geschossen, so dass für diese in aller Regel ein Lichteinfallswinkel von ca. 33° nicht wesentlich überschritten wird. Soweit Wohnungen, die nicht unter § 7 Abs. 2 Nr. 6 und 7 BauNVO fallen, ausnahmsweise zugelassen werden, handelt es sich um Abweichungen vom Normalfall, für die eine ausreichende Tagesbeleuchtung über die Anwendung der Absätze 4 und 5 nicht sichergestellt werden kann. **169**

Werkhallen und Lagerhallen in GE- und GI-Gebieten sind in aller Regel Gebäude mit überdurchschnittlicher Tiefe, die, sofern sie überhaupt mit Tageslicht über senkrecht stehende Fenster in den Außenwänden beleuchtet werden, auf eine Zusatzbeleuchtung über Dachflächenfenster o. Ä. angewiesen sind. Bei den in den Außenwänden befindlichen Fenstern handelt es sich in diesen Gebieten zudem meist um hochgelegene Fensterbänder. Dem auf die Geländeoberfläche bezogenen Lichteinfallswinkel von 63° kommt insofern keine große praktische Bedeutung zu. **170**

4. Wirkung der Regelungen des Abs. 5 Sätze 1 und 2 bei Abweichungen vom Normalfall

a) Gebäude unterschiedlicher Höhe

Stehen sich Gebäude unterschiedlicher Höhe gegenüber, so erhöht sich der Lichteinfallswinkel zur Waagerechten für das niedrigere Gebäude mit entsprechend ungünstiger Wirkung für die Beleuchtung von Aufenthaltsräumen in den unteren Geschossen des niedrigeren Gebäudes. **171**

Beispiel:

Ein Lichteinfallswinkel von 45° wird in den Fällen, in denen die Formel T = 0,8 H anwendbar ist, immer dann erreicht, wenn die maßgebende Außenwand des höheren Gebäudes viermal so hoch ist wie die ihr gegenüberliegende Außenwand des niedrigeren Gebäudes, wenn also beispielsweise — gleiche Geschosshöhen vorausgesetzt — ein 8-geschossiges einem 2-geschossigen Gebäude gegenübersteht. Das ergibt sich aus folgender Berechnung: Ein Lichteinfallswinkel von 45° wird für das niedrigere Gebäude erreicht, wenn der Gebäudeabstand A gleich der Wandhöhe H^1 des höheres Gebäudes ist: A = H^1. Der Gebäudeabstand A setzt sich zusammen aus den Mindesttiefen der

§ 6 BauO NRW Abstandflächen

Abstandflächen der sich gegenüberliegenden Außenwände: $A = T^1 + T^2$; $T^1 = 0{,}8\ H^1$ und $T^2 = 0{,}8\ H^2$. Danach ist $A = 0{,}8\ H^1 + 0{,}8\ H^2$. Ist $H^2 = 0{,}25\ H^1$, so ergibt sich: $A = 0{,}8\ H^1 + 0{,}2\ H^1 = H^1$ (Abb. 6.5.4).

Wird das Verhältnis von 1:4 im Falle sich gegenüberstehender Außenwände ungleichhoher Gebäude überschritten, so ergeben sich entsprechend steilere Lichteinfallswinkel für das niedrigere Gebäude: Steht ein Gebäude mit einer H von 50,00 m (ca. 18 Vollgeschosse) einem Gebäude mit einer H von 3,75 m gegenüber, so ergibt sich ein Lichteinfallswinkel von ca. 50° (Abb. 6.5.5).

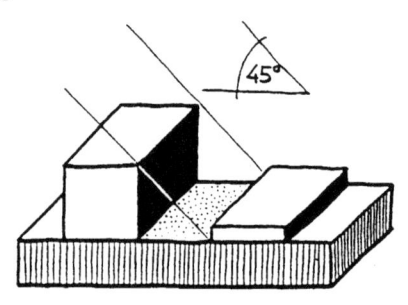

Abb. 6.5.4
Bei ungleich hohen einander gegenüberstehenden Gebäuden ergibt sich in Wohn- und Mischgebieten ein Lichteinfallswinkel von 45° für das niedrigere Gebäude, wenn das ihm gegenüberstehende Gebäude viermal so hoch ist wie das niedrigere.

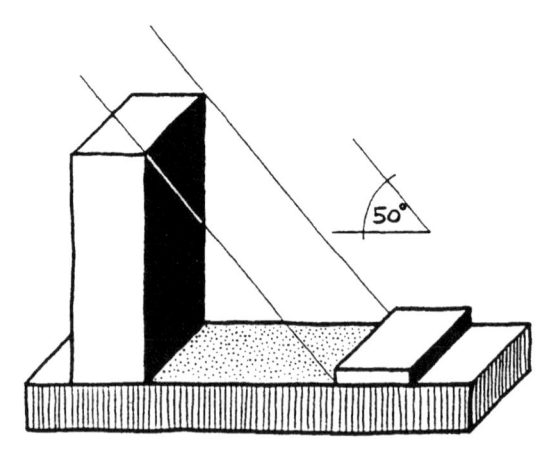

Abb. 6.5.5
Steht ein eingeschossiges Gebäude mit einer H = 3,75 einem 18-geschossigen Gebäude mit einer H = 50,00 m gegenüber, so ergibt sich in Wohn- und Mischgebieten ein Lichteinfallswinkel von 50° zur Waagerechten.

Abstandflächen	BauO NRW § 6

Nach den Vorschriften der Absätze 1 bis 5 können auch bei Überschreitung eines Lichteinfallswinkels von 45° keine größeren Tiefen der Abstandflächen verlangt werden. Geht man davon aus, dass im Normalfall, also bei einem Lichteinfallswinkel von ca. 33°, Aufenthaltsräume von Wohnungen mit einer lichten Höhe von 2,40 m unter Beachtung der Vorschriften des § 48 Abs. 2 Satz 2 auch im Erdgeschoss ausreichend Tageslicht erhalten, so kann unter den gleichen Voraussetzungen (lichte Höhe der Aufenthaltsräume = 2,40 m) bei einem Lichteinfallswinkel von 40°, 45°, 50° keine ausreichende Beleuchtung von Aufenthaltsräumen erreicht werden. Um eine ausreichende Tagesbeleuchtung sicherzustellen, müssen größere, ggf. höhere als normale Fenster vorgesehen werden. Es können auch größere Geschosshöhen notwendig werden. 172

b) Gebäude am Hang

Stehen zwei Gebäude im Hang einander gegenüber, so erhöht sich der Lichteinfallswinkel für das im Hang unten stehende Gebäude. Bei gleichhohen Gebäuden (z. B. H = 10 m) und 40% Hangneigung wird ein Lichteinfallswinkel von 45° erreicht (Abb. 6.5.6). Bei steileren Hängen wird der Lichteinfallswinkel von 45° überschritten. 173

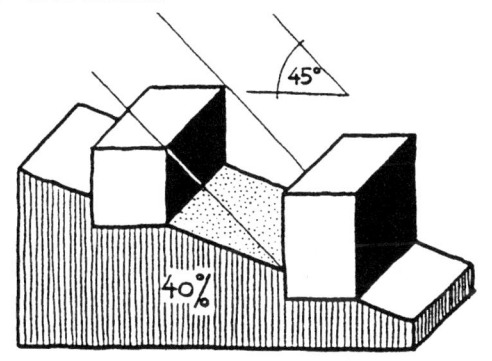

Abb. 6.5.6
Stehen sich in Wohn- und Mischgebieten zwei gleich hohe Gebäude im Hang mit einer Neigung von 40% gegenüber, so wird ein Lichteinfallswinkel von ca. 45° zur Waagerechten erreicht.

c) Punkthausbebauung

Stehen sich Gebäude mit überdurchschnittlich schlanken Proportionen, d. h. Gebäude, deren Außenwände höher als breit sind, gegenüber, so ergeben sich aus der Regelung des Abs. 5 in Verbindung mit dem Überdeckungsverbot des Abs. 3 Gebäudeabstände, die über das für eine ausreichende Tagesbeleuchtung Erforderliche hinausgehen (Abb. 6.5.7). 174

§ 6 BauO NRW   Abstandflächen

Abb. 6.5.7
Die Anwendung des Abs. 5 führt im Falle von Punkthäusern über rechteckigem Grundriss zu Abständen, die über das für eine ausreichende Tagesbeleuchtung Erforderliche hinausgehen.

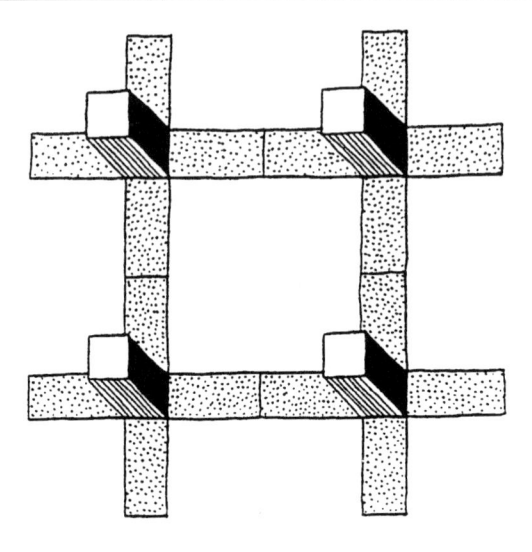

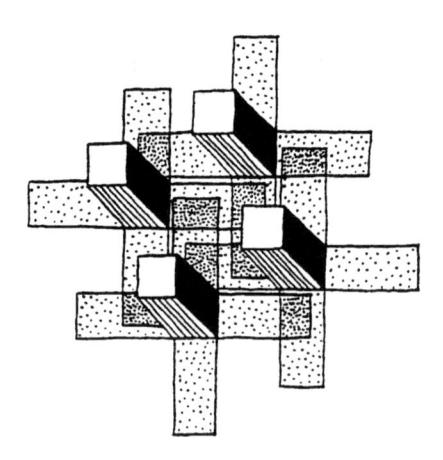

Abb. 6.5.8
Bei Punkthäusern gleicher Höhe und Grundrissform wie in Abb. 6.5.7 dargestellt kommt es bei erheblich verringertem Abstand (bezogen auf den Gebäudemittelpunkt), aber versetzter Anordnung nicht zu unzulässigen Überdeckungen der Abstandflächen.

| Abstandflächen | BauO NRW § 6 |

175 Bei gleich oder ähnlich dimensionierten Punkthochhäusern kann die beschriebene Wirkung der Absätze 1 bis 5 durch einen „Trick" überwunden werden, indem man die Punkthochhäuser versetzt anordnet (Abb. 6.5.8), dann nämlich können sie aufgrund der Regelung des Abs. 3 2. Halbsatz Nr. 1 relativ dicht zusammengeschoben werden, und zwar unabhängig von der Höhe der Punkthäuser. Die versetzte Anordnung kommt vor allem dem Ausblick zugute, weniger jedoch der Tagesbeleuchtung.

Eine nur geringfügige Verschiebung oder eine Drehung der Gebäude um ihre eigene Achse ohne Veränderung der Gebäudeabstände würde sich kaum auf die Beleuchtungsqualität der Räume in den unteren Geschossen auswirken. Sie würde aber zur Unzulässigkeit der Gebäudeanordnung nach den Absätzen 3 bis 5 führen; denn die vor geraden Außenwänden rechteckigen Abstandflächen mit der sich aus Abs. 5 zu errechnenden Tiefe würden sich teilweise überdecken (Verstoß gegen Abs. 3). Gegebenenfalls würde sich darüber hinaus ein Verstoß gegen Abs. 1 ergeben, wenn und soweit die Hochhäuser in den Abstandflächen der benachbarten Hochhäuser stehen (Abb. 6.5.9).

Abb. 6.5.9
Eine geringfügige Änderung in der Stellung der Punkthäuser kann bei gleicher Gebäudehöhe und gleichem Abstand (bezogen auf den Gebäudemittelpunkt) wie in Abb. 6.5.8 dargestellt zur Unzulässigkeit nach den Absätzen 3 bis 5 führen.

176 Der Verstoß gegen die Vorschriften der Absätze 1, 3, 4 und 5 würde bei Änderung der Grundrissform — z. B. kreisrunder Grundriss — bei gleicher Grundfläche, ohne Änderung der Gebäudeabstände und der Gebäudehöhe (Abb. 6.5.10) noch deutlicher, ohne dass eine solche Änderung für die Tagesbeleuchtung der Räume in den unteren Geschossen von entscheidender Bedeutung wäre. D. h., die Anwendung der Absätze 1 bis 5 auf eine Punkthochhaus-Bebauung würde zu Anforderungen an die Grundrissgestaltung bzw. an die Ausrichtung der Gebäude führen, die in den bauordnungsrechtlichen Zielen keine Begründung finden.

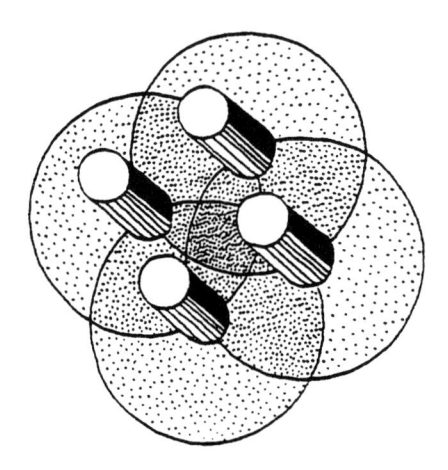

Abb. 6.5.10
Punkthäuser gleicher Höhe und im gleichen Abstand (bezogen auf den Gebäudemittelpunkt) wie in Abb. 6.5.8 dargestellt, jedoch mit kreisrundem Grundriss, sind nach den Vorschriften der Absätze 3 bis 5 unzulässig.

177 Die gewünschte Anordnung von Hochhäusern kann mit zwingenden Festsetzungen eines Bebauungsplans über die überbaubaren Grundstücksflächen und die Höhe der Gebäude vorgeschrieben werden. Um aus den zwingend festgesetzten überbaubaren Grundstücksflächen keine zu engen Bindungen für die Grundrissgestaltung werden zu lassen, sollte dabei im Bebauungsplan ein Zurücktreten hinter die Baulinie im erforderlichen Maße als Ausnahme vorgesehen werden (§ 23 Abs. 2 Satz 3 BauNVO).

d) Innenhofumbauung

178 Sind Gebäude oder Gebäudeteile so angeordnet, dass sie einen Innenhof allseitig umschließen, so ergeben sich aus den Regelungen des Abs. 5 in Verbindung mit dem Überdeckungsverbot des Abs. 3 Abmessungen für den Innenhof, die den Anforderungen an eine ausreichende Tagesbeleuchtung nicht entsprechen. Die Regelung des Abs. 3 Halbsatz 2, Nr. 1, wonach das Überdeckungsverbot für Außenwände von Gebäuden nicht gilt, sofern diese in einem Winkel von mehr als 75° zueinander stehen, berücksichtigt nicht die verschattende Wirkung rechtwinklig oder annähernd rechtwinklig anschließender Gebäudeteile (Rn. 112).

| Abstandflächen | BauO NRW § 6 |

Nach Abs. 5 ist beispielsweise die Umbauung eines quadratischen Innenhofs mit Wandlängen von 20,00 m bei einer H von 12,50 m (4 Vollgeschosse) zulässig (Abb. 6.5.11). Die Anforderungen des § 48 Abs. 2 Satz 1, wonach Aufenthaltsräume unmittelbar ins Freie führende Fenster von solcher Zahl und Beschaffenheit haben müssen, dass die Räume ausreichend Tageslicht erhalten, kann in dem angenommenen Fall bei einer lichten Raumhöhe von 2,40 m (§ 48 Abs. 1 Satz 1) nicht erfüllt werden. Die lichte Raumhöhe müsste in den unteren Geschossen um mehr als 1,00 m erhöht werden, um den Einbau von Fenstern zu ermöglichen, die die für eine ausreichende Tagesbeleuchtung notwendige Höhe haben. Das ergibt sich aus den lichttechnischen Untersuchungen (Rn. 8).

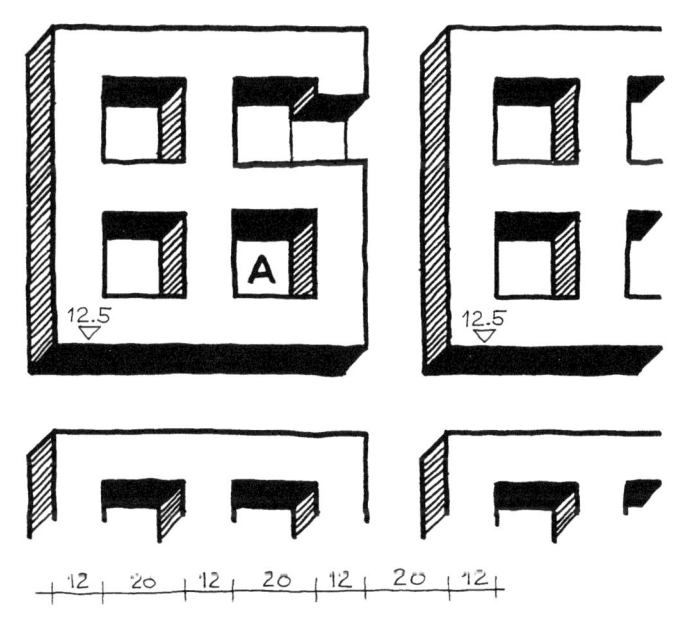

179

Abb. 6.5.11

Ausschnitt aus einem im Zusammenhang bebauten Ortsteil. Art der Nutzung: Allgemeines Wohngebiet. Maß der Nutzung: 4 Vollgeschosse (Geschossflächendichte bezogen auf das Nettobauland ca. 3,0). Wandhöhe H: 12,50 m. Straßenbreiten und Innenhofmaße: 2 x 0,8 H = 20,00 m. Die Bebauung steht im Einklang mit den Vorschriften der Absätze 1 bis 5. Die Schließung der Baulücke in Baublock A wäre bauordnungsrechtlich zulässig. Ein entsprechendes Vorhaben würde sich auch innerhalb des aus seiner Umgebung hervorgehenden Rahmens halten. Bei der Frage, ob sich das Vorhaben „harmonisch" in seine Umgebung einfügt, ist aber auch zu prüfen, ob es nicht zu einer unzumutbaren Verschlechterung in der Beleuchtung der vorhandenen Wohnnutzung namentlich in den unteren Geschossen zum Innenhof führen würde.

§ 6 BauO NRW Abstandflächen

Ob überhaupt die Ausrichtung von Aufenthaltsräumen in den unteren Geschossen zu einem Innenhof mit den angegebenen Abmessungen, unter Beachtung der Anforderungen des § 48 Abs. 2 Satz 1 möglich ist, kann nur durch lichttechnische Vergleichsmessungen festgestellt werden.

e) Nutzungsgrenzen

180 Unter Rn. 18 wurde davon ausgegangen, es gehöre auch zu den Merkmalen des Normalfalls, dass der bauliche Zusammenhang durch Gebäude gleicher oder ähnlicher Größe und Funktion bestimmt wird. Danach muss eine Situation, die durch **eindeutige Nutzungsgrenzen** charakterisiert ist, als Abweichung vom Normalfall angesehen werden.

Nach § 6 Abs. 5 BauO 84 war eine Werkhalle mit einer Wandhöhe von 12,00 m in einem Abstand von nur 3,00 m zur Grundstücksgrenze auch dann zulässig, wenn die Grundstücksgrenze zugleich Nutzungsgrenze zu einem benachbarten MI-Gebiet war (Abb. 6.5.12, 6.5.13). Nach Einfügung des Abs. 5 Satz 3 BauO 95 (= Abs. 5 Satz 4 BauO 2000) ist dies ausgeschlossen: Vor der Außenwand der Werkhalle muss eine Abstandfläche mit einer Mindesttiefe von 0,8 H, also 9,60 m von oberirdischen Gebäuden freigehalten werden. Die Abstandfläche muss nach Abs. 2 auf dem Grundstück selbst liegen.

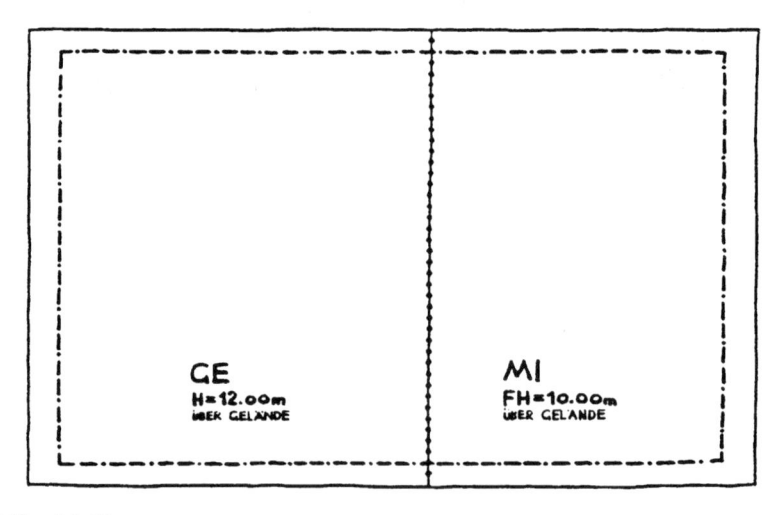

Abb. 6.5.12
Bebauungsplan mit Festsetzung einer Nutzungsgrenze zwischen GE- und MI-Gebiet sowie zusammenfassender Festsetzung über die überbaubaren Grundstücksflächen.

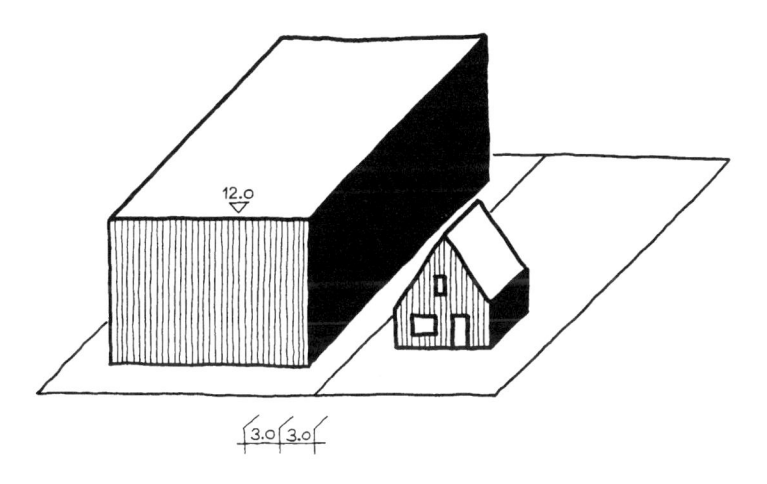

Abb. 6.5.13
Bauplanungsrechtlich nach den Festsetzungen des Bebauungsplans (Abb. 6.5.11) zulässige Bebauung. Die Bebauung ist jedoch nach § 6 Abs. 5 Satz 4 bauordnungsrechtlich unzulässig.

Im unbeplanten Innenbereich sind Nutzungsgrenzen im Allgemeinen nicht eindeutig zu ermitteln. Weist die nähere Umgebung eines Vorhabens die Merkmale mehrerer Baugebiete nach der BauNVO auf, wird sie beispielsweise durch Wohngebäude und Gewerbebetriebe unterschiedlicher Art und mit unterschiedlichem Störgrad bestimmt, so liegt eine nach der BauNVO nicht zu typisierende Gemengelage vor. Ist aber ein Baugebiet nicht eindeutig einem MK-, GE- oder GI-Gebiet der BauNVO zuzuordnen, so ist grundsätzlich eine Abstandfläche von 0,8 H gemäß Satz 1 erste Alternative einzuhalten. Von diesem Grundsatz kann nur abgewichen werden, wenn an ein industriell oder gewerblich genutztes Grundstück ein ebenso genutztes Grundstück angrenzt (OVG Lüneburg, Beschl. v. 23. 10. 1987 – 1 B 72/87 –, BRS 47 Nr. 98). Es gilt insoweit der Grundsatz, dass in aller Regel die größere Nähe mit einer stärker prägenden Wirkung Hand in Hand geht (BVerwG, Urt. v. 26. 5. 1978 – 4 C 9.77 –, BRS 33 Nr. 36). Da die Baugebiete im unbeplanten Innenbereich weder ihrer Größe nach bestimmt noch sonstwie abgegrenzt sind, kann auch davon ausgegangen werden, dass zwei industriell oder gewerblich genutzte Grundstücke, die unmittelbar nebeneinander liegen, zusammen ein GI- oder GE-Gebiet innerhalb einer Gemengelage bilden. Insofern kann von dem für diese Gebiete vorgesehenen geringeren Maß ausgegangen werden.

§ 6 BauO NRW　　　　　　　　　　　　　　　　　　　　　Abstandflächen

182　Wird ein Bebauungsplan für ein durch eine vorhandene Mischbebauung charakterisiertes Gebiet aufgestellt, so muss der Plangeber eine zuvor unklare „Grenzbereichs"-Situation durch Festsetzung von Baugebietsgrenzen unter Verwendung des Planzeichens 15.14 der Anlage zur Planzeichenverordnung klären. Nach einer solchen Klärung kann nicht mehr zweifelhaft sein, welche Gebäude in dem einen oder in einem anderen Baugebiet stehen und welchem Gebietstyp künftige Vorhaben zur Errichtung, Änderung oder Nutzungsänderung von Gebäuden zuzuordnen sind. Bei der Aufstellung des Bebauungsplans muss auf die vorhandene Bebauung Rücksicht genommen werden. Ein zu nahes Aneinanderrücken künftig zuzulassender Gebäude unterschiedlicher Nutzung kann und muss gegebenenfalls zusätzlich durch Festsetzungen über die überbaubaren und nicht überbaubaren Grundstücksflächen mittels Baulinien und Baugrenzen verhindert werden.

f) Überlagerungsfälle

183　Durch ein Zusammentreffen mehrerer der genannten Abweichungen vom Normalfall können sich die Wirkungen entweder verstärken oder ganz oder teilweise aufheben. Eine Verstärkung im negativen Sinne ergibt sich, wenn ein niedrigeres Gebäude im Hang unterhalb eines höheren steht. Steht beispielsweise bei einer Hangneigung von 40 % ein Gebäude mit einer H = 15,00 m im Hang über einem Gebäude mit einer H = 3,75 m, so ergibt sich für das untenstehende niedrigere Gebäude ein Lichteinfallswinkel von ca. 55° zur Waagerechten (Abb. 6.5.14). Steht umgekehrt ein Gebäude mit einer Außenwand

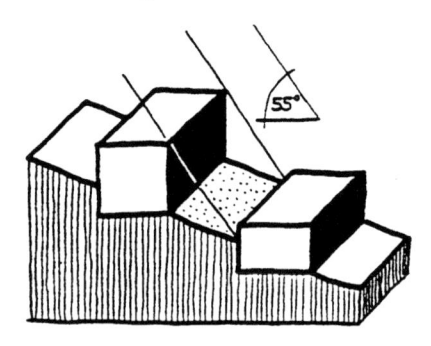

Abb. 6.5.14

Steht ein niedriges Gebäude im Wohn- oder Mischgebiet im Hang mit einer Neigung von 40 % unterhalb einem höheren Gebäude gegenüber, so ergibt sich aus Abs. 5 Satz 1 für das niedrige Gebäude ein Lichteinfallswinkel von ca. 55°, wenn die H der dem niedrigen Gebäude gegenüberliegenden Außenwand des höheren Gebäudes das Vierfache der H der dem höheren Gebäude gegenüberliegenden Außenwand des niedrigeren Gebäudes beträgt.

| Abstandflächen | BauO NRW § 6 |

von H = 3,75 m im Hang mit einer Neigung von 40° über einem Gebäude mit einer Außenwand von H = 15,00 m, so ergibt sich für beide Gebäude ein Lichteinfallswinkel von ca. 33°, also ein Lichteinfallswinkel, der dem Normalfall entspricht (Abb. 6.5.15).

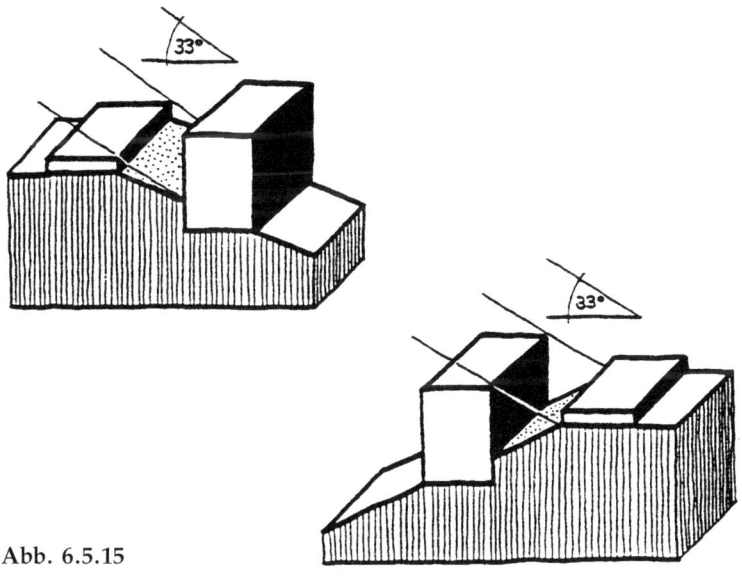

Abb. 6.5.15
Steht ein niedriges Gebäude im Wohn- oder Mischgebiet im Hang mit einer Neigung von 40% oberhalb einem höheren Gebäude gegenüber, so ergibt sich aus Abs. 5 Satz 1 für beide einander gegenüberliegende Außenwände ein Lichteinfallswinkel von ca. 33°.

Die ungünstige Wirkung von hohen Gebäuden auf niedrigere kann auch ganz oder teilweise aufgehoben werden, wenn es sich bei den höheren Gebäuden um schlanke Punkthochhäuser handelt; dann wäre die Beleuchtung nicht allein abhängig vom Lichteinfallswinkel zur Waagerechten. Seitlich einfallendes Licht würde den ungünstigen Lichteinfallswinkel teilweise kompensieren (Abb. 6.5.16).

5. Wandhöhen und Straßenbreiten

Abs. 5 Satz 2 ist mit der Novelle 2000 neu eingeführt worden. Danach beträgt die Tiefe der Abstandfläche in WS-, WR-, WA-, WB-, MD- und MI-Gebieten zu öffentlichen Verkehrsflächen 0,4 H, in MK-, GE- und GI-Gebieten 0,25 H. Die Reduzierung der Tiefe der Abstandflächen zu öffentlichen Verkehrs-

§ 6 BauO NRW　　　　　　　　　　　　　　　　　　　　Abstandflächen

flächen nach Abs. 5 Satz 2 entspricht der Reduzierung auf die Hälfte der nach Abs. 5 Satz 1 erforderlichen Tiefe der Abstandflächen, die nach Abs. 6 vor zwei Außenwänden eines Gebäudes auf eine Länge von nicht mehr als 16 m genügt. Abs. 5 Satz 2 ist jedoch unabhängig von der Länge der Außenwand anwendbar. Die Anwendbarkeit des Abs. 6 wird durch Abs. 5 Satz 2 nicht eingeschränkt, d. h. wenn nach Abs. 5 Satz 2 in einem Wohngebiet vor der straßenseitigen Außenwand eines Gebäudes die Tiefe der Abstandfläche bis zur Straßenmitte nur 0,4 H beträgt sind darüber hinaus zu den seitlichen Grundstücksgrenzen bzw. zur rückwärtigen Grundstücksgrenze vor zwei Außenwänden des Gebäudes Abstandflächen mit einer Tiefe von 0,4 H zulässig.

185　Nach Abs. 15 BauO 95 (= Abs. 16 BauO 2000) konnten in überwiegend bebauten Gebieten unter den dort genannten Voraussetzungen geringere Tiefen der Abstandflächen gestattet oder verlangt werden. Nach der Begründung zum Regierungsentwurf (Landtagsdrucksache 12/3738) sollte mit dem neuen Abs. 5 Satz 2 ein grundsätzliches Heranrücken der Bebauung an öffentliche Verkehrsflächen ermöglicht werden, d. h. nicht nur im Rahmen einer Ausnahmegenehmigung und auch dann, wenn die Voraussetzungen des Abs. 16 nicht vorliegen. Der Regierungsentwurf enthielt über die Regelung des Abs. 5 Satz 2 hinaus in Abs. 6 einen neuen Satz 3, wonch das Schmalseitenprivileg für die der öffentlichen Verkehrsfläche zugewandte Außenwand eines Gebäudes ohne Begrenzung der Länge dieser Wand gelten sollte, wenn das Gebäude

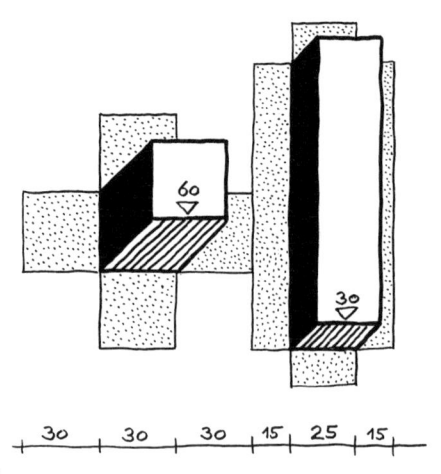

Abb. 6.5.16
Das Schmalseitenprivileg ist für ein Hochhaus mit einer Wandlänge von 30 m nicht anwendbar. Die Tiefe der Abstandfläche beträgt im Kerngebiet 0,5 H (§ 6 Abs. 5 Satz 1 BauO NRW).

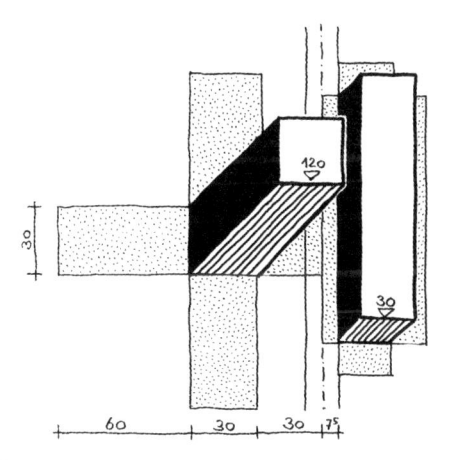

Abb. 6.5.17
Ein Hochhaus muss im Kerngebiet zu öffentlichen Verkehrsflächen eine Abstandfläche mit einer Tiefe von nur 0,25 H einhalten (§ 6 Abs. 5 Satz 2 BauO NRW).

in der geschlossenen Bauweise an andere Gebäude oder an Nachbargrenzen angebaut wird. Damit sollte eine verdichtete Bebauung im innerstädtischen Bereich ermöglicht werden. Abs. 6 Satz 3 des Regierungsentwurfs ist jedoch nicht in das Gesetz übernommen worden.

Abs. 5 Satz 2 ist nicht auf eine Anwendung in der geschlossenen Bauweise und auch nicht wie Abs. 16 auf eine Bebauung in überwiegend bebauten Gebieten beschränkt. Für die Fälle, in denen bislang Abs. 5 Satz 1 anwendbar war, ergibt sich eine deutliche Verschlechterung in der Beleuchtung von Wohnräumen. Für eine Bebauung mit Hochhäusern, deren Außenwände höher als breit sind, ergeben sich jedoch keine unvertretbaren Einschränkungen (Abb. 6.5.17). **186**

Nach Abs. 2 Satz 2 dürfen sich die Abstandflächen auf öffentliche Verkehrsflächen, öffentliche Grünflächen und öffentliche Wasserflächen erstrecken, jedoch nur bis zu deren Mitte. Daraus ergeben sich wechselseitige Bindungen zwischen Straßenbreite und Gebäudehöhe. Ist die Straßenbreite — als bereits gebaute Straße oder aufgrund von Festsetzungen eines Bebauungsplans oder anderer (straßenrechtlicher) Pläne — vorgegeben, so bestimmt diese, sofern die Begrenzung der überbaubaren Grundstücksfläche mit der Straßenbegrenzungslinie zusammenfällt, aufgrund der Regelungen der Absätze 4 und 5 die maximale Höhe der Straßenrandbebauung. **187**

§ 6 BauO NRW   Abstandflächen

Ist die Straßenrandbebauung zu beiden Seiten der Straße gleich hoch, so darf die Wandhöhe der Gebäude in der Straßenrandbebauung in Wohn- und Mischgebieten das 1,25fache (in MK-Gebieten das zweifache) der Straßenbreite nicht übersteigen (Rn. 103 Abs. 6.2.2 und 6.2.3).

Bei Dächern mit Dachgaupen, deren Breite mehr als die Hälfte der darunter liegenden Wandlänge beträgt, oder bei **Steildächern** zwischen 45° und 70° ist die Dachhöhe zur Ermittlung der zulässigen Traufhöhe mit einem Drittel von der sich aus der Straßenbreite ergebenden Wandhöhe H abzuziehen.

188   Im Bebauungsplan können nach Abs. 17 andere Straßenproportionen mit zwingenden Festsetzungen, auch engere (hohe Randbebauung bei schmalen Straßen), vorgeschrieben werden. Nach Abs. 16 kann eine höhere Straßenrandbebauung in überwiegend bebauten Gebieten zugelassen werden, wenn die Gestaltung des Straßenbildes dies rechtfertigt (Rn. 346).

6. Von der H unabhängige Mindesttiefe der Abstandfläche (Abs. 5 Satz 5)

a) Prinzip der 3-m-Regelung

189   Mit Abs. 5 Satz 5 wird das Prinzip, wonach sich die Tiefe der Abstandfläche nach der Wandhöhe bemisst, insoweit durchbrochen, als hier ein Maß von 3,00 m genannt wird, das „in allen Fällen" als Mindesttiefe der Abstandfläche zu beachten ist. Die Formulierung „in allen Fällen" bezieht sich lediglich auf die Regelungen des Abs. 5 selbst sowie auf diejenigen Regelungen, in denen auf Abs. 5 Bezug genommen wird (z. B. Abs. 4 Satz 1 und Abs. 10). Die Formulierung besagt, dass der Mindestabstand von 3,00 m **in allen Baugebieten** einzuhalten ist. Sie besagt weiterhin, dass diese Regelung Vorrang hat vor der Regelung des Abs. 4 Satz 1, wonach sich die Tiefe der Abstandfläche nach Maßgabe des Abs. 4 Sätze 2 bis 5 und Abs. 5 aus der Wandhöhe errechnet. Satz 3 schränkt also den Grundsatz des Abs. 4 Satz 1 ein.

190   Der Bebauungsplan ist an die Regelung des Satzes 5 ebenso wenig gebunden wie an die der Sätze 1 bis 4. Er setzt sich aufgrund des Abs. 17 mit zwingenden Festsetzungen auch gegenüber der Regelung des Abs. 5 Satz 5 durch (vgl. Rn. 378). Auch steht Abs. 5 Satz 5 der Anwendung des Abs. 16 nicht entgegen (Rn. 336 ff.). Darauf wird mit Satz 6 ausdrücklich hingewiesen.

191   Die Regelung des Satzes 5, über die „in allen Fällen" einzuhaltende Mindesttiefe der Abstandfläche, wird auch durch die Regelungen der Absätze 9, 11 und 12 relativiert. Nach Abs. 9 Satz 1 Nr. 1 genügt in den dort genannten

| Abstandflächen | BauO NRW § 6 |

Fällen eine Tiefe der Abstandfläche von 1,50 m (Rn. 246 ff.). Die nach den Absätzen 11 und 12 in den Abstandflächen zulässigen Gebäude und Anlagen sind auch in den Abstandflächen mit der Mindesttiefe nach Satz 5 zulässig (Rn. 276 ff.; 310 ff.).

Die Regelung des Abs. 5 Satz 5 kommt nur zum Tragen, wenn sich aus Abs. 4 in Verbindung mit Abs. 5 ein geringerer Abstand als 3,00 m ergeben würde. Das ist der Fall in WS-, WR-, WA-, WB-, MD-, MI- und in entsprechenden SO-Gebieten bei einer H von weniger als 3,75 m, in MK-, GE- und GI-Gebieten bei einer H von weniger als 6,00 m und in GE- und GI-Gebieten vor Außenwänden von Gebäuden, die überwiegend der Produktion oder der Lagerung dienen, bei einer H von weniger als 12,00 m. **192**

b) Wirkung der 3-m-Regelung

Die Regelung entspricht der Bauwichregelung des § 7 Abs. 3 BauO 70. Sie ersetzt zugleich die Regelung des § 8 Abs. 1 BauO 70 über den einzuhaltenden Mindestabstand zwischen Gebäuden und Gebäudeteilen, die nach dem RdErl. d. Innenministers v. 30. 5. 1975 dem Brandschutz diente. **193**

Aus der Addition der Mindesttiefen der Abstandflächen zweier einander gegenüberstehender Gebäude oder Gebäudeteile ergibt sich nach neuem Recht ein Mindestabstand von 6,00 m (vgl. OVG NRW, Beschl. v. 20. 1. 2000 — 7 B 2103/99 —, BauR 2000 S. 866). **194**

Die 3-m-Regelung hat mittelbar auch Einfluss auf die Dimensionierung des Straßenquerschnitts. Bei beidseitiger Straßenrandbebauung darf die Straßenbreite (einschl. Vorgärten) nicht weniger als 6,00 m betragen.

7. „Schmalseitenprivileg" (Abs. 6)

a) Zum Begriff Schmalseitenprivileg

Die Regelung des Abs. 6 ist als „Schmalseitenprivileg" definiert — Privileg deshalb, weil die Regelung im Hinblick auf die Bemessung der Abstandfläche als „Vergünstigung" für den Bauherrn insofern angesehen wird, als vor Außenwänden, die eine Länge von 16,00 m nicht überschreiten, lediglich die halbe der nach Abs. 5 Satz 1 erforderlichen Tiefe der Abstandfläche genügt. Was mit Blick auf die Interessenlage des Bauherrn als Privileg gewertet werden kann, kann vom Angrenzer jedoch als Benachteiligung angesehen werden. Der ursprüngliche Bezug zur Nachbargrenze in § 4 Abstandflächenver- **195** ordnung 1970 war allerdings schon mit der Fassung des Abs. 6 in § 6 BauO 84 aufgegeben worden. Vom Schmalseitenprivileg kann demnach auch in Bezug auf ein anderes Gebäude auf demselben Grundstück Gebrauch gemacht werden, so dass die Benachteiligung eines Angrenzers in diesen Fällen nicht in Rede steht. Gleichwohl steht das Verhältnis Bauherr—Angrenzer aufgrund der nachbarschützenden Bedeutung der Vorschrift (Rn. 22 ff.) im Mittelpunkt des Interesses.

196 Häufig wurde und wird die Regelung mit dem gesetzgeberischen Ziel des „flächensparenden Bauens" begründet (W. Rinke, Schmalseitenprivileg bei versetzten Außenwänden, in: BauR 1994 S. 201). Mit dieser Formel ließe sich eher eine generelle Reduzierung der Abstände begründen, wie sie mit der Neufassung der Hessischen Bauordnung erfolgt ist (Hessische Bauordnung vom 20. 12. 1993, GVBl. I 1993, S. 655, vgl. auch Begründung zum Entwurf für die Neufassung der Hessischen Bauordnung — DRS 13/4813 vom 15. 9. 1993).

Warum dem flächensparenden Bauen mit einer so komplizierten Regelung, wie der des Schmalseitenprivilegs, entsprochen wird, leuchtet nicht ein. Tatsächlich fand und findet die Regelung nach wie vor ihre Rechtfertigung darin, dass mit ihr die positive Wirkung des seitlich einfallenden Tageslichts berücksichtigt wird (Hess. VGH, Urt. v. 20. 2. 1980 — IV OE 49/77 —, BRS 36 Nr. 124, vgl. Rn. 12 ff.), so dass der ersatzlose Verzicht auf das Schmalseitenprivileg unter dem Gesichtspunkt der ausreichenden Versorgung der Gebäude mit Tageslicht als Übermaßregelung angesehen werden müsste; d. h. ohne eine dem Schmalseitenprivileg entsprechende Regelung würden größere Abstände gefordert, als zur Sicherung einer ausreichenden Tagesbeleuchtung für kleinere Gebäude erforderlich ist.

197 Allerdings lässt sich mit dem Hinweis auf die Wirkung des seitlich einfallenden Tageslichts nicht die Beschränkung der Vergünstigung auf zwei Seiten erklären. Dafür gibt es lediglich eine historische Begründung, insofern als das Schmalseitenprivileg aus der früheren Bauwichregelung mit ihrem Bezug zu den (seitlichen) Nachbargrenzen abgeleitet worden ist.

198 Die Inanspruchnahme des Schmalseitenprivilegs für die in der offenen Bauweise den seitlichen Grundstücksgrenzen zugewandten Außenwände der Gebäude ist der Hauptanwendungsfall für diese Regelung. Die Anwendbarkeit des Schmalseitenprivilegs ist jedoch nicht auf diesen Hauptanwendungsfall beschränkt. Das Schmalseitenprivileg kann unabhängig von

| Abstandflächen | BauO NRW § 6 |

planungsrechtlichen Vorgaben über die Bauweise auch zur rückwärtigen Grundstücksgrenze in Anspruch genommen werden. Eine Inanspruchnahme des Schmalseitenprivilegs zur vorderen (straßenseitigen) Grundstücksgrenze kommt jedoch nicht in Betracht, da nach Abs. 5 Satz 2 zu öffentlichen Verkehrsflächen ohnehin die verminderten Tiefen der Abstandflächen gelten. Abs. 6 Satz 1 bezieht sich nur auf die nach Abs. 5 Satz 1 erforderlichen Abstandflächen. Die nach Abs. 5 Satz 2 reduzierte Tiefe der Abstandfläche kann also nicht unter Inanspruchnahme des Schmalseitenprivilegs nochmals halbiert werden. Zum anderen wird die Möglichkeit, das Schmalseitenprivileg vor zwei Außenwänden eines Gebäudes in Anspruch zu nehmen, durch Abs. 5 Satz 2 nicht eingeschränkt (Abb. 6.6.1).

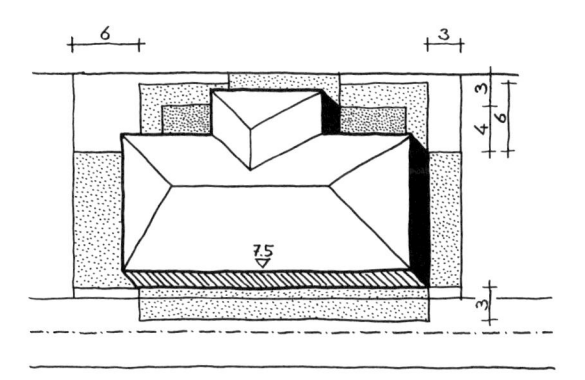

Abb. 6.6.1
Inanspruchnahme des Schmalseitenprivilegs zur seitlichen und zur rückwärtigen Grundstücksgrenze.

Der Bauherr ist grundsätzlich frei in der Bestimmung der Außenwand, vor der er das Schmalseitenprivileg in Anspruch nehmen will. Aus der Beschränkung auf zwei Außenwände eines Gebäudes ergibt sich jedoch, dass das Schmalseitenprivileg entweder nur gegenüber den beiden seitlichen Grundstücksgrenzen in Anspruch genommen werden kann oder gegenüber einer seitlichen Grundstücksgrenze und gegenüber der rückwärtigen Grundstücksgrenze. Weitere Einschränkungen ergeben sich aus den Sätzen 2 bis 4. Das Schmalseitenprivileg kann auch gegenüber anderen Gebäuden auf demselben Grundstück in Anspruch genommen werden (Abb. 6.6.3). Für einander gegenüberliegende Wände desselben Gebäudes gilt jedoch die Ausnahmeregelung des Abs. 13. Das Schmalseitenprivileg ist in diesen Fällen nicht anwendbar (vgl. Rn. 326 ff.).

199

§ 6 BauO NRW — Abstandflächen

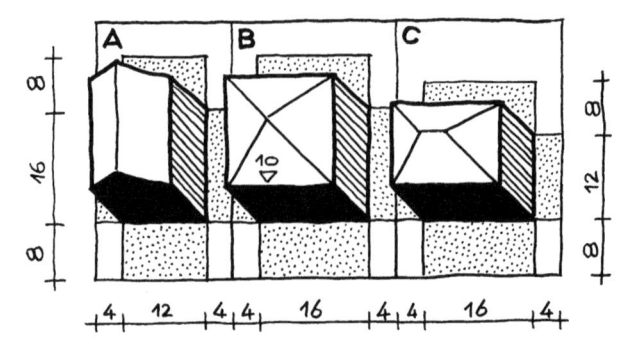

Abb. 6.6.2

Der Normalfall: Gebäude in offener Bauweise über quadratischem oder rechteckigem Grundriss; Aufreihung der jeweils auf einem eigenen Grundstück (A−B−C) errichteten Gebäude mit der Gebäudefront parallel zur Straßenflucht. Die Gebäude nehmen das Schmalseitenprivileg vor zwei Außenwänden auf entgegengesetzten Gebäudeseiten in Anspruch, und zwar jeweils zu den seitlichen Nachbargrenzen, auch wenn die schmale Seite des Gebäudes zur Straßenseite orientiert ist (Grundstück A).

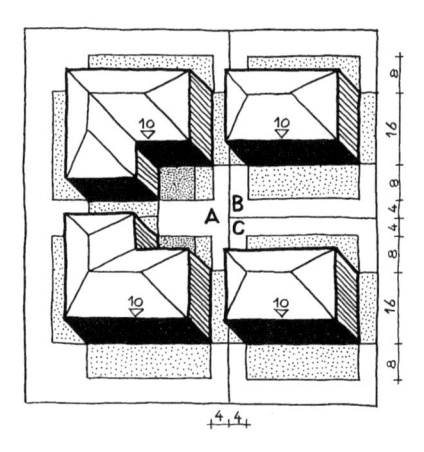

Abb. 6.6.3

Zwei Gebäude über rechteckigem Grundriss stehen jeweils zwei Winkelbauten über L-förmigen Grundriss gegenüber. Die Gebäude über rechteckigem Grundriss haben je 4 Außenwände, und zwar zu jeder Gebäudeseite eine Außenwand. Die beiden Gebäude nehmen das Schmalseitenprivileg jeweils vor zwei Außenwänden auf entgegengesetzten Gebäudeseiten in Anspruch. Die Winkelbauten haben je 6 Außenwände, und zwar zu zwei Gebäudeseiten je eine Außenwand und zu den anderen Seiten je zwei Außenwände. Die beiden Winkelbauten nehmen das Schmalseitenprivileg jeweils vor zwei Außenwänden zu unterschiedlichen Gebäudeseiten in Anspruch.

200 Die Bezeichnung „Schmalseitenprivileg" deutet darauf hin, dass der Gesetzgeber von einem Baukörper mit zwei über 16 m langen Seiten und zwei Seiten mit einer Länge von nicht mehr als 16 m ausgegangen ist. Die Regelung des Abs. 6 nimmt jedoch nicht auf Gebäudeseiten Bezug, sondern auf die Außenwände des Gebäudes.

Ein Gebäude über rechteckigem Grundriss hat auf jeder Seite nur eine Außenwand. Für diesen Fall, der als der Normalfall angesehen werden kann (BayVGH, Beschl. v. 21. 4. 1986 — Nr. Gr. S. 1/85 — 15 B 85 A. 2534 —, BRS 46 Nr. 103), schließt jede der vier Außenwände das Gebäude zu einer Seite hin ab (Abb. 6.6.2). Ein gegliederter Baukörper kann aber einem anderen Gebäude oder einer Grundstücksgrenze mit mehr als nur einer Außenwand gegenüberstehen. Ein einfacher Winkelbau, also ein Gebäude über L-förmigem Grundriss, hat sechs Außenwände unterschiedlicher Länge, und zwar zu zwei Gebäudeseiten je eine Außenwand und zu den anderen beiden Gebäudeseiten jeweils zwei Außenwände (Abb. 6.6.3). Ein Gebäude mit einem Haupttrakt und zwei Seitenflügeln, die einen offenen Hof U-förmig umschließen, hat acht Außenwände unterschiedlicher Länge, nämlich zu drei Seiten jeweils eine Außenwand und zur dritten Seite drei Außenwände sowie zwei Außenwände desselben Gebäudes, die einander gegenüberliegen (Abb. 6.6.4–6.6.6). Auch durch Vorbauten, Anbauten und durch Terrassierung eines Gebäudes kann sich ergeben, dass mehr als nur eine Außenwand des Gebäudes zu einer Gebäudeseite hin ausgerichtet sind (Abb. 6.6.8–6.6.10 — OVG NRW, Urt. v. 21. 8. 1995 — 10 A 2749/91 — BRS 57 Nr. 145).

201 Mit Satz 4, wonach das Schmalseitenprivileg gegenüber einem Gebäude oder einer Grundstücksgrenze nur einmal angewendet werden kann, wird Satz 1 eingeschränkt. Wäre das Schmalseitenprivileg ohne Einschränkungen vor zwei Außenwänden auf eine Länge von jeweils 16 m zur gleichen Seite anwendbar, so könnte sich insbesondere bei einem Wandversatz in Höhe und Tiefe ergeben, dass ein Gebäude einem anderen auf insgesamt 32 m in vermindertem Abstand gegenübersteht (Abb. 6.6.8). Das soll vermieden werden (OVG NRW, Beschl. v. 20. 12. 1990 — 7 B 3222/90 —, BRS 52 Nr. 100).

202 Die Regelungen des Abs. 6 haben keinen Bezug zur Gebäudeseite (Rn. 200). Das gilt auch für Satz 4. Satz 4 nimmt Bezug auf **ein** (anderes) Gebäude und auf **eine** Grundstücksgrenze. Insoweit steht Abs. 6 Satz 4 der Inanspruchnahme des Schmalseitenprivilegs gegenüber zwei (oder auch mehreren) Gebäuden auf demselben Grundstück nicht entgegen. Eine doppelte Inanspruchnahme des Schmalseitenprivilegs zur gleichen Seite ist aber nach Abs. 6

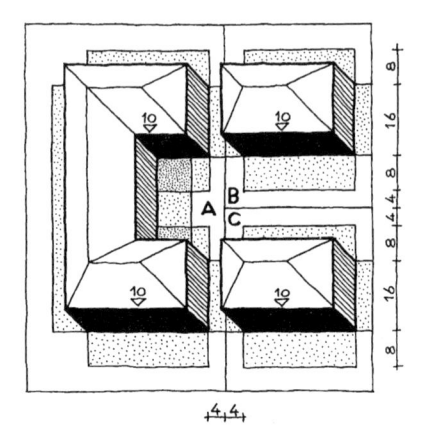

Abb. 6.6.4

Ein Gebäude mit einem Haupttrakt und zwei Seitenflügeln auf Grundstück A steht zwei Gebäuden über rechteckigem Grundriss auf den benachbarten Grundstücken B und C gegenüber. Das Gebäude hat 8 Außenwände, nämlich zu drei Seiten jeweils eine Außenwand, zu einer Seite drei Außenwände, weiterhin zwei Außenwände, die sich über den Hof einander gegenüberliegen. Die Gebäude über rechteckigem Grundriss nehmen das Schmalseitenprivileg jeweils vor zwei Außenwänden auf entgegengesetzten Gebäudeseiten in Anspruch. Das Gebäude auf Grundstück A nimmt das Schmalseitenprivileg zur gleichen Seite zweimal in Anspruch. Die doppelte Inanspruchnahme des Schmalseitenprivilegs gegenüber einer Grundstücksgrenze ist nach Abs. 6 Satz 4 unzulässig.

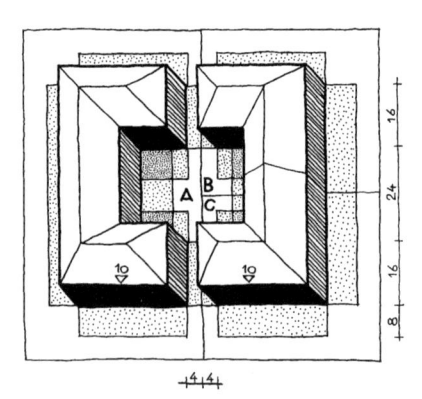

Abb. 6.6.5

Ein Gebäude mit einem Haupttrakt und zwei Seitenflügeln auf Grundstück A steht zwei Winkelbauten auf den Grundstücken B und C gegenüber, die an der gemeinsamen Grundstücksgrenze aneinander gebaut sind. Die beiden Winkelbauten nehmen das Schmalseitenprivileg jeweils nur einmal in Anspruch. Das größere Gebäude auf Grundstück A nimmt das Schmalseiten-Privileg zur gleichen Seite zweimal in Anspruch. Die doppelte Inanspruchnahme des Schmalseitenprivilegs gegenüber einer Grundstücksgrenze ist nach Abs. 6 Satz 4 unzulässig.

Abstandflächen BauO NRW § 6

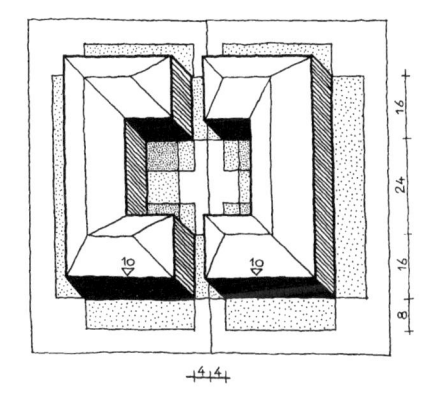

Abb. 6.6.6

Zwei Gebäude mit jeweils einem Haupttrakt und zwei Seitenflügeln stehen sich so gegenüber, dass sie gemeinsam einen Hof umschließen. Die Gebäude haben je acht Außenwände, nämlich zu drei Seiten jeweils eine Außenwand, zu einer Seite jeweils drei Außenwände, weiterhin zwei Außenwände, die sich über den Hof einander gegenüberliegen. Die beiden Gebäude nehmen das Schmalseitenprivileg jeweils gegenüber dem anderen Gebäude zur gleichen Seite zweimal in Anspruch. Die doppelte Inanspruchnahme des Schmalseitenprivilegs gegenüber einem anderen Gebäude und gegenüber einer Grundstücksgrenze verstößt gegen Abs. 6 Satz 4.

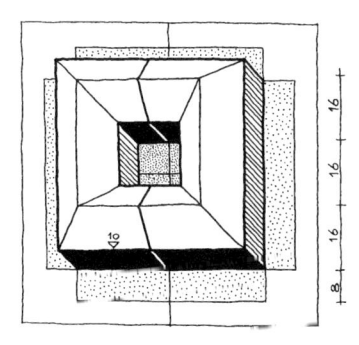

Abb. 6.6.7

Zwei Gebäude mit je einem Haupttrakt und zwei Seitenflügeln, die an der gemeinsamen Grundstücksgrenze zweifach mit je einer Außenwand (Gebäudeabschlusswand) aneinander gebaut sind und insoweit einen geschlossenen Hof bilden. Die beiden Gebäude haben je acht Außenwände, nämlich zu drei Seiten jeweils eine Außenwand, zu einer Seite drei Außenwände, weiterhin zwei Außenwände, die einander über den Hof jeweils auf demselben Grundstück gegenüberliegen. Das Schmalseitenprivileg wird nicht in Anspruch genommen.

§ 6 BauO NRW — Abstandflächen

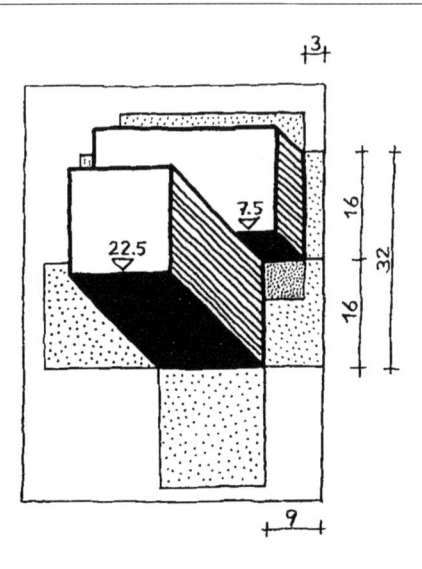

Abb. 6.6.8

Gegliederter Baukörper mit einem niedrigen und einem in der Tiefe versetzten hohen Bauteil. Zwei Außenwände des Gebäudes mit nicht mehr als 16 m Länge sind zur gleichen Gebäudeseite ausgerichtet. Die doppelte Inanspruchnahme des Schmalseitenprivilegs gegenüber dem gleichen Nachbargrundstück ist unzulässig.

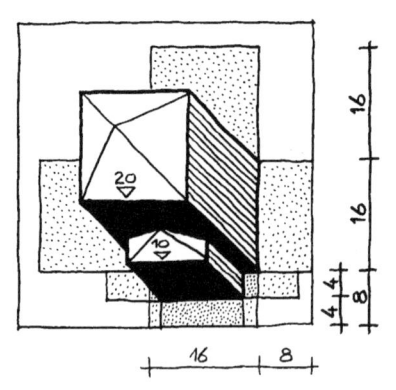

Abb. 6.6.9

Gebäude über quadratischen Grundriss mit einem 4 m vor die Vorderwand vortretenden Anbau. Die Abstandflächen sind für die Außenwände des Hauptbaukörpers und für die des Anbaus nach Abs. 1 in Verbindung mit Abs. 4 je gesondert zu ermitteln. Das Schmalseitenprivileg kann sowohl zur Vorderseite als auch zu einer anderen Seite des Gebäudes nach Wahl des Bauherrn in Anspruch genommen werden. Die zur gleichen Seite ausgerichteten Außenwände des Hauptbaukörpers und die des Anbaus sind nach Abs. 6 Satz 3 zusammenfassend als eine in sich gegliederte Außenwand anzusehen.

Satz 4 nicht möglich, wenn das Gebäude zwei oder mehreren Gebäuden auf einem Nachbargrundstück oder auf mehreren Nachbargrundstücken gegenübersteht (Abb. 6.6.4 und 6.6.5); denn, ob **eine** Nachbargrenze vorliegt, bestimmt sich nach den Verhältnissen des (Bau-)Grundstücks; unerheblich ist, wieviele Nachbargrundstücke angrenzen (OVG NRW, Urt. v. 12. 12. 1988 – 10 A 1725/87 –, BRS 49 Nr. 124; vgl. Rn. 301).

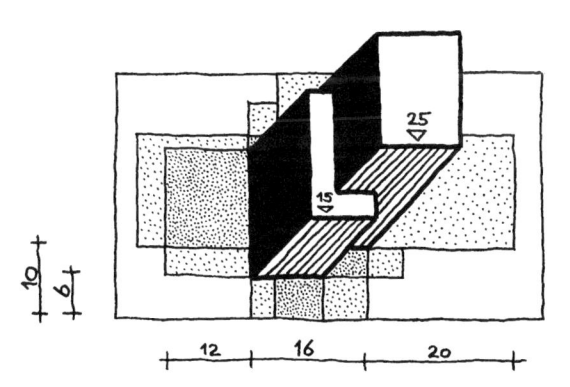

Abb. 6.6.10
Gegliederter Baukörper mit einem höheren und einem niedrigeren Bauteil. Die Abstandflächen sind nach Abs. 1 in Verbindung mit Abs. 4 für jede Außenwand gesondert zu ermitteln, auch wenn und soweit sie teilweise durch vorgelagerte niedrige Bauteile und die vor diesen liegende Abstandflächen überlagert werden. Im Hinblick auf die Anwendbarkeit des Schmalseitenprivilegs sind jedoch die in Höhe und Tiefe versetzten und gestaffelten Außenwände und Außenwandteile, soweit sie zur gleichen Gebäudeseite ausgerichtet sind und insgesamt die Länge von 16 m nicht überschreiten, nach Abs. 6 Satz 3 zusammenfassend als eine Außenwand anzusehen.

Es soll auch möglich sein, das Schmalseitenprivileg vor mehreren Außenwänden zur gleichen Seite in Anspruch zu nehmen, wenn diese zusammengenommen eine Länge von 16,00 m nicht überschreiten. Auf diese Fälle ist Satz 3 anzuwenden. Danach gilt eine in sich gegliederte Außenwand als eine Außenwand – eine Fiktion, d. h. auch dann, wenn aufgrund der Erheblichkeit des Wandversprungs in der Tiefe für die Ermittlung der Abstandflächen nach Abs. 1 in Verbindung mit Abs. 4 sowie nach allgemeinem Verständnis von zwei oder mehreren selbständigen Außenwänden auszugehen wäre, gelten diese im Hinblick auf die Anwendbarkeit des Schmalseitenprivilegs als eine Außenwand (Abb. 6.6.11). Die Regelung des Abs. 6 Satz 3, wonach eine in sich gegliederte Wand als eine Außenwand gilt, beschränkt sich allein auf die Anwendung des Schmalseitenprivilegs und hat auf die wandabschnittsweise Berechnung der Wandhöhe bei gestaffelten Wänden keine Auswirkungen (OVG NRW, Beschl. v. 28. 8. 1995 – 7 B 2117/95 –, BauR 1996 S. 85).

§ 6 BauO NRW   Abstandflächen

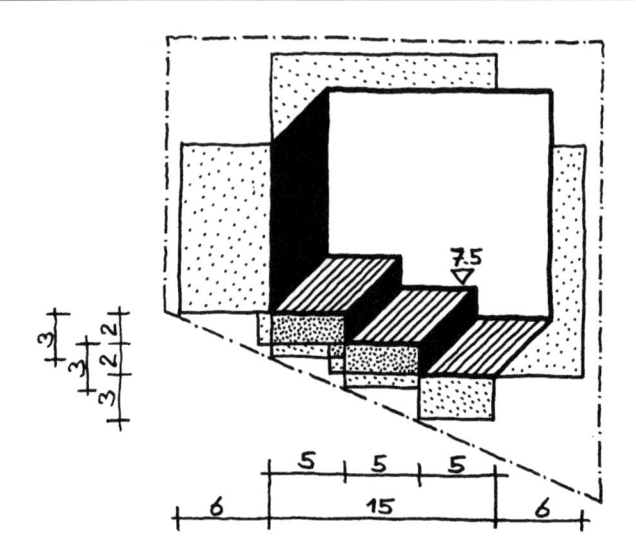

Abb. 6.6.11
Inanspruchnahme des Schmalseitenprivilegs vor einer in sich gegliederten Außenwand.

204 Das OVG NRW sieht die Seitenwand eines Zwerchhauses nicht als Teil der zur gleichen Seite ausgerichteten Giebelwand an (Abb. 6.6.12). Davon ausgehend ist das Gericht der Auffassung, dass das Schmalseitenprivileg außer vor den beiden Giebelwänden nicht auch noch für die Seitenwand des Zwerchhauses und damit vor mehr als zwei Außenwänden des Gebäudes in Anspruch genommen werden kann, mit der Folge, dass das Schmalseitenprivileg auch vor der zur gleichen Seite ausgerichteten Giebelwand nicht in Anspruch genommen werden kann, sofern es für die andere Giebelwand in Anspruch genommen wird (OVG NRW, Urt. v. 21. 1. 1999 − 10 A 4072/97).

b) Länge der Außenwand

205 Die Länge der Außenwand ist für die Anwendung des Abs. 6 nicht ausschlaggebend. Die Regelung kann auf Außenwände von beliebiger Länge angewendet werden, jedoch nur für einen Wandabschnitt oder mehrere Wandabschnitte von insgesamt 16,00 m Länge. Die unterschiedlichen Möglichkeiten der Abschnittbildung gewinnen danach erhöhte Bedeutung.

Abstandflächen BauO NRW § 6

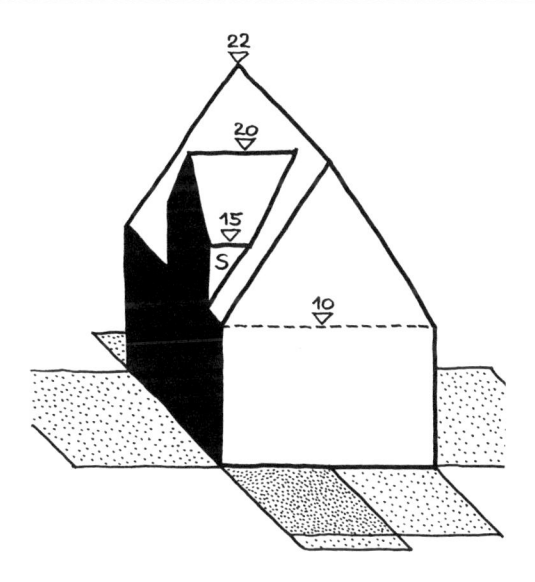

Abb. 6.6.12

Gebäude mit Zwerchhaus. Die Seitenwand des Zwerchhauses (S) löst (einschließlich der mit ⅓ zu berücksichtigenden Dachfläche des Zwerchhauses) eine eigene Abstandfläche aus, die sich teilweise mit der Abstandfläche der Giebelwand überdeckt, aber auch mit einem Teil über die Abstandfläche der Giebelwand hinausragt.

Höhe der Seitenwand des Zwerchhauses $H^1 = 15 + ⅓ = 16,7$
Höhe der Giebelwand $H^2 = 10 + {}^{12}/_3 = 14$;
Tiefe der Abstandfläche des Zwerchhauses $T^1 = 16,7 \cdot 0,8 = 13,4$;
Tiefe der Abstandfläche der Giebelwand $T^2 = 14 \cdot 0,8 = 11,2$.

Eine Abschnittbildung kann zur Bestimmung der Tiefe der Abstandflächen wegen eines Höhenversprungs in der betreffenden Außenwand erforderlich sein; denn in der Vertikalen kommt es grundsätzlich nicht darauf an, ob es sich um eine durchgehende Wandfläche handelt oder diese aus unterschiedlich hohen, gegeneinander versetzten Wandteilen oder Wänden besteht. Die Abstandflächen sind für jeden höhenversetzten, senkrechten Wandteil nach Abs. 4 gesondert zu ermitteln (OVG Berlin, Beschl. v. 29. 8. 1994 – OVG 2 S 22.94 –, ZfBR 1995, S. 224). Ist der Wandabschnitt mit der größeren Höhe nicht länger als 16,00 m, so kann das Schmalseitenprivileg für diesen Wandabschnitt in Anspruch genommen werden. Für den restlichen Teil derselben Außenwand wäre die volle Tiefe der Abstandfläche nach Abs. 5 einzuhalten (Abb. 6.6.13 und 6.6.14).

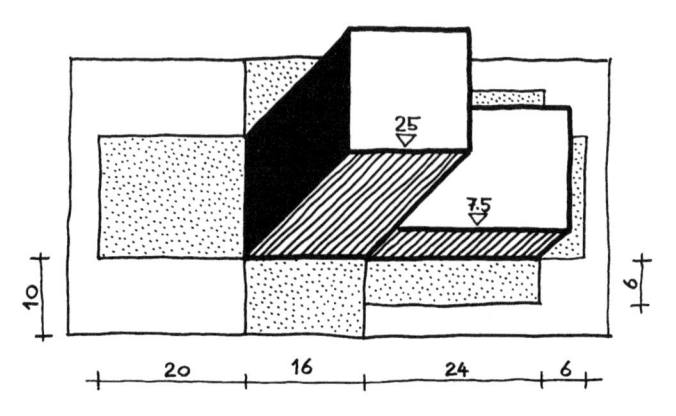

§ 6 BauO NRW   Abstandflächen

Abb. 6.6.13
Gegliederter Baukörper mit einem höheren und einem niedrigeren Bauteil. Die über den höheren und den niedrigeren Bauteil durchlaufende Außenwand löst zwei Abstandflächen aus, deren Tiefe je gesondert zu ermitteln ist. Da der Wandabschnitt des höheren Bauteils eine Länge von 16 m nicht überschreitet, kann für diesen Wandabschnitt das Schmalseitenprivileg in Anspruch genommen werden, für den darüber hinausgehenden Wandabschnitt des niedrigen Bauteils hingegen nicht.

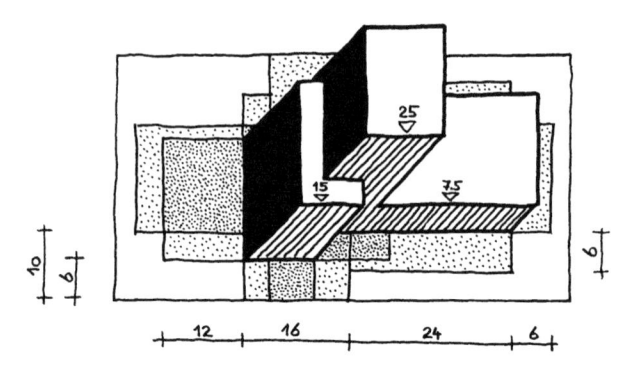

Abb. 6.6.14
Gegliederter Baukörper mit einem höheren und zwei niedrigeren Bauteilen. Die Abstandflächen sind nach Abs. 1 in Verbindung mit Abs. 4 für jede Außenwand und für jeden Wandabschnitt gesondert zu ermitteln, auch wenn und soweit sie teilweise durch vorgelagerte niedrige Bauteile und die vor diesen liegenden Abstandflächen überlagert werden. Im Hinblick auf die Anwendbarkeit des Schmalseitenprivilegs sind jedoch die in Höhe und Tiefe versetzten und gestaffelten Außenwände und Außenwandteile, soweit sie zur gleichen Gebäudeseite ausgerichtet sind und insgesamt die Länge von 16 m nicht überschreiten, nach Abs. 6 Satz 3 zusammenfassend als eine Außenwand anzusehen.

Abstandflächen BauO NRW § 6

In seinem Beschluss vom 30. 1. 1995 hatte das OVG NRW mit Bezug auf die 206
Schmalseitenregelung der BauO 84 festgestellt, die Bildung von Wandabschnitten komme nicht in Betracht, wenn die Höhenversprünge allein auf baugestalterischen Zielsetzungen beruhen oder nur deshalb geplant sind, um missbräuchlich eine abstandmindernde Gliederung zu ermöglichen (OVG NRW, Beschl. v. 30. 1. 1995 — 10 B 2560/94 —, BauR 1995 S. 526). Nach der Neufassung des Abs. 6 Satz 1 dürfte die Annahme, Höhenversprünge würden nur eingeplant, um eine abstandmindernde Gliederung in Wandabschnitte zu ermöglichen, gegenstandslos sein, denn die Inanspruchnahme des Schmalseitenprivilegs lediglich für einen Wandabschnitt ist danach auch ohne Höhenversprung oder andere sichtbare Gliederungen möglich. In einer anderen Entscheidung hatte das OVG NRW bereits mit Bezug auf die Schmalseitenregelung der BauO 84 unter dem Gesichtspunkt des Nachbarschutzes anerkannt, dass die Schmalseitenregelung auch anwendbar sein sollte, wenn eine mehr als 16,00 m lange Außenwand schräg zur Nachbargrenze steht und vor dem Bereich der Außenwand, der jenseits der 16,00-m-Begrenzung liegt, die volle Tiefe der Abstandfläche nach Abs. 5 gewahrt wird (OVG NRW, Urt. v. 18. 12. 1987 — 10 A 1952/85 —, BRS 48 Nr. 98; ähnlich: OVG Rhld.-Pf., Beschl. v. 15. 9. 1988 — 1 B 50/88 —, BRS 48 Nr. 97 — vgl. Abb. 6.6.15). Daraus konnte aber im Hinblick auf die Schmalseitenregelung der BauO 84 nicht abgeleitet werden, dass eine entsprechende Abschnittbildung bei Außenwänden, die weder einen Versatz in der Tiefe noch einen Höhenversprung aufweisen, allgemein zulässig wäre. Dies ist jedoch durch die Neufassung positiv entschieden. So können beispielsweise zwei Gebäude von mehr als 16,00 m Länge, die sich durch eine versetzte Anordnung jeweils nur mit Wandabschnitten von nicht mehr als 16,00 m Länge auf demselben Grundstück gegenüberliegen, in einem Abstand zueinander errichtet werden, der nur der Hälfte des sich aus Abs. 5 ergebenden Gebäudeabstandes entspricht (Abb. 6.6.16).

c) Anwendung des Schmalseitenprivilegs auf Hochhäuser

Da die Anwendung des Schmalseitenprivilegs nicht auf kleine Gebäude bzw. 207
auf Gebäude geringer oder mittlerer Höhe beschränkt ist, kann Abs. 6 auch auf Hochhäuser angewandt werden. Das ist auch mit dem Sinn der Vorschrift insoweit vereinbar, als diese der Tatsache Rechnung trägt, dass schlanke Gebäude bzw. schmale Außenwände auf andere Grundstücksteile oder Gebäude weniger verschattend wirken als breite (Rn. 174 ff.). Die Beschränkung auf das Maß von 16,00 m führt jedoch bei der Anwendung auf Hoch-

§ 6 BauO NRW Abstandflächen

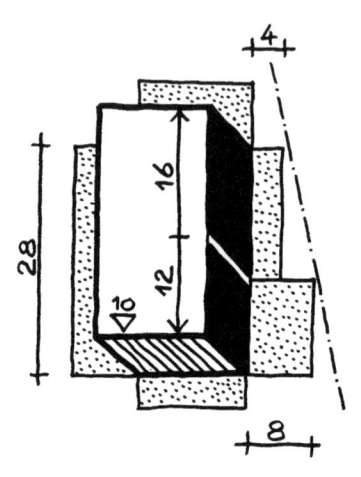

Abb. 6.6.15
Inanspruchnahme der Vergünstigung nach Abs. 6 in Bezug auf eine schräg zur Nachbargrenze verlaufende Außenwand von mehr als 16,00 m Länge.

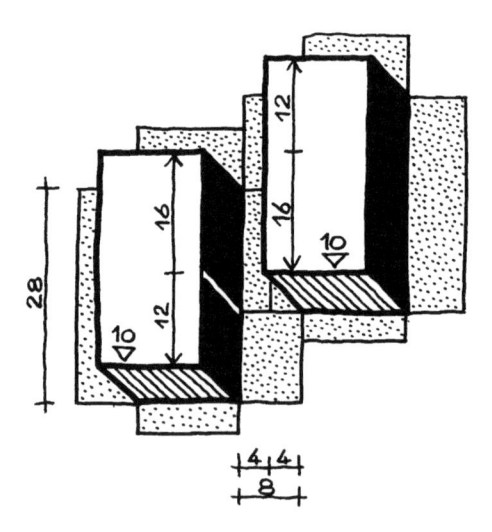

Abb. 6.6.16
Inanspruchnahme des Schmalseitenprivilegs für zwei Außenwände, die sich auf demselben Grundstück mit einer Länge von nicht mehr als 16,00 m gegenüberliegen.

Abstandflächen   BauO NRW § 6

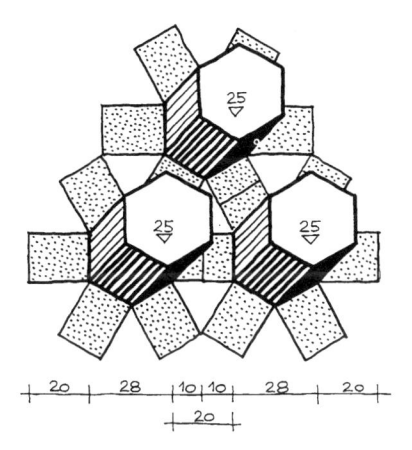

Abb. 6.6.17
Anwendung des Schmalseitenprivilegs auf Punkthochhäuser über sechseckigem Grundriss. Länge der Außenwand 15,90 m; Grundfläche 660 m².

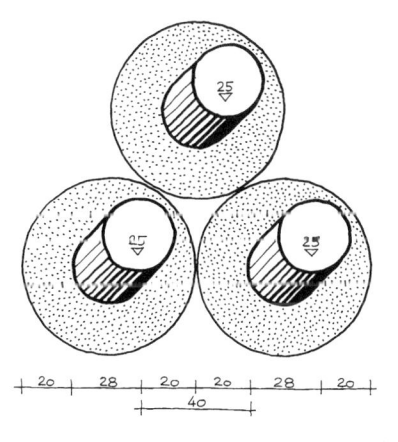

Abb. 6.6.18
Anwendung des Schmalseitenprivilegs auf Punkthochhäuser über kreisrundem Grundriss gleicher Grundfläche wie in Abb. 6.6.15 nicht möglich, weil bei kreisrundem Grundriss die Wandlänge gleich dem Umfang des Kreises ist. Kreisdurchmesser = 28,00 m; Grundfläche 660 m².

§ 6 BauO NRW   Abstandflächen

häuser zu einer **willkürlichen Bevorzugung bestimmter Grundrissausbildungen**. So kann das Schmalseitenprivileg beispielsweise bei Punkthochhäusern über sechseckigem Grundriss angewandt werden, ohne gegen Wortlaut oder Sinn der Vorschrift zu verstoßen (Abb. 6.6.17); im Falle eines Punkthochhauses über quadratischem oder kreisrundem Grundriss mit gleicher Grundfläche jedoch nicht (Abb. 6.6.18).

208 Es verbleibt die Möglichkeit, Hochhäuser in geringerem Abstand zueinander oder auch zu anderen Gebäuden als sich aus den Absätzen 4 und 5 ergeben würde, im Bebauungsplan festzusetzen (Rn. 177, 408). Die vom Normalfall abweichenden Gebäudeproportionen der Hochhäuser rechtfertigen eine solche Festsetzung, insbesondere in den Fällen der sogenannten Punkthochhäuser, aber auch an den Schmalseiten anderer Hochhäuser.

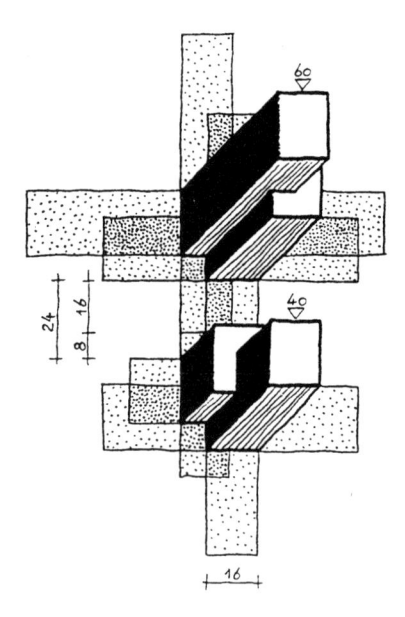

Abb. 6.6.19
Die Inanspruchnahme des Schmalseitenprivilegs vor Außenwänden von insgesamt mehr als 16,00 m ist unzulässig. Liegt jedoch eine öffentliche Verkehrsfläche zwischen den beiden Gebäuden, so reduzieren sich die Tiefen der Abstandflächen nach Abs. 5 Satz 2 auf jeweils 0,4 H. Auf die Länge der Außenwände kommt es dann nicht an.

Abstandflächen BauO NRW § 6

d) Bedeutung der 3-m-Regelung für die Anwendbarkeit des Schmalseitenprivilegs

Die nach Abs. 5 Satz 3 erforderliche Mindesttiefe der Abstandfläche von 3,00 m ist auch bei Wänden bis zu 16,00 m Länge einzuhalten. Das führt dazu, dass eine Berechnung der Tiefe der Abstandfläche nach Abs. 5 Satz 1 und Halbierung des danach ermittelten Wertes entsprechend dem Schmalseitenprivileg in WS-, WR-, WA-, WB-, MD- und MI-Gebieten erst erforderlich wird, wenn die nach Abs. 4 zu errechnende Wandhöhe H den Wert von 7,50 m und in MK-, GE- und GI-Gebieten, wenn H den Wert 12,00 m überschreitet. 209

Vor den Außenwänden von Gebäuden, die überwiegend der Produktion oder der Lagerung dienen, genügt in GE- und GI-Gebieten bei Inanspruchnahme des Schmalseitenprivilegs eine Tiefe der Abstandfläche von 0,125 H. Die Mindesttiefe der Abstandfläche von 3,00 m wird danach erst bei einer Wandhöhe von 24,00 m überschritten. Die Außenwände von **Werkhallen** in GE- und GI-Gebieten werden im Allgemeinen bedeutend länger sein als 16,00 m (Rn. 249), so dass das Schmalseitenprivileg für diese Gebäude nur von geringer praktischer Bedeutung ist. 210

e) Eingeschränkte Anwendbarkeit bei Gebäude- oder Grenzanbau

Während das Schmalseitenprivileg nach Abs. 6 Satz 1 bei freistehenden Gebäuden, also in den Fällen, in denen nach Abs. 1 Satz 1 allseitig Abstandflächen von oberirdischen Gebäuden freizuhalten sind, vor jeweils zwei Außenwänden in Anspruch genommen werden kann, sofern die Wandlänge von 16,00 m nicht überschritten wird, kann die Vergünstigung bei einseitigem Anbau an ein anderes Gebäude oder an die Nachbargrenze nur einmal in Anspruch genommen werden. 211

Wird ein Gebäude mit einer oder mehreren Außenwänden unmittelbar oder in geringem Abstand an der Grenze zu öffentlichen Verkehrsflächen, öffentlichen Grünflächen oder öffentlichen Wasserflächen errichtet, so ergeben sich insoweit keine Einschränkungen aus Abs. 6 Satz 2. Das ergibt sich aus der Wahl des Begriffs „Nachbargrenze" (zum Begriff Grundstücksgrenze in der entsprechenden Regelung des Art. 6 Abs. 5 Satz 2 BayBO vgl. Bay. VGH, Urt. v. 14. 7. 1988 − 2 B 87.03746 −, BRS 48 Nr. 96). 212

Die Regelung gilt insbesondere für Doppelhäuser und Hausgruppen im Sinne des § 22 BauNVO (Abb. 6.6.20), aber nicht nur für diese, sondern auch für aneinander gebaute Gebäude unterschiedlicher Nutzung, unterschiedlicher Gebäudetiefe oder -höhe (Abb. 6.6.8). 213

§ 6 BauO NRW   Abstandflächen

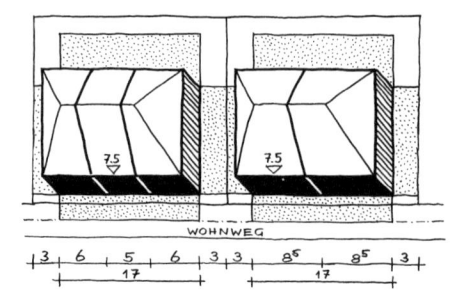

Abb. 6.6.20
Inanspruchnahme des Schmalseitenprivilegs zur seitlichen Grundstücksgrenze bei Gebäuden, die an ein anderes Gebäude auf demselben Grundstück angebaut sind.

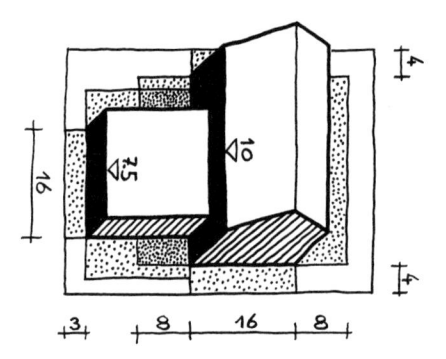

Abb. 6.6.21
Inanspruchnahme des Schmalseitenprivilegs durch einen Anbau an ein Gebäude, das seinerseits das Schmalseitenprivileg vor zwei Außenwänden in Anspruch nimmt.

214 Die Regelung des § 6 Abs. 6 Satz 2, nach der das Schmalseitenprivileg nur noch einmal in Anspruch genommen werden kann, wenn das Gebäude an ein anderes Gebäude oder an eine Nachbargrenze gebaut ist, belegt, dass das Schmalseitenprivileg auch dann in Anspruch genommen werden kann, wenn Gebäude, ohne dabei ihre Eigenschaft als selbständige Gebäude zu verlieren, auf demselben Grundstück aneinander gebaut werden (OVG NRW, Beschl. v. 16. 7. 1996 – 7 B 418/96). Das OVG Rhld.-Pf. hat die Auffassung vertreten, das Schmalseitenprivileg werde bei Anbauten an ein vorhandenes Gebäude nur dann eingeschränkt, wenn das Bauvorhaben gegenüber dem vorhandenen

Abstandflächen   BauO NRW § 6

Altbestand ein völlig selbständiges Gebäude darstellt, das jederzeit durch eine neu geschaffene Grundstücksgrenze getrennt und veräußert werden könnte (OVG Rhld.-Pf., Beschl. v. 7. 12. 1990 — 1 B 12509/90 —, BRS 50 Nr. 168 — Abb. 6.6.21).

Im Falle einer **Hausgruppe**, bestehend aus drei aneinander gebauten Gebäuden, kann das Schmalseitenprivileg je einmal für die beiden Endhäuser in Anspruch genommen werden. Danach kann ein Baukörper, bestehend aus drei aneinander gebauten Gebäuden, entstehen (Abb. 6.6.22), der in seiner Wirkung einem Gebäude entspricht, das mit zwei Außenwänden oder Wandteilen zur gleichen Gebäudeseite auf das nach Abs. 6 reduzierte Maß an die Nachbargrenze heranrückt (Abb. 6.6.4). **215**

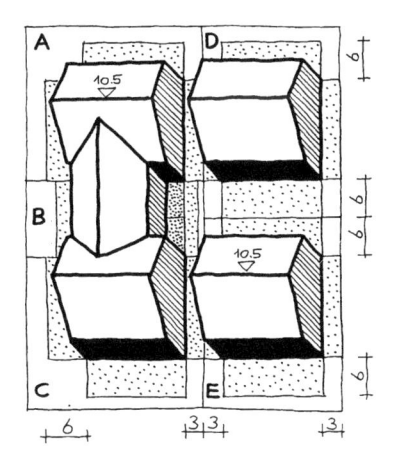

Abb. 6.6.22
Inanspruchnahme der Vergünstigungen nach Abs. 6 durch die Endhäuser einer Hausgruppe auf den Grundstücken A und C sowie durch die Einzelhäuser auf den Grundstücken D und E.

Im Falle eines **Doppelhauses** können die in einer Flucht stehenden Außenwände der beiden Gebäude auf das nach Abs. 6 reduzierte Maß — im Falle eines zwei- oder dreigeschossigen Doppelhauses mit einer Wandhöhe H = 7,50 m also bis auf 3,00 m — an die Nachbargrenze herangerückt werden; und zwar kann die Vergünstigung in einem so gelagerten Fall auf einer Wandlänge von insgesamt bis zu 32,00 m in Anspruch genommen werden (Abb. 6.6.23). Der Bauherr hat bzw. die Bauherren des Doppelhauses haben **216**

§ 6 BauO NRW   Abstandflächen

nach Abs. 6 **Anspruch auf Genehmigung** eines solchen Vorhabens. Durch Festsetzungen eines Bebauungsplans — hier Festsetzung einer geringeren Bebauungstiefe bzw. rückwärtiger Baugrenzen in größerem Abstand — kann dem Entstehen unzumutbarer Verhältnisse wirksam begegnet werden.

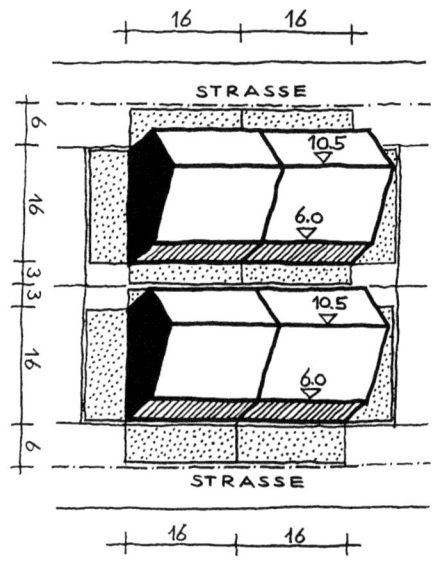

Abb. 6.6.23
Inanspruchnahme der Vergünstigung nach Abs. 6 durch zwei einander gegenüberliegenden Doppelhäuser.

217 Die Regelung des § 6 Abs. 6 Satz 2 Halbsatz 2 BauO 84 (= § 6 Abs. 6 Satz 2 Halbsatz 2 BauO 95), wonach das Schmalseitenprivileg bei einseitigem Anbau an ein anderes Gebäude oder an eine Nachbargrenze nur noch einmal in Anspruch genommen werden kann, war aus § 6 Abs. 6 Satz 2 MBO übernommen worden. Dabei war lediglich der Begriff „Grundstücksgrenze" durch den Begriff „Nachbargrenze" ersetzt worden; es war aber auch der zweite Halbsatz aus § 6 Abs. 6 Satz 2 MBO übernommen worden, wonach das Schmalseitenprivileg nicht in Anspruch genommen werden konnte, wenn ein Gebäude mit zwei Außenwänden an andere Gebäude oder an andere Nachbargrenzen gebaut wird. Den zweiten Halbsatz hatten alle Landesbauordnungen übernommen, die der MBO gefolgt waren.

218 In der Neufassung des § 6 Abs. 6 Satz 2 fehlt jedoch der zweite Halbsatz. Im Referentenentwurf war die Änderung des § 6 Abs. 6 Satz 2 (Streichung des

zweiten Halbsatzes) damit begründet worden, Satz 2 lasse das Schmalseitenprivileg künftig auch bei halb offener und geschlossener Bauweise eintreten und ermögliche damit sowohl eine sinnvolle Blockinnenbebauung als auch ein Bauen innerhalb gewachsener städtebaulicher Strukturen.

Im Regierungsentwurf (LT-Drucks. 12/3738, S. 70) fehlt eine Begründung für die Streichung des zweiten Halbsatzes. Das OVG NRW hat danach festgestellt, die Tatsache, dass die Gesetzesmaterialien zu den Motiven der Gesetzesänderung schweigen, könne nur so interpretiert werden, dass der Gesetzgeber der Änderung keine inhaltliche Bedeutung zugemessen habe. Dass das Gesetz die den Anbau eines Gebäudes an gleich zwei andere Gebäude oder Nachbargrenzen betreffende Fallgruppe nicht mehr ausdrücklich erwähnt, habe ausschließlich sprachliche Gründe. § 6 Abs. 6 Sätze 1 und 2 BauO NRW enthielten eine abgestufte Ausnahmeregelung zum grundsätzlichen Erfordernis, die sich aus § 6 Abs. 5 Satz 1 BauO NRW ergebenden Abstandflächen vollen Umfangs einzuhalten. Er (der Gesetzgeber) gehe von dem Fall eines Gebäudes aus, das zu allen Seiten die vorgeschriebenen Abstandflächen freihält. Die Abstandflächen dürften gegenüber zwei Gebäuden oder Grenzen um den durch § 6 Abs. 6 Satz 1 BauO NRW vorgegebenen beschränkten Umfang gekürzt werden. Das Ausmaß der nach § 6 Abs. 6 Satz 1 BauO NRW möglichen Unterschreitung grundsätzlich einzuhaltender Abstandflächen sei bereits dann eingeschränkt, wenn das Gebäude nicht an allen Seiten die grundsätzlich geforderten Abstände einhält, nämlich zu einer Seite an ein Gebäude oder an eine Grenze gebaut wird. Einer klarstellenden Regelung, dass in Fällen des Anbaus eines Vorhabens mit weiteren Außenwänden an andere Gebäude oder Nachbargrenzen nicht ebenfalls das Schmalseitenprivileg in Anspruch genommen werden darf, habe es angesichts des Ausnahmecharakters der Privilegierungsvorschriften nicht bedurft. Diese Auslegung werde durch den Sinn der Vorschrift bestätigt. Sie wolle eine maßvolle, aber auf den festgelegten Anwendungsbereich beschränkte Bebauungsverdichtung ermöglichen. Diesem Gedanken widerspräche es, für den Fall des Anbaus an ein Gebäude oder an eine Grenze die Möglichkeit der Inanspruchnahme des Schmalseitenprivilegs auf eine Gebäudeaußenwand zu beschränken, bei Anbau an weitere Gebäude oder Grenzen die Inanspruchnahme des Schmalseitenprivilegs jedoch weiterhin für möglich zu erhalten (OVG NRW Beschl. v. 10. 7. 2000 − 7 B 869/00).

Aus der Formulierung des § 6 Abs. 6 BauO NRW 1984 konnte nicht zweifelsfrei entnommen werden, dass das Schmalseitenprivileg nicht auch vor den Außenwänden rückwärtiger Anbauten bei Doppelhäusern und Hausgruppen in der offenen Bauweise oder im Fall von Seitenflügeln und Hinterhöfen in der geschlossenen Bauweise angewendet werden kann.

219

220 In seinem Beschluss vom 20. 12. 1990 (7 B 3222/90 —, BRS 52 Nr. 100) war der siebte Senat des OVG NRW davon ausgegangen, dass der in § 6 Abs. 6 benutzte Begriff „Außenwand" bei durch Vor- und Zurücktreten gegliederten Wänden sich nicht gesondert auf die jeweiligen durch Gliederungselemente voneinander unterschiedenen Wandabschnitte beziehe, sondern dass unter „Außenwand" die gesamte zu einer Grundstücksgrenze hin ausgerichtete Gebäudeabschlusswand, möge sie auch in sich gegliedert sein, zu verstehen sei. Dabei war der siebte Senat davon ausgegangen, diese Betrachtungsweise entspreche dem allgemeinen wie auch dem bautechnischen Sprachgebrauch. Das ist jedoch nicht der Fall. Vielmehr widerspricht die Vorstellung, eine Grenzwand, die im Allgemeinen in der Qualität einer Brandwand ohne Öffnungen ausgeführt werden muss, und eine zur gleichen Seite ausgerichtete Außenwand, die sich nicht nur dadurch, dass sie einen Abstand von mindestens 3,00 m zur Nachbargrenze wahrt, sondern auch in ihrer Funktion im Hinblick auf die Tagesbeleuchtung von Aufenthaltsräumen und im Allgemeinen auch in ihrer Konstruktion deutlich von der Grenzwand unterscheidet, seien als eine einheitlich zu betrachtende Außenwand anzusehen, dem allgemeinen Verständnis.

221 Mit seinem Beschluss vom 26. 4. 1995 hat der siebte Senat des OVG NRW seine Interpretation vom 20. 12. 1990 (a. a. O.) im Grundsatz bestätigt und angenommen, die nordrhein-westfälische Abstandregelung gehe davon aus, dass das Schmalseitenprivileg für ein und dieselbe Außenwand nicht sowohl in Form eines Anbaus (gemeint ist hier der Grenzanbau) als auch in Form eines verringerten Abstandes ausgenutzt werden dürfe (OVG NRW, Beschl. v. 26. 4. 1995 — 7 B 487/95; vgl. auch OVG NRW, Beschl. v. 6. 5. 1997 — 7 A 1870/93). Das Schmalseitenprivileg sei durch den Grenzbau für die betroffene Gebäudeseite „verbraucht". Zugleich hat der siebte Senat des OVG NRW im Beschluss vom 26. 4. 1995 aber auch anerkannt, dass eine zur Nachbargrenze hin ausgerichtete Außenwand in bestimmten Fällen bei natürlicher Betrachtungsweise nicht mehr als eine mit der einem anderen Bauteil zugehörigen Außenwand identische Wand bewertet werden könne (vgl. auch OVG NRW, Beschl. v. 24. 11. 1995 — 7 B 2225/95).

Beispiel:
Sind zwei zweigeschossige Gebäude nach Art der Kettenbauweise mit einem eingeschossigen Gebäudeteil zu einem Doppelhaus aneinandergebaut, so können sie sich zugleich jeweils mit ihrem zweigeschossigen Gebäudeteil zur gemeinsamen Grundstücksgrenze gegenüberstehen (Abb. 6.6.24). Nur die Grenzwände der eingeschossigen Gebäudeteile jedes der beiden Gebäude sind nach § 31 als Gebäudeabschlusswände auszuführen, nicht hingegen die zur gleichen Seite hin ausgerichteten Außenwände der beiden zweigeschossigen Gebäudeteile. Die beiden unterschiedlich auszubildenden Wände können

Abstandflächen BauO NRW § 6

schlechterdings nicht als **eine** Außenwand bezeichnet werden. In dem Beispielsfall kann das Schmalseitenprivileg nach Abs. 6 zur gemeinsamen Nachbargrenze für die einander zugekehrten Außenwände der beiden Gebäude in Anspruch genommen werden.

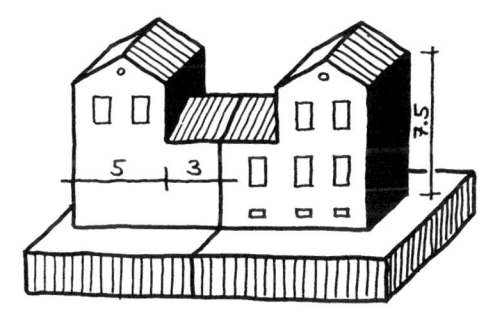

Abb. 6.6.24
Zweigeschossiges Doppelhaus mit eingeschossigem Grenzanbau. Die zur gemeinsamen Nachbargrenze ausgerichteten Außenwände der zweigeschossigen Gebäudeteile haben eine Höhe von 7,50 m, bezogen auf die Geländeoberfläche. Vor diesen Außenwänden sind Abstandflächen erforderlich. Bei einer Länge von nicht mehr als 16,00 m genügen 0,4 H = 3,00 m als Tiefe der Abstandfläche. Dieses Maß wird, bezogen auf die gemeinsame Grundstücksgrenze, eingehalten.

Das OVG des Saarlandes hatte in einem Fall, in dem ein Gebäude mit einem niedrigen Gebäudeteil an ein grenzständiges Gebäude auf dem Nachbargrundstück angebaut werden sollte, die Inanspruchnahme des Schmalseitenprivilegs für die zur gleichen Grundstücksgrenze ausgerichtete Außenwand eines höheren Gebäudeteils als zulässig angesehen, obwohl das Schmalseitenprivileg darüber hinaus für eine andere Außenwand des Gebäudes in Anspruch genommen werden musste. Nach dem Wortlaut der Regelung des § 7 Abs. 1 Satz 2 der Bauordnung für das Saarland vom 10. Nov. 1988, die insoweit der Regelung des § 6 Abs. 6 Satz 2 BauO NRW 1995 entspricht, hätte das Schmalseitenprivileg bei einseitigem Grenzanbau nur einmal in Anspruch genommen werden dürfen. Eine allein am Wortlaut dieser Vorschrift orientierte Auslegung wäre jedoch nach Auffassung des Gerichts in dem der Entscheidung zugrunde liegenden Fall dem Sinn der Regelung nicht gerecht geworden (OVG des Saarlandes, Beschl. v. 13. 12. 1995 – 2 W 50/95 – BauR 96 S. 368). 222

Wegen der bestehenden Unsicherheiten in der Frage, wann von einer lediglich in sich gegliederten Außenwand und wann von zwei selbständigen Außenwänden auszugehen sei, sah sich der Gesetzgeber veranlasst, bei der Neufassung des § 6 Abs. 6 in der BauO 95 die Sätze 3 und 4 einzufügen. Allerdings war damit noch nicht geklärt, ob die Anwendung des Schmalseitenprivilegs 223

§ 6 BauO NRW   Abstandflächen

zur gleichen Seite an der ein Gebäude an ein anderes Gebäude angebaut wird, nicht in Betracht kommen sollte. Dies sollte offensichtlich durch die Einfügung des Wortes „andere" in § 6 Abs. 6 Satz 2 Halbsatz 1 klargestellt werden. „Wird ein Gebäude mit einer Außenwand an ein anderes Gebäude oder an eine Nachbargrenze gebaut, gilt das Schmalseitenprivileg nur noch für eine **andere** Außenwand."

224 Da das Wort „andere" mit der Neufassung des Abs. 6 Satz 2 BauO NRW 2000 wieder gestrichen worden ist, ist nun wiederum offen, ob das Schmalseitenprivileg abweichend von der bisherigen Regelung auch zur gleichen Seite, an der der Grenzanbau erfolgt, in Anspruch genommen werden kann.

225 Geht man davon aus, dass das Schmalseitenprivileg künftig — nach der Neufassung des Abs. 6 Satz 2 — zur gleichen Seite in Anspruch genommen werden kann, an der das Gebäude an der Nachbargrenze errichtet wird, so kann das Schmalseitenprivileg für einen höheren Bauteil in Anspruch genommen werden, wenn das Gebäude mit einem niedrigen Bauteil an der Nachbargrenze errichtet wird, sofern mit dem höheren Gebäudeteil eine Wandlänge von 16,00 m nicht überschritten wird (Abb. 6.6.24). Die Annahme, das Schmalseitenprivileg sei durch den Grenzanbau für die betreffende Gebäudeseite verbraucht (OVG NRW, Beschl. v. 26. 4. 1995 — 7 B 487/95 —, a. a. O.), trifft dann nicht mehr zu.

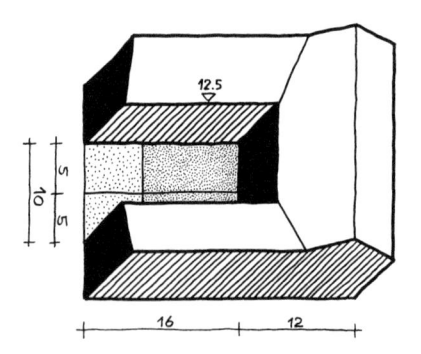

Abb. 6.6.25
Gebäude in geschlossener Bauweise. Die beiden als selbständige Gebäude ausgeführten Seitenflügel beanspruchen jeweils einmal das Schmalseitenprivileg.

226 Wird insoweit von der Vorstellung abgerückt, dass eine Grenzwand und eine zur gleichen Seite mit Abstand errichtete Außenwand als eine einheitliche Außenwand anzusehen sei, so kann das Schmalseitenprivileg auch für rückwärtige Anbauten in Anspruch genommen werden (Abb. 2.6.25). Sollte die Neufassung des Satzes 2 entsprechend der Begründung zum Referentent-

wurf (vgl. Rn. 218) so verstanden werden, dass das Schmalseitenprivileg künftig auch bei geschlossener Vorderhausbebauung und halb offener Bebauung im rückwärtigen Grundstücksbereich anwendbar sein soll, so könnte die Begründung dahingehend verstanden werden, dass die Inanspruchnahme des Schmalseitenprivilegs vor den Außenwänden von rückwärtigen Seitenflügeln der Zielsetzung des Gesetzgebers durchaus entspricht.

Werden rückwärtige Anbauten nicht als Teil des Hauptgebäudes, sondern als selbständige Gebäude ausgeführt, so steht der Anwendung des Schmalseitenprivilegs vor den Außenwänden rückwärtiger Anbauten nichts entgegen, da die Schmalseitenregelung des § 6 Abs. 6 BauO NRW eine dem Art. 6 Abs. 5 Satz 3 BayBO entsprechende Regelung, wonach aneinander gebaute Gebäude wie ein Gebäude zu behandeln sind (vgl. auch § 6 Abs. 6 Satz 4 BauO Bln vom 3. Sept. 1997, § 6 Abs. 6 Satz 2 LBO Schleswig-Holstein vom 10. Jan. 2000, § 6 Abs. 6 Satz 2 SächsBO vom 18. März 1999) nicht kennt (Abb. 6.6.26). **227**

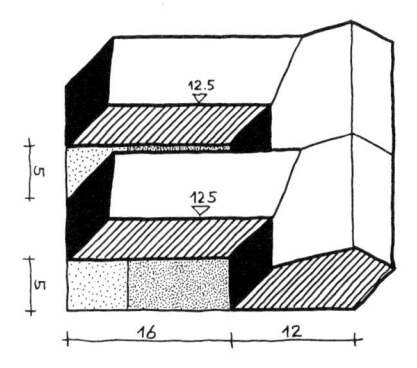

Abb. 6.6.26
Bebauung mit rückwärtigen Seitenflügeln – Vorderhaus in geschlossener Bauweise mit beidseitigem Grenzanbau, Seitenflügel in halb offener Bauweise mit einseitigem Grenzanbau. Inanspruchnahme des Schmalseitenprivilegs nur vor den Außenwänden der Seitenflügel.

Das OVG NRW hatte der Regelung des § 6 Abs. 6 BauO 84 nicht entnommen, dass das Schmalseitenprivileg auch dann angewendet werden konnte, wenn ein Wandteil aufgrund älteren Rechts mit einem geringeren Abstand zur Nachbargrenze errichtet worden war, als er nach Abs. 5 erforderlich wäre. Aufgrund dieser Rechtsprechung ergaben sich bei Ausbauten und Erweiterungen in der Altbausubstanz erhebliche Probleme. Mit Satz 5 werden diese Probleme gelöst. Danach stehen rechtmäßig bestehende Wandteile, die einen **228**

§ 6 BauO NRW   Abstandflächen

geringeren Abstand zur Nachbargrenze aufweisen, als er nach Abs. 5 erforderlich ist, dem Schmalseitenprivileg nicht entgegen (Abb. 6.6.27). Anpassung der Rechtsprechung an die neue Rechtslage — OVG NRW, Urt. v. 16. 1. 1997 — 7 A 1008/94 —, BRS 59 Nr. 116.

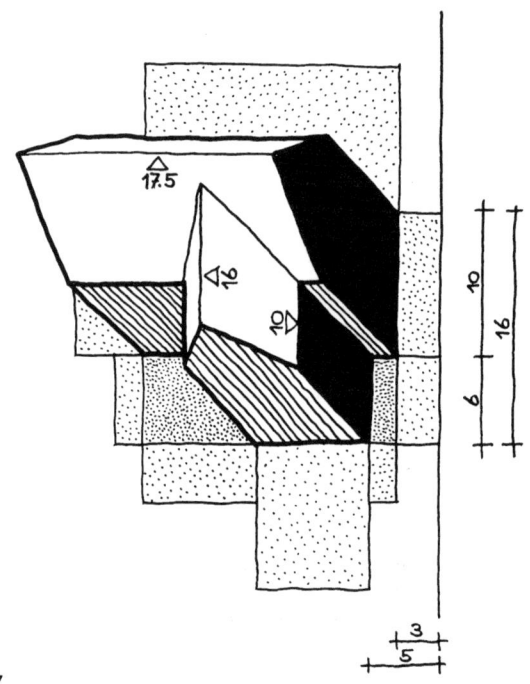

Abb. 6.6.27
Ein unter Bestandsschutz stehendes Gebäude wurde mit seiner 10 m breiten Giebelwand in einem Abstand von 3,00 m zur Nachbargrenze errichtet. Bei einer Firsthöhe von 17,50 m und einer Traufhöhe von 10,00 m errechnet sich für die notwendige Abstandfläche nach Abs. 5 eine Tiefe von 10,00 m und nach Abs. 6 eine Tiefe von 5,00 m. Ein Anbau, mit der die zur Nachbargrenze ausgerichtete Wandlänge von insgesamt 16,00 m nicht überschritten wird, kann das Schmalseitenprivileg in Anspruch nehmen.

f) Nachbarschutz

229 Gelegentlich ist die Auffassung vertreten worden, dass nur die nach Abs. 6 reduzierte Abstandfläche nachbarschützend sei, weil der Dritte keinen Einfluss darauf habe, an welcher Außenwand die Hälfte der Tiefe der Abstandfläche vorgesehen wird (vgl. hierzu § 6 Abs. 5 Satz 4 BauO Bln: „Den

Abstandflächen nach Satz 1 kommt zur Hälfte ihres Maßes, mindestens jedoch zu 3 m, nachbarschützende Wirkung zu" — ähnlich § 5 Abs. 7 Satz 3 LBO Bad.-Württ.). Überwiegend wird jedoch die Auffassung vertreten, dass die volle Tiefe der Abstandfläche nach Abs. 5 nachbarschützend sei. Daraus hat das OVG NRW abgeleitet, dass allen Nachbarn ein Abwehrrecht zustehe, an deren Grundstücksgrenzen die an sich nach den Absätzen 4 und 5 vorgeschriebenen Abstandflächen nicht eingehalten werden (OVG NRW, Beschl. v. 5. 7. 1985 — 7 B 876/85—, BRS 44 Nr. 144, Beschl. v. 28. 1. 1998 — 7 B 3080/97; Beschl. v. 24. 3. 1998 — 7 B 328/98 —, BRS 60 Nr. 114).

Entsprechendes gilt, wenn aufgrund des Satzes 2 das Schmalseitenprivileg nur vor einer Außenwand in Anspruch genommen werden darf. Wird das Schmalseitenprivileg in einem solchen Fall unzulässigerweise statt nur einmal zweimal zu zwei verschiedenen Grundstücksseiten in Anspruch genommen, kann sich jeder Nachbar, der durch die dadurch gegebene **Unterschreitung der Abstandfläche** betroffen ist, auf die Verletzung des § 6 Abs. 6 Satz 2 BauO NRW berufen, ungeachtet des Umstandes, dass das Vorhaben seinem Grundstück gegenüber die zulässige Abstandfläche einhalten würde, wenn das Schmalseitenprivileg nur einmal in Anspruch genommen würde (OVG NRW, Beschl. v. 27. 10. 1997 — 10 B 2249/97). Die gesetzliche Erleichterung entfällt jedoch nicht, wenn für weitere Außenwände eines Gebäudes aufgrund der Absätze 14, 16 oder 17 oder aufgrund einer Abweichung nach § 73 eine Reduzierung der Tiefe der Abstandflächen gestattet oder verlangt wird (vgl. BayVGH, Beschl. v. 1. 7. 1992 —, BRS 54 Nr. 96). 230

8. Vortretende Bauteile und Vorbauten (Abs. 7)

a) Untergeordnete Bauteile

Die in Abs. 7 Satz 1 beispielhaft angeführten Bauteile, also Gesimse, Dachvorsprünge, Blumenfenster, Hauseingangstreppen und deren Überdachungen sowie Vorbauten wie Erker und Balkone, sind unselbständige mit dem Gebäude verbundene Bauteile (OVG NRW, Beschl. v. 25. 2. 1988 — 10 A 1300/87 —). Sie haben im Verhältnis zum Hauptbau untergeordnete Bedeutung (OVG Lüneburg, Urt. v. 26. 11. 1987 — 6 A 96/85 — BRS 47 Nr. 96; OVG NRW, Urt. v. 17. 12. 1992 — 10 A 2055/89 —, Beschl. v. 26. 3. 1993 — 11 B 713/93, vgl. auch die entsprechende Regelung der BauO Baden-Württemberg § 6 Abs. 4 Satz 6) und bleiben bei der Bemessung der Tiefe der Abstandfläche außer Betracht, d. h. sie sind allgemein zulässig, wenn sie das genannte Maß von 1,50 m, bezogen auf die Hauptwandfläche, nicht überschreiten (Abb. 6.7.1). 231

§ 6 BauO NRW   Abstandflächen

232 Abs. 7, wonach bei der Bemessung der Abstandflächen u. a. Balkone außer Betracht bleiben, wenn sie nicht mehr als 1,50 m vortreten, ist nur dann anwendbar, wenn der Teil der Gebäudewand, vor den der Balkon vortritt, seinerseits den erforderlichen Grenzabstand einhält (OVG Mecklenburg-Vorpommern, Beschl. v. 27. 8. 1998 — 3 M 65/98 —, BauR 1999 S. 624).

Ein Erker, der mit seinem Dachüberstand die max. zulässige Tiefe von 1,50 m um ca. 0,25 m überschreitet, unterfällt als Ganzes nicht mehr der Privilegierungsvorschrift des Abs. 7 Satz 1 (OVG NRW, Urt. v. 17. 4. 1998 — 11 A 3653/96).

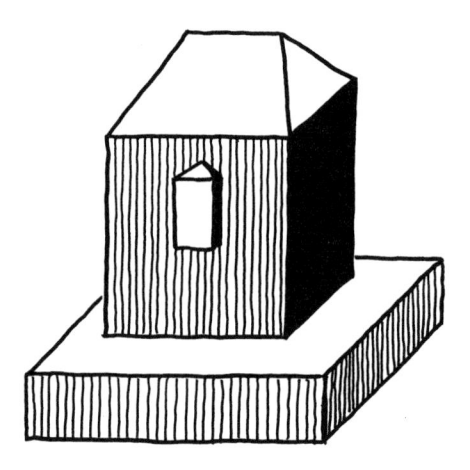

Abb. 6.7.1
Ein vor die Außenwand vortretender Erker bleibt bei der Ermittlung der Abstandflächen unberücksichtigt.

233 Über die zulässige **Breite** solcher Vorbauten macht das Gesetz keine Aussage. Gesimse können beispielsweise über die ganze Wandlänge um das angegebene Maß vortreten. Obwohl von ihnen eine erheblich verschattende Wirkung ausgehen kann, bleiben sie bei der Berechnung der Abstandflächen unberücksichtigt.

234 Auch über die zulässige **Höhe** von Vorbauten macht das Gesetz keine Aussage. Wird mit einem Vorbau die Wandhöhe H der Außenwand des Gebäudes erreicht oder gar überschritten, so wird im Allgemeinen ein Wandvorsprung anzunehmen sein, der eigene Abstandflächen auslöst (OVG NRW, Beschl. v. 30. 5. 1996 — 11 B 1116/96 —; Abb. 6.7.2). Wichtiger als der quantitative Gesichtspunkt ist der funktionelle (OVG NRW, Beschl. v. 29. 11. 1985 — 7 B 2402/85 —, BRS 44 Nr. 101): Nur Bauteile von untergeordneter Bedeutung oder Funktion bleiben unberücksichtigt. An der Außenwand von Wohngebäuden errichtete Außenaufzüge sind keine im Sinne des Abs. 7 privilegierten Vorbauten (OVG Bln., Urt. v. 22. 5. 1992 — 2 B 22.90 —, BRS 54 Nr. 97). Der Beurteilung eines an eine Giebelwand angebauten Schornsteins als Bauteil im Sinne von Abs. 7 steht demgegenüber nicht entgegen, dass Schornsteine nicht ausdrücklich an dieser Vorschrift aufgeführt sind. Der oberhalb der Dachkante liegende Teil eines Schornsteins ist nach Abs. 10 zulässig (OVG NRW, Urt. v. 18. 5. 1994 — 7 A 1445/93).

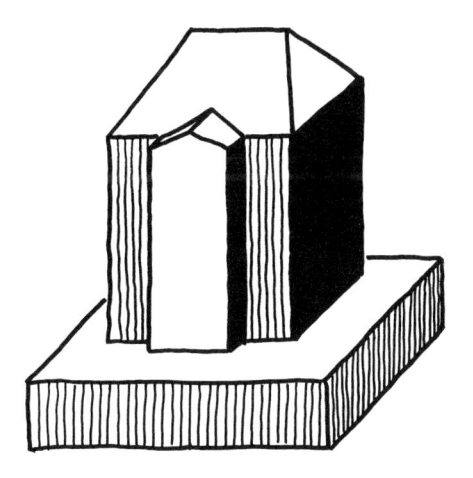

Abb. 6.7.2
Ein nicht mehr nur untergeordneter Vorbau löst eigene Abstandflächen aus.

b) Größere Bauteile

Wird das Maß von 1,50 m überschritten, so müssen entsprechende Bauteile bei der Ermittlung der Abstandflächen berücksichtigt werden, und zwar voll, nicht etwa in einer um das Maß von 1,50 m verminderten Tiefe (OVG NRW, Beschl. v. 7. 2. 1997 — 7 B 32/97). Ein Balkon von 2,00 m Tiefe ist danach wie ein entsprechender Wandvorsprung zu berücksichtigen. Wie im Falle eines Gebäudes oder Bauteils auf Stützen (Rn. 27) muss von der Vorderkante des Balkons (ggf. auch Oberkante Balkonbrüstung) auf die Geländeoberfläche projiziert und von der Schnittlinie der so gebildeten fiktiven Wand mit der

Geländeoberfläche die Tiefe der Abstandfläche gemessen werden. Mehr als 1,50 m vor die Außenwand vortretende Balkone sind auch von der Seite gesehen bei der Ermittlung der Wandlänge im Hinblick auf die Anwendbarkeit des Abs. 6 zu berücksichtigen (OVG NRW, Beschl. v. 29. 11. 1985 – 7 B 2402/85 –, BRS 44 Nr. 101; a. A. VGH Bad.-Württ., Urt. v. 3. 4. 1992 – 8 S 286/92 –, BRS 54 Nr. 198).

c) Abstand zur Nachbargrenze

236 Der Grundsatz des Satzes 1 wird durch Satz 2 eingeschränkt. Danach müssen die genannten Bauteile von Nachbargrenzen, die dem Bauteil gegenüberliegen, mindestens 2,00 m entfernt sein; d. h. bei parallel zur Außenwand verlaufender Nachbargrenze und einer Tiefe der Abstandfläche von 3,00 m dürfen sie im Höchstfall 1,00 m vor die Hauptwandfläche vortreten. Weitere Einschränkungen können sich aus § 5 ergeben, wenn im Bauwich eine Durchfahrt von 3,00 m Breite und mindestens 3,50 m Höhe freigehalten werden muss, weiterhin aus § 31. Bei seitlichem Grenzanbau (Rn. 41) ist die Regelung nicht in bezug auf die Grundstücksgrenze anzuwenden, an die angebaut wird (OVG NRW, Urt. v. 20. 6. 1994 – 7 A 1487/92).

d) Bezug zum Planungsrecht

237 Die bauordnungsrechtliche Zulässigkeit von untergeordneten Bauteilen schließt ihre planungsrechtliche Zulässigkeit nicht ein. Zwar kann ein untergeordneter Bauteil im Sinne des Abs. 7 zugleich auch ein Gebäudeteil im Sinne von § 23 Abs. 2 Satz 2 bzw. § 23 Abs. 3 Satz 2 BauNVO sein (OVG NRW, Beschl. v. 8. 12. 1998 – 10 B 2255/98 –, BauR 1999 S. 628); die entsprechenden Regelungen des § 23 BauNVO über das Vortreten von Gebäudeteilen vor die Baulinie oder die Baugrenze in geringfügigem Ausmaß sind jedoch lediglich als **Kann-Vorschrift** ausgebildet worden. Planungsrechtlich besteht also kein Anspruch auf Zulassung von Bauteilen, die vor eine in der festgesetzten Baulinie oder Baugrenze liegenden Außenwand vortreten.

238 Ein bestimmtes **Maß**, bis zu dem der Vorsprung eines untergeordneten Bauteils als geringfügig anzusehen ist, wird in den planungsrechtlichen Vorschriften über die überbaubaren Grundstücksflächen nicht genannt. Es wird auf die besonderen städtebaulichen Verhältnisse im Einzelfall ankommen, insbesondere in den Fällen des § 34 BauGB, wenn zu prüfen ist, ob sich ein Vorhaben hinsichtlich der überbaubaren Grundstücksfläche in die **Eigenart der näheren Umgebung** einfügt. Wenn eine „schlichte" Gebäudeflucht zu den charakteristischen Merkmalen eines Straßenzuges gehört, könnte die Zulassung eines Erkers, der bis zu 1,50 m in die Straßenflucht hineinragt, das Ortsbild empfindlich stören. Der Bauherr kann die Genehmigung des Erkers nicht mit Hin-

weis auf die bauordnungsrechtliche Zulässigkeit eines solchen Gebäudeteiles verlangen. Das gilt ganz besonders dann, wenn nach Abs. 16 geringere Tiefen der Abstandflächen zugelassen werden, weil die Gestaltung des Straßenbildes dies erfordert, und es gilt auch, wenn sich aus der Festsetzung von Baulinien im Bebauungsplan nach Abs. 17 geringere Tiefen der Abstandflächen ergeben.

Abs. 7 steht auch einem Ausschluss von Erkern und ähnlichen vor die Außenwand vortretenden Bauteilen in einer **Gestaltungssatzung** nach § 86 Abs. 1 Nr. 1 nicht entgegen. Auch in diesen Fällen gilt das ganz besonders dann, wenn nach § 86 Abs. 1 Nr. 5 geringere Tiefen der Abstandflächen vorgeschrieben werden. **239**

e) Auswirkungen baulicher Veränderungen

Die Vorschriften über die Nichtberücksichtigung vortretender Bauteile und Vorbauten und die daraus abzuleitende Notwendigkeit, Bauteile und Vorbauten, mit denen die in Abs. 7 genannten Maße überschritten werden, bei der Ermittlung der Tiefen der Abstandflächen zu berücksichtigen, sind auch bei nachträglichen Änderungen baulicher Anlagen zu berücksichtigen. Da es sich bei den umzubauenden Gebäuden häufig um Gebäude handelt, die aufgrund älterer baurechtlicher Vorschriften genehmigt worden sind, oder die für einen namhaften Zeitraum materiell rechtmäßig waren, kann es vorkommen, dass der bauliche Bestand nicht den geltenden Abstandvorschriften entspricht. Die Errichtung einer Hauseingangstreppe oder anderer vor die Außenwand vortretender Bauteile löst nicht in jedem Fall die Frage der abstandflächenrechtlichen Zulässigkeit des gesamten Gebäudes aus. Eine andere Beurteilung ist jedoch möglich oder auch geboten, wenn sich durch die Änderung eine mehr als nur geringfügige Verschlechterung für den Nachbarn ergibt (Rn. 152). **240**

Planungsrechtliche Beschränkungen hinsichtlich der in Satz 1 angesprochenen Bauteile zur **seitlichen Grundstücksgrenze** kommen nur in Betracht, wenn und soweit die überbaubaren Grundstücksflächen auch seitlich durch Baulinien oder Baugrenzen bestimmt werden. Die planungsrechtlichen Vorschriften über die Bauweise (§ 22 BauNVO) sehen über die bauordnungsrechtlichen Bestimmungen hinausgehende Beschränkungen nicht vor. **241**

9. Größere Mindesttiefen der Abstandflächen bei Verwendung normalentflammbarer Baustoffe (Abs. 8)

Abs. 8 ist ersatzlos gestrichen worden. Nach der Begründung zum Regierungsentwurf ist eine gesonderte Regelung in § 6 im Hinblick auf die Regelungen des Erfordernisses von Gebäudeabschlusswänden in § 31 nicht erforderlich. **242**

§ 6 BauO NRW   Abstandflächen

10. Geringere Tiefen der Abstandflächen in Gewerbe- und Industriegebieten (Abs. 9)

a) Anwendungsbereich

243 Die in GE- und GI-Gebieten üblichen **Werkhallen** oder Lagerhallen haben in den Außenwänden häufig keine der Beleuchtung dienenden Fenster. Entweder wird auf Tageslicht ganz verzichtet oder die Beleuchtung erfolgt über Shed-Dächer oder andere Dachflächenfenster. Die Gebäudeabstände dienen in diesen Fällen ausschließlich dem Brandschutz, insbesondere dem **Schutz vor Brandübertragung auf Nachbargebäude**. Für den Brandschutz allein wäre jedoch eine von der Gebäudehöhe abhängige Abstandregelung nicht sinnvoll. Dem trägt Abs. 9 insoweit Rechnung, als die Anwendbarkeit der von der Wandhöhe abhängigen Abstandregelung des Abs. 5 für GE- und GI-Gebiete eingeschränkt wird.

244 Abs. 9 ist keine Ausnahmeregelung. Es müssen jedoch die dort genannten Voraussetzungen erfüllt sein. Erste Voraussetzung für die Reduzierung der Tiefe der Abstandflächen auf die in Abs. 9 genannten Mindestmaße ist, dass die Wände keine **Öffnungen** haben; also nicht nur keine notwendigen Fenster, sondern auch keine Türen, Tore oder Lüfteröffnungen. Zusätzliche Anforderungen werden an die **Feuerwiderstandsklasse der Wände** gestellt und an die Brennbarkeit der Baustoffe, aus denen sie hergestellt werden. Für die Mindesttiefe der Abstandflächen nach Nr. 2 (3,00 m) genügt es, wenn eine der genannten Voraussetzungen erfüllt ist; die Wand muss entweder einer Feuerwiderstandsklasse, also mindestens F 30, entsprechen, oder sie muss einschließlich ihrer Bekleidung aus nichtbrennbaren Baustoffen bestehen. Die geringere Tiefe der Abstandfläche nach Nr. 1 (1,50 m) genügt nur dann, wenn beide Voraussetzungen (kumulativ) erfüllt sind.

b) Verhältnis zu Abs. 5 Sätze 1 und 5

245 Die von der Wandhöhe abhängige Abstandregelung des Abs. 5 Satz 1 bleibt nicht nur in den Fällen anwendbar, in denen Gebäude in den GE- und GI-Gebieten auf Tagesbeleuchtung angewiesen sind und insoweit Öffnungen für Fenster haben müssen, also insbesondere für Bürogebäude, die in den Gebieten zulässig sind, sondern auch für Werkhallen, deren Außenwände nicht der Tagesbeleuchtung dienen, sofern diese nicht die in den Nummern 1 und 2 genannten Voraussetzungen erfüllen.

246 Nach Nr. 1 kann nicht nur unter den dort genannten Voraussetzungen die Regelung des Abs. 5 Satz 1 überwunden werden, wonach die Tiefe der Abstandflächen aus dem nach Abs. 4 zu ermittelnden Maß H zu errechnen

Abstandflächen	BauO NRW § 6

ist, sondern auch Abs. 5 Satz 5, wonach die Abstandfläche „in allen Fällen" eine Mindesttiefe von 3,00 m haben muss.

Abs. 9 Satz 1 Nr. 2 steht in **Konkurrenz zu Abs. 5 Satz 5**. Beide Regelungen nennen eine Mindesttiefe der Abstandflächen von 3,00 m, wobei in Abs. 9 Satz 1 Nr. 2 Voraussetzungen genannt werden, die für die Anwendung des Abs. 5 Satz 5 nicht gelten. Danach könnte angenommen werden, dass in GE- und GI-Gebieten erhöhte Anforderungen an die Ausbildung der Außenwände zu stellen wären, wenn lediglich das Maß von 3,00 m als Tiefe der Abstandfläche eingehalten wird. Das entspricht aber nicht der Formulierung des Abs. 9: „Abweichend von Abs. 5 **genügen** . . ." Danach kommt Abs. 9 erst zum Zuge, wenn sich aus Abs. 5 Satz 1 größere Abstände ergeben würden, und das ist bei Außenwänden von Gebäuden, die überwiegend der Produktion oder der Lagerung dienen, in GE- und GI-Gebieten erst dann der Fall, wenn das Maß H den Wert 12,00 m übersteigt (Rn. 192). Dann erst müsste die Abstandfläche aufgrund des Abs. 5 Satz 1 eine größere Tiefe als 3,00 m aufweisen, und nur in diesen Fällen genügt nach Abs. 9 Satz 1 Nr. 2 eine geringere Tiefe der Abstandfläche als nach Abs. 5 Satz 1 Spiegelstrich 3. Bezogen auf die Gebäude bedeutet das, dass deren Außenwände in GE- und GI-Gebieten nur dann keine Öffnungen in Wänden aufweisen dürfen, wenn das Maß H den Wert von 6,00 m übersteigt oder wenn die Gebäude überwiegend der Produktion oder der Lagerung dienen, das Maß H den Wert von 12,00 m übersteigt und die Tiefe der Abstandfläche geringer ist als 0,25 H. Auch nur dann muss die Außenwand mindestens der Feuerwiderstandsklasse F 30 entsprechen oder sie muss einschließlich ihrer Bekleidung aus nichtbrennbaren Baustoffen bestehen.

247

c) Nichtgeltung gegenüber Grundstücksgrenzen

Aus Abs. 9 Satz 2 ergibt sich, dass die Vergünstigung des Abs. 9 nur vor Außenwänden von Gebäuden auf demselben Grundstück, nicht hingegen gegenüber Grundstücksgrenzen in Anspruch genommen werden kann. Gegenüber Grundstücksgrenzen ist also auch in GE- und GI-Gebieten, sofern nicht Abs. 6 anwendbar ist, Abs. 5 immer anzuwenden. Aus Satz 2 ergibt sich aber auch, dass die besonderen Anforderungen an die Ausbildung der Außenwände für Wände zur Grundstücksgrenze nicht wirksam werden. Danach können **Wände eingeschossiger Werkhallen** mit Öffnungen bis zu einer Höhe von 12,00 m entsprechend der Regelung des Abs. 5 in einem Abstand von 3,00 m (= 0,25 H) zur Grundstücksgrenze, also auch zur Nachbargrenze, errichtet werden. Gegenüber einem Grundstück in einem anderen Baugebiet muss jedoch eine Abstandfläche mit einer Tiefe von 0,8 H bzw. 0,5 H eingehalten werden (Rn. 160).

248

§ 6 BauO NRW   Abstandflächen

d) Anwendbarkeit des Abs. 6 in GE- und GI-Gebieten

249 Die Anwendbarkeit des Abs. 6 für Gebäude in GE- und GI-Gebieten wird durch Abs. 9 nicht berührt. Das ist auch insoweit sachgerecht, als Abs. 9, wie unter Rn. 210 bemerkt wurde, im Wesentlichen auf Werkhallen und Lagerhallen anwendbar ist, deren Wände in aller Regel länger sind als 16,00 m.

D Besondere Regelungen

I. Andere bauliche Anlagen, sonstige Anlagen und Einrichtungen (Abs. 10)

1. Wirksamkeit der Absätze 1 bis 9 gegenüber Gebäuden und Nachbargrenzen

250 Die Vorschrift dehnt die Anwendbarkeit der Absätze 1 bis 9, die nur für Gebäude gelten, auf andere bauliche Anlagen und andere Anlagen und Einrichtungen aus, von denen Wirkungen wie von Gebäuden ausgehen. Mit dem Zusatz, dass die Absätze 1 bis 9 — nur — „gegenüber Gebäuden und Nachbargrenzen" sinngemäß gelten, soll offensichtlich zum Ausdruck gebracht werden, dass im Verhältnis der Anlagen und Einrichtungen untereinander — auf demselben Grundstück — Abstandflächen nach den Absätzen 1 bis 9 nicht erforderlich sind. Auch gegenüber Grundstücksgrenzen zu öffentlichen Verkehrsflächen, öffentlichen Grünflächen und öffentlichen Wasserflächen ist Abs. 10 nicht anzuwenden. Abs. 2 Satz 2 ist insoweit nicht anwendbar.

251 Es kann auch angenommen werden, dass mit der gewählten Formulierung eine durch den Verzicht auf eine eigene Bauwichregelung verlorengegangene Wirkung der alten Bauwichregelung wiederhergestellt werden sollte, und zwar die Wirkung des § 7 Abs. 4 BauO 70, wonach im Bauwich alles unzulässig war, was dort nicht ausdrücklich als allgemein oder ausnahmsweise zulässig bezeichnet worden war. Diese mögliche Absicht des Gesetzgebers ist aber nicht eindeutig zum Ausdruck gebracht worden, so dass davon auszugehen ist, dass die sich aus den Absätzen 1 bis 9 ergebenden Rechtsfolgen auch für die in Abs. 10 genannten Anlagen und Einrichtungen gelten, soweit nicht Abs. 12 anzuwenden ist.

252 Da sich die planungsrechtlichen Vorschriften über den Grenzanbau (§ 22 Absätze 2 und 3 BauNVO) nur auf Gebäude beziehen, sind die Vorschriften des Abs. 1 Sätze 2 bis 4 auf die in Abs. 10 genannten Anlagen und Einrichtungen nicht anwendbar (OVG NRW, Urt. v. 12. 12. 1991 — 11 A 2359/89 —, BRS 54 Nr. 140; OVG NRW, Urt. v. 18. 12. 1992 — 11 A 2184/89), es sei denn, sie könnten als Teil des Gebäudes selbst betrachtet werden (z. B. Terrassen, überdachte Freisitze, Rn. 266). Im Übrigen beantwortet sich die Frage, welche Vorschriften der Absätze 1 bis 9 auf andere bauliche Anlagen sowie

Abstandflächen BauO NRW § 6

andere Anlagen und Einrichtungen anzuwenden sind, nach dem Zweck der Vorschriften einerseits (Rn. 2) und nach den Wirkungen der Anlagen und Einrichtungen andererseits.

2. Anwendbarkeit der Absätze 11 bis 17

Nach Abs. 10 gelten lediglich die Absätze 1 bis 9 für die dort genannten Anlagen und Einrichtungen sinngemäß. Damit wird jedoch eine sinngemäße Anwendung der Absätze 11 bis 17 nicht ausgeschlossen. 253

Stützmauern oder geschlossene Einfriedungen (Abs. 11 Nr. 2) werden in aller Regel an der Grundstücksgrenze errichtet. Auch wenn und soweit von Stützmauern oder geschlossenen Einfriedungen wegen ihrer Höhe Wirkungen wie von Gebäuden ausgehen, können Grenzgaragen und überdachte Stellplätze im Sinne des Abs. 11 Nr. 1 in deren Abstandflächen sowie ohne eigene Abstandflächen zulässig sein. 254

Die Ausnahmeregelung des Abs. 12 bezieht unter Nr. 3 die Anlagen und Einrichtungen des Abs. 10 ausdrücklich ein. Abs. 13 gilt hingegen nur für einander gegenüberliegende Wände desselben Gebäudes. Eine sinngemäße Anwendung der Regelung für bauliche Anlagen und andere Anlagen und Einrichtungen, von denen Wirkungen wie von Gebäuden ausgehen, kommt nicht in Betracht. Besondere städtebauliche Verhältnisse, z. B. dichte Bebauung in Verbindung mit steiler Hanglage, können jedoch auch im Hinblick auf die in Abs. 10 genannten Anlagen und Einrichtungen (z. B. Stützmauern) eine Ausnahmegenehmigung nach Abs. 16 erfordern. 255

3. Verhältnis zum Planungsrecht

Bei den in Betracht kommenden Anlagen und Einrichtungen handelt es sich in aller Regel planungsrechtlich um Stellplätze oder um untergeordnete **Nebenanlagen** und Einrichtungen im Sinne des § 14 BauNVO. Das gilt insbesondere für WS-, WR-, WA-, WB-, MD-, MI- und MK-Gebiete. 256

Stellplätze und die Grundflächen von Nebenanlagen im Sinne des § 14 Abs. 1 BauNVO waren nach § 19 Abs. 4 BauNVO a. F. nicht auf die zulässige Grundfläche anzurechnen. Diese Vorschrift gilt nach wie vor für Bebauungspläne, die vor dem 27. 1. 1990 öffentlich ausgelegt worden waren. Nach § 19 Abs. 4 Satz 1 Nr. 2 BauNVO 1990 sind Stellplätze und die Grundflächen von Nebenanlagen im Sinne des § 14 BauNVO bei der Ermittlung der Grundfläche unter Beachtung der Vorschriften des § 19 Abs. 4 Satz 2 BauNVO 1990 mitzurechnen, sofern der Bebauungsplan nach § 19 Abs. 4 Satz 3 BauNVO 1990 nichts anderes festsetzt. Aus § 19 Abs. 4 BauNVO 1990 kann sich ergeben, dass bauliche Anlagen im Sinne des Abs. 10, sofern es sich um Stellplätze 257

§ 6 BauO NRW   Abstandflächen

oder um Nebenanlagen im Sinne des § 14 Abs. 1 BauNVO handelt, planungsrechtlich unzulässig sind, auch wenn sie auf den überbaubaren Grundstücksflächen im Sinne des § 23 BauNVO zulässig sind oder auf den nicht überbaubaren Grundstücksflächen nach § 23 Abs. 5 BauNVO zugelassen werden können.

258   Zwingende Festsetzungen eines Bebauungsplans beziehen sich in aller Regel nicht auf die in Abs. 10 genannten Anlagen und Einrichtungen, sofern sie als Nebenanlagen auch auf den nicht überbaubaren Grundstücksflächen zulässig sind (Rn. 256). Zwingende Festsetzungen über die Höhe von Aufschüttungen (Hess.VGH, Beschl. v. 24. 7. 1984 − 3 TH 1976/84 −, BRS 42 Nr. 207), Stützmauern, geschlossene Einfriedungen oder Terrassen können jedoch namentlich in Hanglagen erforderlich werden. Ergeben sich aus solchen Festsetzungen in Verbindung mit zwingenden Festsetzungen über ihre Lage auf dem Baugrundstück geringere Tiefen der Abstandflächen, so gelten diese (Abs. 17).

259   In GE- und GI-Gebieten sowie in einigen Fällen auch in SO-Gebieten kann es sich bei den in Abs. 10 genannten Anlagen und Einrichtungen auch um solche handeln, die nach ihrer Funktion, häufig aber auch nach ihrem Umfang und ihrer Größe zu den **Hauptanlagen** des Gebiets zu rechnen sind, die also nicht mehr den Charakter von untergeordneten Nebenanlagen oder untergeordneten Einrichtungen im Sinne des § 14 BauNVO haben. Diese Anlagen und Einrichtungen sind in den genannten Gebieten planungsrechtlich auf den überbaubaren Grundstücksflächen allgemein zulässig. Bauordnungsrechtlich lösen sie die Forderung nach Abstandflächen insbesondere gegenüber den in diesen Gebieten auch zulässigen Gebäuden aus, darüber hinaus auch gegenüber Nachbargrenzen. Die letztgenannte Anforderung dürfte insbesondere in den sogenannten **Gemengelagen** bedeutsam werden, die durch eine Mischung von gewerblicher bzw. industrieller Nutzung und Wohnnutzung charakterisiert sind.

4. Anlagen und Einrichtungen, von denen Wirkungen wie von Gebäuden ausgehen

a) Allgemeines

260   Voraussetzung für die Gleichstellung der baulichen Anlagen, die keine Gebäude sind, und anderer Anlagen und Einrichtungen mit Gebäuden ist, dass von ihnen „Wirkungen wie von Gebäuden ausgehen". Dabei sind diejenigen Wirkungen der Gebäude maßgeblich, die als Gefahren im bauordnungsrechtlichen Sinne (Rn. 1 ff.) anzusehen sind und vor denen die Regelungen der

Absätze 1 bis 9 schützen sollen: Die Gefahr der Brandübertragung, die Gefahr einer unzumutbaren Verschattung von Grundstücken und Gebäuden, die Möglichkeit einer Beeinträchtigung des Wohnfriedens (OVG NRW, Urt. v. 12. 12. 1991 — 11 A 2359/89 —, BRS 54 Nr. 140). Im Hinblick auf den Brandschutz sind Abstandflächen gegenüber Gebäuden in Abhängigkeit vom Material (Brennbarkeit, Entflammbarkeit) der Anlagen und Einrichtungen erforderlich. Im Hinblick auf die Beleuchtung sind Abstandflächen gegenüber Gebäuden in Abhängigkeit von der Größe, der Höhe und Breite der Anlagen und Einrichtungen erforderlich. Im Hinblick auf ein verträgliches Wohnklima sind Abstände nach der Art möglicher Störungen erforderlich.

Beeinträchtigungen des Wohnfriedens können sich durch unerwünschten Einblick in den Wohnbereich ergeben, aber auch durch akustische Belästigungen oder Geruchsbelästigungen. 261

Das OVG NRW war in seiner Entscheidung vom 29. 8. 1997 (7 A 629/95) davon ausgegangen, dass Windenergieanlagen Anlagen oder Einrichtungen seien, von denen im Hinblick auf die optischen und akustischen Auswirkungen Wirkungen wie von Gebäuden ausgehen. Aufgrund des Gesetzes vom 24. 10. 1998 (Rn. 275) gelten Windenergieanlagen inzwischen nicht mehr als Anlagen oder Einrichtungen im Sinne des Abs. 10. Gleichwohl behält die Aussage des OVG NRW im Hinblick auf andere Anlagen oder Einrichtungen im Sinne des Abs. 10 ihre Gültigkeit.

Aus der Voraussetzung für die sinngemäße Anwendbarkeit der Absätze 1 bis 9 kann im Umkehrschluss abgeleitet werden, dass Anlagen und Einrichtungen, von denen keine Wirkungen wie von Gebäuden ausgehen, in den Abstandflächen zulässig sind, auch wenn und soweit von ihnen gewisse Beeinträchtigungen ausgehen. 262

Die Ausweitung der Abstandvorschriften auf andere bauliche Anlagen sowie andere Anlagen und Einrichtungen gilt nicht nur, wenn alle oder mehrere der vorgenannten Gesichtspunkte berührt werden. Sie gelten auch, wenn zwar nur einer der Gesichtspunkte, dieser aber erheblich berührt wird.

h) Beispiele

Die folgende Aufzählung ist nicht abschließend. 263

Beispiel Mauern, die höher als 2,00 m sind 264

Von einer Geländeaufhöhung in der Nähe der Nachbargrenze kann eine Beeinträchtigung des Nachbarfriedens ausgehen. Eine Stützmauer, die eine solche Geländeaufhöhung absichern soll, die also nicht zur Abstützung des natürlichen Geländes erforderlich ist, kann unzulässig sein, wenn der Mindestabstand nach Abs. 5 nicht eingehalten wird (OVG NRW, Urt. v. 27. 11. 1989 — 11 A 195/88 —, BRS 50 Nr. 185). Von solchen Fällen abgesehen, werden aber im Allgemeinen weder von einer Stützmauer noch von einer geschlossenen Einfriedung negative Wirkungen im Hinblick auf den Wohnfrieden ausgehen. Es kann jedoch die Tagesbeleuchtung von Grundstücksteilen oder Gebäuden beeinträchtigt werden. Die Beeinträchtigung kann als geringfügig angesehen werden, solange die Mauer das Maß von 2,00 m nicht überschreitet. Bei Überschreitung dieses Maßes muss jedoch die mögliche Beeinträchtigung in Gebieten, die ausschließlich oder auch dem Wohnen dienen, als erheblich angesehen werden, so dass die Abstandvorschriften anzuwenden sind.

Es ist zu berücksichtigen, dass von geschlossenen Einfriedungen nicht nur keine negativen Wirkungen im Hinblick auf den Wohnfrieden ausgehen; sie haben in dieser Hinsicht im Allgemeinen eine positive Wirkung. Sie sollen geradezu dem Wohnfrieden dienen, indem sie Einblick verhindern und akustische Störungen mindern (OVG NRW, Urt. v. 5. 12. 1997 — 7 A 1983/94). So kann ein Kinderspielplatz, der ohne eine geschlossene Einfriedung eine Abstandfläche einhalten müsste, unmittelbar an der abschirmenden Mauer zulässig sein (Rn. 270).

Von einer Abgrabung gehen im Unterschied zu einer Anschüttung keine Wirkungen wie von Gebäuden aus (OVG NRW, Beschl. v. 13. 11. 1997 — 10 A 6887/95).

265 **Beispiel Werbetafeln**

Von großen Werbetafeln, die in geringem Abstand zur Nachbargrenze errichtet oder angebracht werden, können Wirkungen wie von Gebäuden ausgehen (OVG NRW, Urt. v. 18. 9. 1992 — 11 A 276/89).

266 **Beispiel Terrasse**

Von einer Terrasse gehen keine Beeinträchtigungen in der Tagesbeleuchtung von Gebäuden aus. Es können jedoch Beeinträchtigungen des Wohnfriedens von einer Terrasse ausgehen. Diese Beeinträchtigungen müssen im Allgemeinen von den Nachbarn hingenommen werden. Die Beeinträchtigungen übersteigen jedoch das zumutbare Maß, wenn eine Terrasse auf eine Höhe von mehr als 1,00 m über die Geländeoberfläche angehoben wird. Überschreitet die Terrasse das angegebene Maß, so sind allseitig Abstandflächen mit dem sich aus Abs. 5 Satz 5 ergebenden Mindestmaß von 3,00 m Tiefe einzuhalten. Die Abstandfläche muss wie die Abstandflächen vor den Außenwänden von

Gebäuden auf dem Grundstück selbst liegen. Danach ist beispielsweise die Herstellung einer Terrasse auf einer nach Abs. 11 zulässigerweise errichteten Grenzgarage unzulässig (vgl. Rn. 300).

Mit der Regelung wird nicht ausgeschlossen, dass die Terrasse in der Abstandfläche vor der Außenwand des Gebäudes liegt, zu dem sie gehört. Für Terrassen gilt dann nichts anderes als für niedrigere Bauteile eines Gebäudes, die in den Abstandflächen vor dessen Außenwänden zulässig sind (Rn. 33).

Nicht nur im Falle freistehender Einfamilienhäuser kann ein Bedürfnis oder auch die Notwendigkeit bestehen, Terrassen oder offene Freisitze mehr als 1,00 m über die Geländeoberfläche anzuheben. Das kann auch — je nach Höhe des Erdgeschossfußbodens, zumal in Hanglagen — auch im Falle von Reihenhäusern der Fall sein. Soweit davon auszugehen ist, dass die planungsrechtlichen Vorschriften über die Bauweise nicht auf die in Abs. 10 genannten Anlagen und Einrichtungen anwendbar sind, können im Falle schmaler Reihenhausparzellen von nicht viel mehr als 6,00 m Breite Terrassen mit einer Höhe von mehr als 1,00 m über der Geländeoberfläche jedoch nach Abs. 12 zulässig sein. Eine unmittelbar an das Gebäude anschließende Terrasse oder ein Freisitz kann wie ein Anbau als Teil des Gebäudes angesehen werden, der in der geschlossenen Bauweise oder bei Hausgruppen in der offenen Bauweise ohne Abstandfläche zur seitlichen Grundstücksgrenze zulässig ist.

Abs. 7 ist auf Terrassen im Allgemeinen nicht anwendbar (OVG NRW, Beschl. v. 29. 11. 1985 — 7 B 2402/85 —, BRS 44 Nr. 101). Wenn allerdings die dort genannten Maße von 1,50 m in Bezug auf die Außenwand bzw. 2,00 m in Bezug auf Nachbargrenzen eingehalten werden, so könnte Abs. 7 sinngemäß auf unmittelbar mit dem Gebäude verbundene Terrassen und überdachte Freisitze angewandt werden.

Beispiel Anschüttung

267

Von einer Anschüttung, die das vorhandene natürliche Gelände auf dem Nachbargrundstück um mehr als doppelte Mannshöhe überragt, gehen Wirkungen wie von Gebäuden aus. Eine solche Anschüttung darf in der offenen Bauweise mit ihrem Böschungsfuß nicht unmittelbar an die Nachbargrenze heranreichen; der Mindestabstand von 3 m (Abs. 5 Satz 4) muss eingehalten werden (OVG NRW, Beschl. v. 10. 6. 1999 — 7 B 827/99).

Beispiel Stellplatz

268

Von einem Stellplatz geht regelmäßig eine gewisse Beeinträchtigung des Wohnfriedens aus, wenn er ohne Abstandfläche an der Nachbargrenze angelegt wird. Diese Beeinträchtigung ist jedoch als nicht erheblich anzusehen, so dass Stellplätze allgemein in den Abstandflächen und ohne eigene Abstandflächen zulässig sind. Von einem überdachten Stellplatz geht aber zusätzlich eine verschattende Wirkung aus, so dass dieser nur unter den Voraussetzungen des Abs. 11 Nr. 1 zulässig ist. Ein Stellplatz der auf Stützpfeilern in hängigem Gelände errichtet werden soll, kann als eine bauliche Anlage angesehen werden, von der Wirkungen wie von einem Gebäude ausgehen (OVG NRW, Beschl. v. 11. 4. 1991 – 7 A 2165/90). Die Vorschrift des § 51 Abs. 7, wonach Stellplätze das Arbeiten und Wohnen, die Ruhe und Erholung nicht über das zumutbare Maß hinaus stören dürfen, bleibt unberührt. Eine solche unzumutbare, über das Übliche hinausgehende Störung kann sich aus der Anzahl der Stellplätze ergeben wie auch aus der Anordnung der Zufahrt. Störungen, die sich lediglich aus einer nicht ordnungsgemäßen Nutzung der Stellplätze ergeben können, müssen allerdings unberücksichtigt bleiben.

269 **Beispiel Hundezwinger**

Ob ein Hundezwinger überhaupt genehmigungsfähig ist, richtet sich nach den planungsrechtlichen Vorschriften über die Art der baulichen Nutzung unter Berücksichtigung des konkreten Gebietscharakters. Ist der Hundezwinger überdacht, so ist er als Gebäude anzusehen (OVG NRW, Urt. v. 26. 6. 1973 – XI A 1128/72 –, BRS 27 Nr. 91) und insoweit in den Abstandflächen von Gebäuden und ohne eigene Abstandflächen unzulässig. Ein Hundezwinger ohne Überdachung ist jedoch kein Gebäude. Ob ein solcher Hundezwinger in den Abstandflächen von Gebäuden und ohne eigene Abstandflächen zu Nachbargrenzen zulässig ist, hängt davon ab, ob er als eine Einrichtung anzusehen ist, von der Wirkungen wie von Gebäuden ausgehen, womit Abs. 10 anwendbar wäre. Von einem Hundezwinger ohne Überdachung kann keine verschattende Wirkung ausgehen, wohl aber, wie von einem sonst ähnlichen überdachten Hundezwinger, der insoweit ein Gebäude ist, eine vergleichbare Beeinträchtigung des Wohnfriedens.

Anlagen und Einrichtungen im Sinne des Abs. 10 müssen untereinander keine Abstandflächen einhalten. Wenn eine hohe Mauer an der Nachbargrenze als Einfriedung vorhanden ist, kann ein Hundezwinger ohne Abstandfläche zu dieser Mauer als zulässig angesehen werden (Rn. 264).

270 **Beispiel Kinderspielplatz**

Kinderspielflächen, die nach § 9 Abs. 2 bei der Errichtung von Gebäuden mit Wohnungen bereitzustellen sind, können, wenn sie stark frequentiert werden, zu Beeinträchtigungen des Wohnfriedens führen. Diese Beeinträchtigungen sind in ihrer Wirkung denen vergleichbar, die von Gebäuden ausgehen.

Die Spielflächen müssen daher Abstandflächen mit der sich aus Abs. 5 Satz 5 ergebenden Mindesttiefe von 3,00 m einhalten, sofern sie nicht hinter einer abschirmenden Einfriedung von mindestens 1,50 m Höhe hergestellt werden sollen (Rn. 264).

Eine abschirmende Mauer kann auch im Zusammenhang mit der Bereitstellung der Spielflächen als Teil der Anlage hergestellt werden. Ob das geschieht oder ob die Einfriedung unabhängig von der Bereitstellung von Spielflächen hergestellt wurde oder wird, ist unerheblich. Die − negative − Wirkung, die von einer Spielfläche für Kleinkinder auf Nachbargrundstücke ausgehen kann, wird von einer entsprechenden Anlage hinter einer abschirmenden Mauer im Allgemeinen nicht ausgehen, so dass Abstandflächen gegenüber Nachbargrenzen dann nicht erforderlich sind.

Beispiel Silo   271

Silobauten und ähnliche Behälter sind als Nebenanlagen gewerblicher (z. B. Zementsilo) oder landwirtschaftlicher Betriebe (z. B. Futtersilo) üblich. Von diesen baulichen Anlagen kann aufgrund ihrer oft beträchtlichen Höhe eine erheblich verschattende Wirkung ausgehen, weniger eine Beeinträchtigung des Wohnfriedens, letzteres auch dann nicht, wenn sie in Gebieten mit teilweiser Wohnnutzung (MD- oder MI-Gebiet) errichtet werden sollen.

Im unbeplanten Innenbereich kann es vorkommen, dass sich Silobauten, auch wenn die Umgebung des Vorhabens durch unterschiedliche Nutzungen geprägt ist, wegen ihrer Größe (Maß der baulichen Nutzung) nicht einfügen und insoweit aufgrund des planungsrechtlichen Rücksichtnahmegebots unzulässig sind (BVerwG, Urt. v. 23. 5. 1986 − 4 C 34.85 −, ZfBR 1986, 247). Soweit ihre planungsrechtliche Zulässigkeit gegeben ist, müssen derartige Behälter aber die sich aus den Absätzen 4 bis 6 ergebenden Abstände unter Berücksichtigung des Abs. 2 wahren. Das bedeutet für die in aller Regel schlanken Silobauten, dass das Schmalseitenprivileg nach Abs. 6 (Rn. 195 ff.) in Anspruch genommen werden kann. Das wiederum schließt nicht aus, dass Silobauten, soweit sie als solche planungsrechtlich zulässig sind, aufgrund planungsrechtlicher Vorschriften über die überbaubaren Grundstücksflächen größere Abstände zu Gebäuden, insbesondere zu Wohngebäuden, einhalten müssen. Das kann im unbeplanten Innenbereich etwa dann der Fall sein, wenn die tatsächlich vorhandene Situation die Grundstücke so prägt, dass eine Reduzierung von Abständen auf die bauordnungsrechtlich zulässigen Maße unzumutbar in die durch die vorhandene Situation geschützten Interessen des Nachbarn eingreifen (OVG NRW, Urt. v. 9. 5. 1985 − 7 A 13.95/84 −, BRS 44 Nr. 167).

In GE- und GI-Gebieten kommen je nach konstruktiver Ausbildung der genannten Anlagen die geringeren Abstände des Abs. 9 in Betracht (Rn. 243 ff.).

272 **Beispiel Rohrleitungen**

Oberirdische Rohrleitungen, vor allem in gebündelter Form, und andere technische Aggregate sind oft wesentliche Bestandteile von Gewerbe- und Industriebetrieben. Für diese Anlagen genügen gegenüber Gebäuden ohne Öffnungen in diesen Gebieten, also für Werk- und Lagerhallen, die Abstände nach Abs. 9, wenn auch die dort genannten Voraussetzungen hinsichtlich der Feuerwiderstandsklasse von Wänden in entsprechender Weise erfüllt sind. Gegenüber Grundstücksgrenzen müssen jedoch die Abstände nach Abs. 5 eingehalten werden. In aller Regel werden aber aus Gründen des Gefahrenschutzes größere Abstände erforderlich sein. Dies ergibt sich aus den einschlägigen technischen Regelwerken.

273 **Beispiel Ballfangzaun**

OVG NRW, Urt. v. 10. 7. 1992 — 11 A 9/91; OVG Berlin, Beschl. v. 18. 7. 1994 — 2521.94 —, BRS 56 Nr. 110.

274 **Beispiel Lagerplatz**

OVG NRW, Urt. v. 25. 10. 1994 — 11 A 2114/93.

c) Windenergieanlagen

275 Durch Gesetz zur Änderung der Landesbauordnung vom 24. Oktober 1998 sind dem Abs. 10 die Sätze 2 bis 5 angefügt worden. Danach gelten für Windenergieanlagen die Absätze 4 bis 9 nicht. Bei diesen Anlagen bemisst sich die Tiefe der Abstandfläche nach der Hälfte ihrer größten Höhe. Wie diese zu ermitteln ist, ergibt sich aus den Sätzen 4 und 5.

II. Zulässigkeit von Grenzgaragen, Gebäuden mit Abstellräumen, Gewächshäusern, Stützmauern und Einfriedungen (Abs. 11)

1. Allgemeines

276 Das mit der Festsetzung der offenen Bauweise verfolgte städtebauliche Ziel, wonach in der offenen Bauweise anders als in der geschlossenen Bauweise die einzelnen Gebäude oder Hausgruppen als eigenständige Baukörper in Erscheinung treten sollen (vgl. Rn. 55), wird durch die planungsrechtliche Vorschrift des § 22 Abs. 2 BauNVO erreicht. Danach müssen die Gebäude in der offenen Bauweise als Einzelhäuser, Doppelhäuser oder Hausgruppen mit seitlichem

Grenzabstand errichtet werden. Der Hess.VGH ist der Auffassung, dass die Anforderung damit nicht notwendigerweise für andere Gebäude und bauliche Anlagen gilt (Hess.VGH, Urt. v. 18. 3. 1999 – 4 UE 997/95 –, BauR 2000 S. 1316). Die Vorschrift ist nicht mit einer Ausnahme- oder Abweichungsregelung verbunden worden.

Die Möglichkeit, den in § 22 Abs. 2 BauNVO für die offene Bauweise vorgeschriebenen seitlichen Grenzabstand (Bauwich) einzuschränken, wird also in der BauNVO nur mittelbar ausgesprochen. Es ist aber allgemein anerkannt, dass der Landesgesetzgeber im Rahmen der in der BauNVO selbst nicht konkretisierten Regelungen über den Bauwich befugt ist, auch Regelungen über die Zulässigkeit von Gebäuden im Bauwich zu treffen. Solche Vorschriften dürfen jedoch nicht die planungsrechtlichen Vorgaben in einer Weise konterkarieren, dass im Ergebnis aus offener Bauweise faktisch geschlossene Bauweise wird. Das BVerwG hat – wenngleich in einem anderen Zusammenhang (vgl. BVerwG, Urt. v. 19. 12. 1985 – 7 C 65.82 – DVBl. 1986 S. 190) – bereits darauf hingewiesen, dass das materielle Bauplanungsrecht in seiner Beachtung und Durchsetzung grundsätzlich nicht zur Disposition des Landesgesetzgebers steht (BVerwG, Beschl. v. 17. 4. 1998 – 4 B 144.97 –, UPR 1998 S. 355). 277

Die Abstandfläche darf nach der Entscheidung des Gesetzgebers nur für Nutzungen mit mindestens „gleichrangiger Funktion" in Anspruch genommen werden, vornehmlich, um zur Entlastung des öffentlichen Verkehrsraums Kraftfahrzeuge unterzubringen (vgl. OVG NRW, Urt. v. 22. 1. 1996 – 10 A 1464/92).

Der Gesetzgeber hatte diesen Grundsatz insoweit beachtet, als er in § 6 Abs. 11 BauO 84 die in den Abstandflächen ohne eigene Abstandflächen an Nachbargrenzen zulässigen Gebäude nach ihrer Art und Funktion und in ihren Abmessungen auf Stellplätze und Kleingaragen beschränkt hatte. Allerdings wurde mit der Grenzgaragenregelung der BauO 84 auch die Möglichkeit eröffnet, im Zusammenhang mit einer Grenzgarage einen in die Grenzgarage integrierten Abstellraum zu schaffen. Dies entsprach einem Bedürfnis der Praxis – so die Begründung zum Regierungsentwurf für die BauO 84. Mit der Neufassung des § 6 Abs. 11 in der BauO 95 wurden die Möglichkeiten, Grenzgebäude in den Abstandflächen ohne eigene Abstandflächen zu errichten, erweitert. Die ursprüngliche Begründung zur Grenzgaragenregelung kann für diese Gebäude nicht in Anspruch genommen werden. 278

Aufgrund der Größenbegrenzung entsprechen die nunmehr als Grenzgebäude in der offenen Bauweise zulässigen Gebäude mit Abstellräumen und Gewächshäuser in etwa den untergeordneten Nebenanlagen im Sinne des § 14 279

BauNVO, die nach § 23 Abs. 5 Satz 1 BauNVO auf den nicht überbaubaren Grundstücksflächen zugelassen werden können; sie können gleichwohl nicht mit den Nebenanlagen im Sinne des § 14 BauNVO gleichgesetzt werden; denn § 14 BauNVO ist im Hinblick auf die Art der Nutzung der dort genannten Nebenanlagen nicht als eine abschließende Regelung anzusehen. Demgegenüber ist die Aufzählung der nach Abs. 11 zulässigen Grenzgebäude abschließend. So gehören Einrichtungen für die Kleintierhaltung im Sinne des § 14 Abs. 1 Satz 2 BauNVO nicht zu den in den Abstandflächen ohne eigene Abstandflächen an Nachbargrenzen zulässigen Einrichtungen. Soweit solche Einrichtungen keine baulichen Anlagen sind, müssen sie als Einrichtungen angesehen werden, von denen Wirkungen wie von Gebäuden ausgehen können, für die die Absätze 1—9 sinngemäß gelten (vgl. Rn. 250 ff.).

2. Grenzgaragen

a) Bauordnungsrechtliche und planungsrechtliche Zulässigkeitsvoraussetzungen

280   Nach § 2 Abs. 8 Satz 2 sind Garagen ganz oder teilweise umschlossene Räume zum Abstellen von Kraftfahrzeugen. Das schließt nicht aus, dass Garagen auch Gebäude sein können. Überdachte Stellplätze dienen ebenfalls dem Abstellen von Kraftfahrzeugen, sie haben aber außer der Überdachung keine weiteren Raumabschlüsse. Stellplätze unter einem Gebäude auf Stützen sind keine Garagen.

Der Begriff Grenzgarage ist im Gesetz nicht definiert. In der Praxis hat sich der Begriff jedoch für Garagen, die an einer Nachbargrenze errichtet werden, eingebürgert. Die Regelung hat in erster Linie vollkommen selbständige Gebäude im Blick. Nach Auffassung des SächsOVG ist die Regelung für Garagen, die vollkommen in ein anderes Gebäude integriert sind, sinnlos. Eine Grenzgarage verliere ihre Privilegierung allerdings grundsätzlich nicht schon dadurch, dass sie mit einer gemeinsamen Wand und einem gemeinsamen, abgeschleppten Dach zum zugehörigen Wohnhaus hin errichtet wird (Sächs. OVG, Beschl. v. 22. 9. 1998 — 1 S 545/98; vgl. auch Hess.VGH, Urt. v. 18. 3. 1999 — 4 UE 997/95 —, BauR 2000 S. 1316). Das OVG NRW hat es demgegenüber nach dem Schutzzweck der Vorschrift als unerheblich angesehen, ob die Garagenräume ein selbständiges Gebäude oder den unselbständigen Gebäudeteil eines anderen Gebäudes darstellen (OVG NRW, Urt. v. 5. 2. 1996 — 10 A 3624/92 —, BauR 1996, S. 835: vgl. § 74 Rn. 272).

281   Ein an der Grenze errichtetes Gebäude ist keine zulässige Grenzgarage im Verständnis des Abs. 11 Nr. 1, wenn der Garagenraum voll unterkellert ist und

der Keller teilweise die Geländeoberfläche überragt (OVG NRW, Urt. v. 22. 1. 1996 — 10 A 1464/92; Urt. v. 18. 1. 1999 — 7 A 898/98).

Aus der Flächenbegrenzung für den Abstellraum ergibt sich, dass es nicht 282
zulässig ist, eine Grenzgarage insgesamt als Abstellraum oder Lagerraum für unterschiedliche Gegenstände zu nutzen. Eine andere Nutzung des Abstellraums, beispielsweise als „Hauswirtschaftsraum" unterfällt nicht der Privilegierung des Abs. 11 und ist damit unzulässig (OVG NRW, Beschl. v. 20. 12. 1996 — 10 B 3085/96). Ein Raum, in dem eine Sammlung von Oldtimern untergebracht werden soll, wird der Zweckbestimmung des Abs. 11 nicht gerecht, wenn die Oldtimer nicht regelmäßig im öffentlichen Straßenraum bewegt werden sollen (OVG NRW, Beschl. v. 12. 2. 1999 — 7 A 603/99).

Die Umnutzung eines als Grenzgarage zulässigen Gebäudes zu gewerblichen 283
oder sonstigen Zwecken ist unzulässig. Die Frage, ob und, wenn ja, welche Auswirkungen sich aus einer solchen Umnutzung für das Nachbargrundstück ergeben, ist ohne Belang; denn durch ein grenzständiges Bauwerk wird der Nachbar stets tatsächlich beeinträchtigt. Der Gesetzgeber mutet dem Nachbarn eine solche Beeinträchtigung nur zu bestimmten abstandsrechtlich begünstigten Zwecken zu. Zur Nutzungsänderung einer bestehenden Grenzgarage in eine Handweberei OVG NRW, Urt. v. 4. 7. 1996 — 7 A 3795/94.

Ein in den Bauzeichnungen als „Heizöllager" bezeichneter, zur Aufnahme des 284
Heizöltanks bestimmter Raum kann nicht als „Abstellraum" im Sinne des Abs. 11 Nr. 1 gewertet werden. Die Auffassung, ein Gebäude, das der Unterbringung einer Anlage, die funktionaler Bestandteil der heizungstechnischen Anlage des (Haupt-)Gebäudes ist, genieße nach dem Willen des Gesetzes keine Privilegierung, die eine Errichtung an der Grenze ohne eigene Abstandfläche zuließe (OVG NRW, Urt. v. 22. 10. 1996 — 10 A 4174/92), kann allerdings so nicht mehr als zutreffend angesehen werden, nachdem durch Anfügung des Satzes 4 in § 6 Abs. 11 BauO 2000 Leitungen und Zähler für Energie und Wasser, Feuerstätten für flüssige und gasförmige Brennstoffe mit einer Nennwärmeleistung bis zu 28 kW und Wärmepumpen mit entsprechender Leistung in den Abstellräumen nach Satz 1 zulässig sind.

Grenzgaragen werden in aller Regel unmittelbar an der Nachbargrenze errichtet. 285
Nach Satz 3 können Grenzgaragen auch in einem Abstand von 1,00 bis 3,00 m von der Nachbargrenze errichtet werden.

Ist auf dem Nachbargrundstück ein Gebäude als Doppelhaushälfte oder als 286
Teil einer Hausgruppe ohne Abstandfläche an der Grundstücksgrenze vorhanden, so kann eine Grenzgarage oder ein Gebäude mit Abstellraum nicht ange-

§ 6 BauO NRW   Abstandflächen

baut werden. Die öffentlich-rechtliche Anbausicherung nach Abs. 1 Satz 2 Buchst. b gilt nur für Gebäude der Hauptnutzung.

287 Für Grenzgaragen, Gebäude mit Abstellräumen und Gewächshäuser entfallen die Abstandflächen gänzlich. Sie müssen nicht nach § 7 Abs. 1 auf das Nachbargrundstück übertragen werden (§ 7 Rn. 2). Eine Grenzgarage, ein Gebäude mit Abstellraum oder ein Gewächshaus kann darüber hinaus in der Abstandfläche eines anderen Gebäudes auf demselben Grundstück, insbesondere eines Gebäudes der Hauptnutzung, ohne eigene Abstandfläche, d. h. ohne Abstand

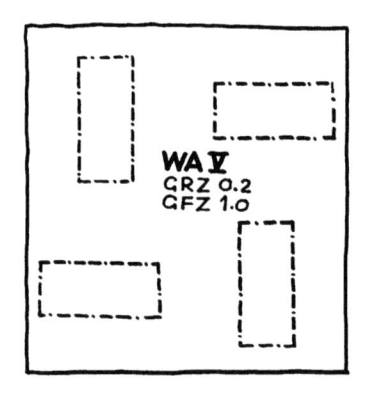

Abb. 6.11.1
Bebauungsplan mit Festsetzungen über die überbaubaren Grundstücksflächen, jedoch ohne Festsetzungen über die Unzulässigkeit von Stellplätzen und Garagen auf den nicht überbaubaren Grundstücksflächen.

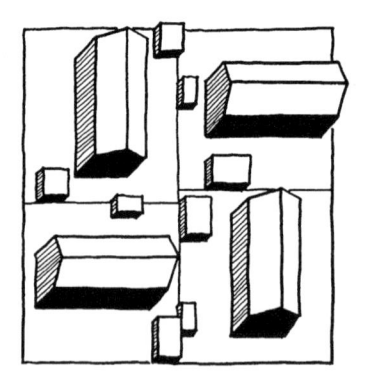

Abb. 6.11.2
Die durch den Bebauungsplan (Abb. 6.11.1) angestrebte Ordnung kann nach Grundstücksteilung durch zeitlich und räumlich unkoordinierten Grenzgaragenbau erheblich gestört werden.

oder auch in vermindertem Abstand zu dem anderen Gebäude errichtet werden. Die in Abs. 11 genannten Gebäude müssen aber nicht in jedem Fall in der Abstandfläche zu einem anderen Gebäude errichtet werden; sie können auch ohne Bezug zu einem anderen Gebäude auf demselben Grundstück, also beispielsweise im rückwärtigen Grundstücksteil, errichtet werden (OVG NRW, Urt. v. 13. 10. 1999 — 7 A 1230/99). Die durch einen Bebauungsplan angestrebte Ordnung kann nach Grundstücksteilung durch zeitlich und räumlich nicht koordinierten Grenzgaragenbau erheblich gestört werden (Abb. 6.11.1 und 6.11.2).

§ 6 Abs. 1 Satz 3 räumt der Baugenehmigungsbehörde nicht die Befugnis ein, zu verlangen, dass eine Garage, die in den Abstandflächen eines Gebäudes ohne Einhaltung eigener Abstandflächen errichtet werden kann, an eine auf dem Nachbargrundstück an der Grundstücksgrenze errichtete Garage angebaut wird (OVG Berlin, Urt. v. 21. 3. 1986 — 2 B 69.84 —, BauR 1986, 689). Der sich ergebende unruhige optische Gesamteindruck kann lediglich aufgrund planungsrechtlicher Vorschriften, insbesondere durch Festsetzungen im Bebauungsplan, verhindert werden.

Zur nachbarschützenden Bedeutung von Festsetzungen über die überbaubaren Grundstücksflächen für Garagen an der Grundstücksgrenze vgl. OVG Weimar, Beschl. v. 26. 7. 1996 — 1 EO 66/95 —, NVwZ 1997 S. 596.

Grenzgaragen und überdachte Stellplätze im Sinne des Abs. 11 sind nicht nur **288** ausnahmsweise, sondern allgemein zulässig, sofern planungsrechtliche Vorschriften nicht entgegenstehen. Planungsrechtliche Vorschriften, die der Zulassung von Grenzgaragen oder überdachten Stellplätzen entgegenstehen können, sind die des § 19 Abs. 4 BauNVO sowie Festsetzungen eines Bebauungsplans nach § 12 Abs. 6 BauNVO und § 23 Abs. 5 BauNVO (Rn. 293). Auch das Einfügungsgebot des § 34 Abs. 1 BauGB kann der Zulassung von Grenzgaragen oder überdachten Stellplätzen entgegenstehen (Rn. 292).

Sofern ein Baugebiet im Bebauungsplan als WR-Gebiet festgesetzt ist oder das **289** Gebiet im Sinne des § 34 Abs. 2 BauGB einem WR-Gebiet nach § 3 BauNVO entspricht, folgt aus § 12 Abs. 3 Nr. 1 BauNVO, dass das Abstellen von Lastkraftwagen auf solchen Stellplätzen bzw. in solchen Garagen, die in reinen Wohngebieten als Bestandteil der dort zulässigen Wohnnutzung bzw. einer ausnahmsweise zugelassenen sonstigen Nutzung genehmigt worden sind, jedenfalls dann, wenn dieses Abstellen ständig und auf Dauer angelegt stattfindet, eine planungsrechtlich unzulässige Nutzung darstellt, die dem Gebietscharakter eines reinen Wohngebiets zuwiderläuft (OVG NRW, Urt. v. 15. 6. 1998 — 7 A 1974/97).

§ 6 BauO NRW   Abstandflächen

290 Die Grundflächen von Grenzgaragen waren nach § 19 Abs. 4 BauNVO a. F. nicht auf die zulässige Grundfläche anzurechnen. Diese Vorschrift gilt nach wie vor für Bebauungspläne, die vor dem 27. 1. 1990 öffentlich ausgelegt worden waren (vgl. Rn. 257). Nach § 19 Abs. 4 Satz 1 BauNVO 1990 sind nunmehr die Grundflächen von Garagen und Stellplätzen mit ihren Zufahrten bei der Ermittlung der Grundfläche unter Beachtung der Vorschriften des § 19 Abs. 4 Satz 2 BauNVO 1990 mitzurechnen, sofern der Bebauungsplan nach § 19 Abs. 4 Satz 3 nichts anderes festsetzt. Aus § 19 Abs. 4 BauNVO 1990 kann sich ergeben, dass Grenzgaragen im Sinne des Abs. 11 Nr. 1 planungsrechtlich unzulässig sind, auch wenn sie auf den überbaubaren Grundstücksflächen im Sinne des § 23 BauNVO zulässig sind oder auf den nicht überbaubaren Grundstücksflächen zugelassen werden können (Abb. 6.11.3).

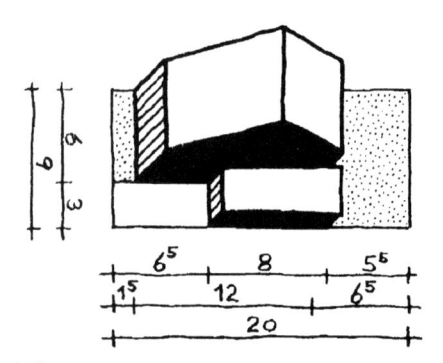

Abb. 6.11.3

Doppelhaushälfte mit Grenzgarage
Größe des Grundstücks: 180 m²
Grundfläche der Doppelhaushälfte: 72 m² (GRZ = 0,4)
Grundfläche der Garage mit Zufahrt: 43,5 m²
Überschreitung der Grundfläche der Doppelhaushälfte: 60%
zulässige Überschreitung der Grundfläche 50% (36 m²).

291 Sofern § 19 Abs. 4 BauNVO 1990 der Zulassung von Grenzgaragen nicht entgegensteht, gilt nach den Regelungen über die überbaubaren Grundstücksflächen (§ 23 BauNVO) Folgendes:

Ist die überbaubare Grundstücksfläche nur durch eine vordere Baulinie oder Baugrenze im **Bebauungsplan** festgesetzt worden, so sind Grenzgaragen in den Abmessungen nach Satz 1 Nr. 1 in der offenen Bauweise sowohl planungsrechtlich als auch bauordnungsrechtlich in der ganzen Grundstückstiefe allgemein zulässig. Wird jedoch die **Bebauungstiefe** im Text des Bebauungsplans oder durch Eintragung einer rückwärtigen Baugrenze (oder Baulinie) in die Planzeichnung bestimmt, so ist die Zulassung einer Garage im rückwärtigen Grundstücksbereich nach § 23 Abs. 5 BauNVO eine Ermessensentscheidung der Baugenehmigungsbehörde, sofern der Bebauungsplan Garagen auf den nicht überbaubaren Grundstücksflächen nicht ausschließt. Das VGH Bad.-Württ. hat allerdings die Auffassung vertreten, eine Garage könne nur dann nicht gemäß § 23 Abs. 5 BauNVO außerhalb der überbaubaren Grundstücksfläche zugelassen werden, wenn dies in den textlichen Festsetzungen des Bebauungsplans oder auf andere Weise, etwa durch Festsetzung einer Gemeinschaftsanlage nach § 9 Abs. 1 Nr. 22 BauGB eindeutig ausgeschlossen wird (VGH Bad.-Württ., Urt. v. 11. 5. 1989 − 5 S 3379/88 −, BRS 49 Nr. 137). Eine Zulassungsentscheidung nach § 23 Abs. 5 BauNVO kann wegen anderweitiger Festsetzungen eines Bebauungsplans nicht in Betracht kommen (OVG NRW, Urt. v. 22. 8. 1996 − 7 A 1447/93). Entsprechendes gilt im Hinblick auf seitliche Grundstücksgrenzen, sofern die überbaubaren Grundstücksflächen auch durch Festsetzung seitlicher Baulinien oder Baugrenzen bestimmt werden (OVG Bremen, Urt. v. 14. 2. 1989 − 1 BA 64/88 −, BRS 49 Nr. 136; vgl. auch Rn. 62). Lässt ein Bebauungsplan Garagen außerhalb der überbaubaren Grundstücksflächen nur im Weg einer Ausnahme zu (§ 31 Abs. 1 BauGB), so unterliegt das Ermessen der Baurechtsbehörde engeren Schranken als bei einer Ermessensentscheidung nach § 23 Abs. 5 Satz 2 BauNVO (VGH Bad.-Württ., Beschl. v. 25. 1. 1995 − 3 S 3125/94 −, ZfBR 1995 S. 219).

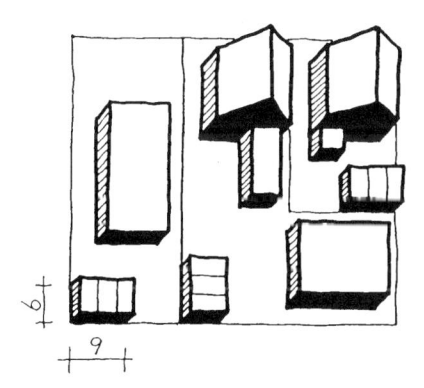

Abb. 6.11.4
Gehört eine rückwärtige Bebauung zu den prägenden Merkmalen der Umgebung eines Vorhabens im unbeplanten Innenbereich, so sind Grenzgaragen in den Abmessungen nach § 6 Abs. 11 Nr. 1 im rückwärtigen Grundstücksbereich zulässig.

292 Ergibt sich aus den prägenden Merkmalen der näheren Umgebung eines Vorhabens **im unbeplanten Innenbereich** (§ 34 BauGB), dass die rückwärtigen Grundstücksflächen als nicht überbaubar anzusehen sind, so kann eine (Grenz-)Garage auf diesen Flächen nach § 34 Abs. 1 BauGB unzulässig sein (BVerwG, Urt. v. 4. 5. 1979 – 4 C 23.76 –, BRS 35 Nr. 40). Gehört eine rückwärtige Bebauung jedoch zu den prägenden Merkmalen der Umgebung des Vorhabens, so sind Grenzgaragen in den Abmessungen nach Abs. 11 Nr. 1 sowohl planungsrechtlich als auch bauordnungsrechtlich zulässig, sofern § 19 Abs. 4 BauNVO 1990 nicht entgegensteht (Abb. 6.11.4).

293 Der Bebauungsplan kann Garagen und überdachte Stellplätze aufgrund des § 23 Abs. 5 BauNVO in Verbindung mit § 12 Abs. 6 BauNVO auf den nicht überbaubaren Grundstücksflächen ausschließen. Durch textliche Festsetzungen kann der Bebauungsplan auch Garagen in den „Bauwichen" vollständig ausschließen. Ein derartiger Ausschluss von Garagen im gesamten Bauwich verdrängt bauordnungsrechtliche Regelungen des Landesrechts, die Bauwichgaragen (Grenzgaragen) zulassen (OVG Bremen, Beschl. v. 24. 1. 1992 – 1 B 1/92 –, UPR 1992, S. 400).

Die Bauordnung ist zwar die im Range höherstehende Rechtsquelle. Auf diesen Gesichtspunkt kommt es hier jedoch nicht an, sondern allein darauf, dass die Festsetzung des Bebauungsplans aufgrund einer durch Art. 74 Nr. 18 GG gedeckten bundesrechtlichen Ermächtigung getroffen worden ist. Die Zulassung von Grenzgaragen nach Abs. 11 kann nicht ein bundesrechtliches oder auf Bundesrecht beruhendes Hindernis überwinden (OVG NRW, Urt. v. 22. 1. 1998 – 11 A 509/96 – BauR 1998 S. 1008). Werden Garagen und überdachte Stellplätze auf den nicht überbaubaren Grundstücksflächen durch Festsetzungen eines Bebauungsplans ausgeschlossen, so müssen die notwendigen Stellplätze und Garagen (§ 51) auf den überbaubaren Grundstücksflächen untergebracht werden, sofern nicht auch dieses nach § 12 Abs. 6 BauNVO ausgeschlossen ist.

294 Grenzgaragen und überdachte Stellplätze im Sinne der Nr. 1 sind in der offenen Bauweise allgemein ohne eigene Abstandflächen zulässig, also nicht nur gegenüber seitlichen und rückwärtigen Nachbargrenzen sowie gegenüber anderen Gebäuden, sondern auch in Bezug auf öffentliche Verkehrsflächen, öffentliche Grünflächen und öffentliche Wasserflächen. Abs. 2 Satz 2 ist insoweit nicht anwendbar. Grenzgaragen können danach unmittelbar an der vorderen (straßenseitigen) Grundstücksgrenze errichtet werden, ohne den Mindestabstand von 3,00 m bis zur Straßenmitte einzuhalten. Das ist insbesondere bedeutsam für Grenzgaragen an Straßen, die weniger als 6,00 m breit sind.

Unter Berücksichtigung planungsrechtlicher Regelungen über die überbaubaren Grundstücksflächen gilt Folgendes: Fällt die Straßenbegrenzungslinie mit einer Baulinie zusammen, so sind nach Abs. 17 (Rn. 365 ff.) sowohl die Gebäude der Hauptnutzung als auch Grenzgaragen und überdachte Stellplätze nach Nr. 1 an der Straßenbegrenzungslinie zulässig. Fällt die Straßenbegrenzungslinie mit einer Baugrenze zusammen, so müssen die Gebäude der Hauptnutzung um die Tiefe der Abstandfläche, bezogen auf die Straßenmitte, zurücktreten, Grenzgaragen und überdachte Stellplätze hingegen nicht. Ist zwischen Straßenbegrenzungslinie und überbaubarer Grundstücksfläche durch Baulinien oder Baugrenzen eine nicht überbaubare Grundstücksfläche festgesetzt, so kann ein Vortreten der Grenzgarage bis zur Straßenbegrenzungslinie gestattet werden, sofern der Bebauungsplan dies nicht ausschließt. Wird im Bebauungsplan die Zulässigkeit von Grenzgaragen auf den nicht überbaubaren Grundstücksflächen ausgeschlossen, so müssen auch Grenzgaragen die vordere Baulinie oder Baugrenze respektieren. 295

In der geschlossenen Bauweise werden die Gebäude allgemein ohne seitlichen Grenzabstand errichtet (§ 22 Abs. 3 BauNVO). Danach sind in der geschlossenen Bauweise im rückwärtigen Grundstücksbereich Garagen an Nachbargrenzen auf den überbaubaren Grundstücksflächen ohne Beschränkung in ihren Abmessungen allgemein zulässig. Abs. 11 ist nicht anwendbar (OVG NRW, Urt. v. 16. 5. 1997 — 7 A 3412/95). Ist das ganze Bauland hinter der Straßenbegrenzungslinie in voller Tiefe aufgrund von Festsetzungen eines Bebauungsplans oder im unbeplanten Innenbereich aufgrund prägender Merkmale der Umgebung eines Vorhabens überbaubar, so gelten die Vorschriften über den Grenzanbau bezogen auf seitliche und rückwärtige Nachbargrenzen in voller Tiefe; d. h. es kann nicht nur, es muss ohne Abstandflächen an die Grenze gebaut werden. Der vordere (straßenseitige) Grundstücksbereich ist in der geschlossenen Bauweise allerdings den Gebäuden der Hauptnutzung vorbehalten. Garagen und andere Nebengebäude sind dort nicht zulässig. 296

Wird die überbaubare Grundstücksfläche durch Festsetzung einer Bebauungstiefe begrenzt, so gelten die Vorschriften über den Grenzanbau nur für die festgesetzte Bebauungstiefe. Die überbaubaren Grundstücksflächen können nach § 23 Abs. 1 Satz 1 BauNVO **geschossweise unterschiedlich** festgesetzt werden. So kann beispielsweise für das Erdgeschoss eine vollständige Überbaubarkeit der gesamten Grundstücksflächen festgesetzt und für die darüber liegenden Geschosse die Überbaubarkeit auf eine bestimmte Tiefe begrenzt werden. Auch bei einer solchen Festsetzung sind eingeschossige Garagen und überdachte Stellplätze an allen Nachbargrenzen in beliebigen Abmessungen 297 zulässig, soweit § 19 Abs. 4 BauNVO 1990 nicht entgegensteht. Entsprechendes gilt im unbeplanten Innenbereich, wenn sich aus den prägenden Merkmalen der Umgebung eines Vorhabens ergibt, dass lediglich in den oberen Geschossen eine bestimmte Bebauungstiefe einzuhalten ist.

b) Höhenbegrenzung von Grenzgaragen

298 Die Höhenbegrenzung auf 3,00 m bezieht sich auf die Grenzwand der Garage. Bei der Ermittlung der Wandhöhe ist wie auch sonst (Rn. 121) von der **Schnittlinie der Außenwand mit der Geländeoberfläche** auszugehen. Diese Schnittlinie ist im Falle von Grenzgaragen identisch mit der Schnittlinie der Außenwand mit der Geländeoberfläche an der Grundstücksgrenze. Sie ist im Regelfall für beide Grundstücke gleich, es sei denn, das Gelände weist an der Grenze einen Versprung auf (OVG NRW, Urt. v. 22. 1. 1986 — 10 A 1464/ 92; Urt. v. 2. 5. 1996 — 7 A 3378/93). Ohne Angaben zur Geländeoberfläche ist die Feststellung der Zulässigkeitsvoraussetzungen des § 6 Abs. 11 Nr. 1 nicht möglich (OVG NRW, Urt. v. 6. 5. 1994 — 10 A 1025/90 —, § 2 Rn. 60). Fällt das Gelände über die Länge der Grenzwand ab, so ist vom Mittelwert auszugehen. Unter den Voraussetzungen des § 9 Abs. 3 ist es nicht zu beanstanden, wenn die Behörde die Geländeoberfläche als unteren Bezugspunkt für die Ermittlung der Wandhöhe einer Grenzgarage abweichend vom natürlichen Gelände gestaltend festlegt (OVG Saarld., Urt. v. 30. 9. 1997 — 2 R 30/96 —, BRS 59 Nr. 121). Zu Veränderungen der Geländeoberfläche im Bereich der Grundstücksgrenze vgl. auch OVG NRW, Urt. v. 13. 5. 1994 — 10 A 1025/90.

299 Oberer Bezugspunkt ist der obere Wandabschluss bzw. die **Schnittlinie der Wand mit der Dachhaut**, in den Fällen überdachter Stellplätze die obere Dachkante an der Grundstücksgrenze. Dabei geht die gesetzliche Regelung von dem Normalfall eines zur Nachbargrenze horizontalen oberen Wandabschlusses aus. Hat die Grenzgarage abweichend vom Normalfall ein Satteldach oder ein Pultdach und verlaufen Traufe bzw. First senkrecht zur Nachbargrenze, so muss die dreieckige Fläche der zum Nachbargrundstück gewandten Giebelwand der Garage anders als zur Ermittlung der Wandhöhe H nach Abs. 4 nicht nur mit einem Drittel, sondern mit der Hälfte berücksichtigt werden (OVG NRW, Urt. v. 15. 11. 1995 — 7 A 959/94). Die Außenwand der Grenzgarage zum Nachbargrundstück muss zur Ermittlung der Wandhöhe immer als ganze betrachtet werden. Eine Abschnittbildung, wie sie für Giebelwände im Falle ungleicher Traufhöhen erforderlich ist, kommt danach für Grenzgaragen nicht in Betracht.

Abstandflächen | BauO NRW § 6

300 Eine Garage mit „Dachterrasse" ist keine Grenzgarage im Sinne des Bauordnungsrechts (OVG NRW, Beschl. v. 14. 3. 1990 — 10 A 1895/88 —, BauR 1990 S. 457; OVG NRW, Urt. v. 1. 8. 1996 — 7 A 3700/93; Beschl. v. 27. 9. 1996 — 7 B 1363/96). Der VGH Bad.-Württ. ist der Auffassung, eine Dachterrasse auf einer Grenzgarage verletze unabhängig von ihrer Breite und Tiefe dann keine Rechte des Angrenzers, wenn sie den in § 5 Abs. 6 LBO Bad.-Württ. genannten Mindestabstand von 2 m zur Grundstücksgrenze einhalte (VGH Bad.-Württ., Urt. v. 24. 7. 1998 — 8 S 1306/98 —, UPR 1999 S. 237). § 5 Abs. 6 LBO Bad.-Württ. entspricht § 6 Abs. 7 BauO NRW 95. Nach Satz 1 ist es zulässig, auf dem Dach einer Grenzgarage Anlagen zur Gewinnung von Solarenergie sowie Parabolantennen und sonstige Antennenanlagen bis zu einer Höhe von 1,50 m zu errichten.

c) Längenbegrenzung von Grenzgaragen

301 Die Längenbegrenzung von Grenzgaragen und überdachten Stellplätzen an der Nachbargrenze ist in Abs. 11 Nr. 1 zweimal angesprochen. Die Regelung ist offensichtlich auf den Fall der **Bauwichgarage** zugeschnitten. In der offenen Bauweise sollen Bauwichgaragen auch beidseitig zulässig sein. Insgesamt darf das Maß von 15,00 m nicht überschritten werden. An einer Seite ist eine Grenzgarage einschließlich Abstellraum von 9,00 m zulässig. Bei Ausnutzung dieses Maximalmaßes ist an einer anderen Nachbargrenze eine weitere Garage von 6,00 m zulässig. Ob **eine** Nachbargrenze vorliegt, bestimmt sich nach den Verhältnissen des (Bau-)Grundstücks; unerheblich ist, wie viele Nachbargrundstücke angrenzen (OVG NRW, Urteil v. 12. 12. 1988 — 10 A 1725/87 —, BRS 49 Nr. 124; Urt. v. 14. 1. 1993 — 7 A 1039/91).

302 Wird eine zunächst bauordnungsrechtlich zulässige Grenzgarage — außer für einen untergeordneten Abstellraum — über die Nutzung als Garage hinaus zu anderen Zwecken genutzt und ist für diese zusätzliche Nutzung das Garagengebäude bautechnische Grundlage, so verliert die Garage insgesamt ihre Eigenschaft als im Grenzbereich privilegiert zulässiges Vorhaben. Sie ist damit zugleich nicht mehr in den Maßgrenzen des Abs. 11 Nr. 1 einzubeziehen (OVG NRW, Urt. v. 30. 10. 1995 — 10 A 3096/91 —, BRS 57 Nr. 151). Zur Überschreitung des Maßes von 9,00 m durch einen grenzständigen Abstellraum an einer vorhandenen Grenzgarage und danach erfolgter Abrissverfügung OVG NRW, Beschl. v. 12. 9. 1997 — 10 A 4748/96.

303 Sind Garagen oder überdachte Stellplätze planungsrechtlich auch **im rückwärtigen Grundstücksbereich** allgemein oder ausnahmsweise zulässig (Rn. 292), so können im Rahmen der vorgeschriebenen Höchstmaße bis zu drei Garagen oder überdachte Stellplätze an der Nachbargrenze ausgeführt werden (Abb. 6.11.4). Werden die Garagen oder die überdachten Stellplätze in der Grundstücksecke angeordnet, so wird das angegebene Höchstmaß von 15,00 m allerdings durch eine Garagengruppe mit drei Garagen verbraucht: 9,00 m (die Breite von drei Garagen) an der einen Nachbargrenze und 6,00 m (die Länge der Garagen) an der anderen. Dann ist eine weitere Grenzgarage unzulässig, auch wenn sie an einer dritten Nachbargrenze errichtet werden soll.

3. Gebäude mit Abstellräumen und Gewächshäuser

304 Die nach Abs. 11 Nr. 1 außer den überdachten Stellplätzen und Garagen in den Abstandflächen eines Gebäudes ohne eigene Abstandflächen zulässigen Gebäude mit Abstellräumen und Gewächshäuser können mit einer Grenzgarage verbunden sein; sie sind aber auch als selbständige Gebäude in den Abstandflächen von Gebäuden ohne eigene Abstandflächen zulässig. Die Flächenbegrenzung entspricht der Größe des nach § 6 Abs. 11 BauO 84 nur in Verbindung mit einer Grenzgarage zulässigen Abstellraums, nämlich 3 m x 2,5 m = 7,5 m².

305 Aufgrund der Verweisung in § 23 Abs. 5 Satz 2 BauNVO können Gebäude mit Abstellräumen und Gewächshäuser in den in Abs. 11 genannten Abmessungen auf den nicht überbaubaren Grundstücksflächen zugelassen werden, sofern der Bebauungsplan dies nicht ausschließt. Sind im Bebauungsplan Nebenanlagen auf den nicht überbaubaren Grundstücksflächen ausgeschlossen, so können Garagen gleichwohl zugelassen werden. Garagen sind keine Nebenanlagen im planungsrechtlichen Sinne, wie sich daraus ergibt, dass Nebenanlagen in § 14 BauNVO, Garagen und Stellplätze aber in § 12 BauNVO geregelt sind, der Gesetzgeber mithin beide Begriffe unterscheidet (OVG NRW, Urt. v. 30. 4. 1998 − 10 A 2981/96). Sind im Bebauungsplan lediglich Stellplätze und Garagen auf den nicht überbaubaren Grundstücksflächen ausgeschlossen, so können Gebäude mit Abstellräumen und Gewächshäuser zugelassen werden. Der VGH Bad.-Württ. hat die Auffassung vertreten, die Verweisung in § 23 Abs. 5 Satz 2 BauNVO auf das jeweilige Landesrecht sei als dynamische und nicht als statische Verweisung zu verstehen. Maßgebend sei daher die im Zeitpunkt der Erteilung der Baugenehmigung maßgebende Fassung der entsprechenden landesrechtlichen Vorschriften (VGH Bad.-Württ., Beschl. v. 6. 9. 1995 − 8 S 2388/95 −, UPR 1996 S. 38).

4. Stützmauern und geschlossene Einfriedungen

306 In allen Baugebieten sind Stützmauern und geschlossene Einfriedungen bis zu einer Höhe von 2,00 m allgemein zulässig und nach § 65 Abs. 1 Nr. 13

Abstandflächen | BauO NRW § 6

und 16 nicht genehmigungsbedürftig. An öffentlichen Verkehrsflächen sind Einfriedungen und Stützmauern allerdings nur bis zu einer Höhe von 1,00 m genehmigungsfrei. Planungsrechtlich sind Stützmauern und geschlossene Einfriedungen als Nebenanlagen im Sinne des § 14 BauNVO in den Baugebieten allgemein zulässig, sofern sie nicht durch Festsetzungen eines Bebauungsplans ausgeschlossen oder — z. B. in ihrer Höhe — begrenzt oder eingeschränkt werden. Die bauordnungsrechtliche Zulässigkeit ändert nichts an der Möglichkeit, im Bebauungsplan entsprechende Festsetzungen zu treffen. Auch wenn sie keiner Genehmigung bedürfen, kann die Bauaufsichtsbehörde die Beseitigung planungsrechtswidriger Einfriedungen oder Stützmauern verlangen.

In GE- und GI-Gebieten sind Stützmauern und geschlossene Einfriedungen ohne Höhenbegrenzung zulässig, soweit im Bebauungsplan nichts anderes festgesetzt ist. Es kommt nicht auf die konkrete Nutzung des Grundstücks an, sondern auf seine Lage in einem planungsrechtlich definierten Baugebiet. Für gewerblich genutzte Grundstücke in MI- oder WB-Gebieten gilt die Höhenbegrenzung von 2,00 m. 307

Im Grenzbereich zwischen gegensätzlich definierten Baugebieten (sog. „**Nahtstellen**") können sich Probleme ergeben, weil auf einem im Gewerbegebiet gelegenen Grundstück an der Grenze zu einem Grundstück im Wohn- oder Mischgebiet eine Einfriedung ohne Höhenbegrenzung zulässig ist. Da von einer mehr als 2,00 m hohen Einfriedung eine erhebliche Beeinträchtigung der auf dem Wohngrundstück vorhandenen oder zulässigen Gebäude ausgehen kann, die der Wirkung eines Gebäudes entspricht, ist Abs. 10 anwendbar (Rn. 264). Unter den in § 7 genannten Voraussetzungen kann die vor der Einfriedung einzuhaltende Abstandfläche vom Nachbargrundstück übernommen werden (§ 7 Rn. 1 ff.). Im Übrigen ist es Sache planungsrechtlicher Regelung, Missstände auszuschließen und in der Abwägung die in solchen Fällen u. U. gegebene akustische Schutzwirkung (Lärmschutzwand) einer hohen Einfriedung des gewerblich genutzten Grundstücks auf der positiven Seite und ihre verschattende und auch sonst störende optische Wirkung auf der negativen Seite angemessen zu gewichten. 308

5. Garagen in vermindertem Abstand zur Nachgargrenze

Der Bauherr ist allgemein bestrebt, seine Garage unmittelbar an das Hauptgebäude anzubauen. Sind die Abmessungen der Garage vorgegeben, so ergeben sich zwischen der Außenwand der Garage und der Nachbargrenze fast zwangsläufig Restflächen. Will der Nachbar dann seinerseits von der Möglich- 309 keit der Errichtung einer Grenzgarage oder einer anderen zulässigen Grenzbebauung Gebrauch machen, so entstehen unzugängliche Zwickel. Das Entstehen solcher Zwickel soll vermieden werden. Daher muss eine Grenzgarage entweder unmittelbar an der Nachbargrenze errichtet werden oder in einem Abstand von mindestens 1,00 m. Wird der in Satz 3 genannte Abstand von 3,00 m überschritten, so ist die Garage keine Grenzgarage im Sinne des Abs. 11. Es entfallen damit auch die Einschränkungen hinsichtlich der Größe und der Nutzung der Garage.

III. Abweichungsmöglichkeiten

1. Abweichungsmöglichkeiten für bestimmte Gebäude, bauliche Anlagen und andere Anlagen und Einrichtungen (Abs. 12)

a) Allgemeines

310 Gebäude jeder Art und Größe können an andere Gebäude auf demselben Grundstück unmittelbar angebaut werden (Rn. 32). Sie können aber nicht in beliebigem Abstand zueinander errichtet werden. Stehen sich zwei Gebäude auf demselben Grundstück gegenüber, so müssen beide Gebäude die vor ihren Außenwänden erforderlichen Abstandflächen nach den Absätzen 4 bis 6 unter Beachtung des Überdeckungsverbots des Abs. 3 einhalten. Nach Abs. 12 können jedoch die unter Nr. 1 bis 3 genannten Gebäude, Anlagen und Einrichtungen in den Abstandflächen eines Gebäudes ohne eigene Abstandfläche zu diesem Gebäude, also in vermindertem Abstand, errichtet werden. Zu den Grundstücksgrenzen müssen allerdings Abstandflächen eingehalten werden, d. h. sowohl zu Nachbargrenzen als auch an den Grenzen zu öffentlichen Verkehrsflächen, öffentlichen Grünflächen und öffentlichen Wasserflächen. Der Nachbarschutz (Rn. 22 f.) behält insoweit Vorrang, auch gegenüber Gebäuden, die auf der anderen Straßenseite gegenüberliegen.

311 Die Formulierung „in den Abstandflächen eines Gebäudes . . ." lässt unterschiedliche Interpretationen zu. Es könnte die Auffassung vertreten werden, dass die unter Nr. 1 bis 3 genannten Gebäude, baulichen Anlagen und anderen Anlagen und Einrichtungen jeweils nur in den Abstandflächen eines einzigen Gebäudes zulässig sein sollen, also nicht etwa in den Abstandflächen von zwei sich gegenüberliegenden Gebäuden. Diese Interpretation ist jedoch nicht zwingend. Nach dem Sinn der Vorschrift kann davon ausgegangen werden, dass „ein Gebäude" ein beliebiges Gebäude sein kann (unbestimmter Artikel) und dass nicht ausgeschlossen werden sollte, dass von der Abweichungsmög-

| Abstandflächen | BauO NRW § 6 |

lichkeit auch dann Gebrauch gemacht werden kann, wenn die in Abs. 12 genannten Gebäude, baulichen Anlagen und anderen Anlagen und Einrichtungen **in den Abstandflächen zweier oder mehrerer Gebäude** errichtet werden sollen (Abb. 6.12.1).

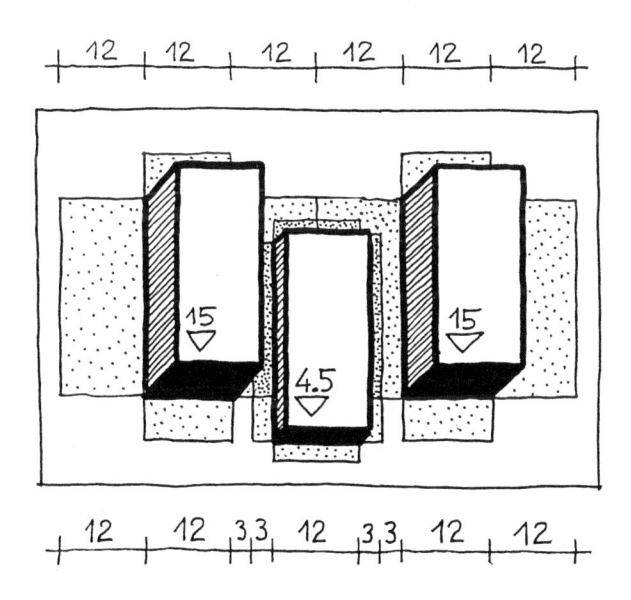

Abb. 6.12.1
Eingeschossiges Gebäude in den Abstandflächen zweier höherer Gebäude.

Die Abweichung ist nicht zulässig, wenn die (einzige) Voraussetzung, die genannt wird, nicht erfüllt wird, d. h. wenn die **Beleuchtung** der Räume des Gebäudes, in dessen Abstandflächen die Gebäude, Anlagen oder Einrichtungen errichtet werden sollen, wesentlich beeinträchtigt wird. 312

Die **Höhe des Gebäudes**, in dessen Abstandflächen die unter Nr. 1 bis 3 genannten Gebäude, Anlagen und Einrichtungen errichtet werden können, wird im Gesetz weder nach oben noch nach unten begrenzt. 313

b) Garagen

Bei den unter Nr. 1 genannten Garagen handelt es sich um solche, die in ihren Abmessungen die in Abs. 11 genannten Maße überschreiten. Werden die in Abs. 11 genannten Abmessungen überschritten, so müssen **zu Nachbar-** 314

§ 6 BauO NRW   Abstandflächen

grenzen Abstandflächen mit den sich aus den Absätzen 4 bis 6 ergebenden Tiefen eingehalten werden. Solche Garagen können aber **zu den Gebäuden** auf dem Grundstück selbst in geringerem Abstand errichtet werden, als sich dies aus den Vorschriften der Absätze 4 bis 6 ergeben würde.

315 Die Regelung gilt für Garagen ohne Begrenzung in Höhe, Breite und Länge. In aller Regel wird eine Abweichung nach Nr. 1 nur für **eingeschossige Garagen** in Betracht kommen. In MK-Gebieten oder in SO-Gebieten nach § 11 BauNVO kann aber auch die Errichtung einer **mehrgeschossigen Garage**, beispielsweise in den Abstandflächen eines Kaufhauses, unproblematisch sein. Wenn die betreffende Außenwand des Kaufhauses keine notwendigen Fenster aufweist, kann die Beleuchtung des Gebäudes auch durch einen mehrgeschossigen Garagenbau nicht beeinträchtigt werden. Damit wäre die in Abs. 12 genannte Voraussetzung für die Zulässigkeit einer entsprechenden Anordnung der Gebäude in vermindertem Abstand erfüllt. Es dürfen aber auch Gründe des Brandschutzes nicht entgegenstehen. Insofern werden je nach Ausbildung der einander gegenüberstehenden Außenwände entsprechende Mindestabstände zu fordern sein. Eine sinngemäße Anwendung der Vorschriften über verminderte Tiefen der Abstandflächen in GE- und GI-Gebieten nach Abs. 9 erscheint im Hinblick auf Garagen in MK-Gebieten und SO-Gebieten nach § 11 BauNVO möglich.

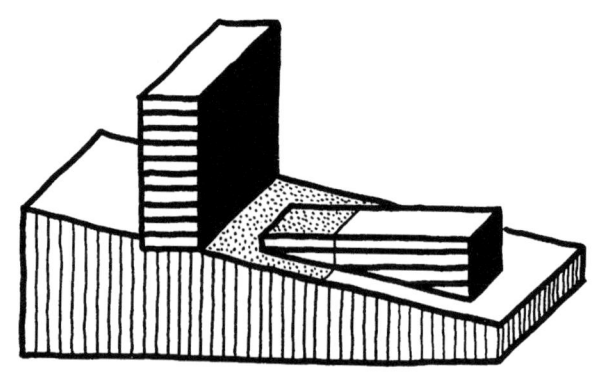

Abb. 6.12.2
Mehrgeschossiges Gebäude in der Abstandfläche eines anderen im Hang darüber stehenden Gebäudes. § 6 Abs. 12 ist nicht anwendbar, obwohl die Beleuchtung des anderen Gebäudes nicht beeinträchtigt wird.

c) Eingeschossige Gebäude

Mit der Begrenzung der Abweichungsregelung nach Nr. 2 auf „eingeschossige Gebäude" wird ein Grundprinzip der Abstandregelung durchbrochen, wonach es nicht auf die Zahl der Geschosse oder Vollgeschosse eines Gebäudes ankommt, sondern auf die jeweilige Wandhöhe H. Die Zahl der Geschosse oberhalb der Geländeoberfläche kann für jedes Gebäude nur mit einem Wert angegeben werden. In Hanglagen kann es sich ergeben, dass ein Gebäude als mehrgeschossiges Gebäude angesehen werden muss, auch wenn es an der dem anderen Gebäude gegenüberliegenden Seite nur mit einem Geschoss über die Geländeoberfläche hinausragt (Abb. 6.12.2). Abs. 12 ist dann nicht anwendbar. **316**

Da es eine dem § 7 Abs. 3 BauO 70 und § 1 Abs. 4 Abstandflächenverordnung 1970 entsprechende Regelung, wonach für je angefangene 3,50 m der Gesamthöhe eines Gebäudes ein Vollgeschoss zu rechnen war, nicht gibt, gilt die Ausnahmeregelung auch für eingeschossige Gebäude, wenn und soweit die Außenwand eine Höhe von 3,50 m überschreitet, so auch für Werkhallen und ähnliche Gebäude, unabhängig von deren Nutzung ohne Höhenbegrenzung. Die darin liegende Problematik dürfte keine größere praktische Bedeutung erlangen, da in jedem Fall geprüft werden muss, ob die Beleuchtung der Räume des Gebäudes, in dessen Abstandfläche das eingeschossige Gebäude errichtet werden soll, nicht wesentlich beeinträchtigt wird. **317**

Eingeschossige Gebäude dürfen in den Abstandflächen eines anderen Gebäudes ohne eigene Abstandflächen nur zugelassen werden, wenn sie keine Fenster in den dem anderen Gebäude gegenüberliegenden Wänden haben. Ein Mindestabstand, der zwischen dem eingeschossigen Gebäude und dem anderen Gebäude einzuhalten wäre, wird im Gesetz nicht vorgeschrieben. Bei der Prüfung, ob die Beleuchtung der Räume des anderen Gebäudes nicht beeinträchtigt wird, ist zu berücksichtigen, dass ein Gebäude die Beleuchtung der Räume eines ihm gegenüberstehenden Gebäudes allgemein unabhängig davon beeinträchtigt, ob es selbst in der dem anderen gegenüberstehenden Außenwand Fenster hat oder nicht. Da die Abstandregelungen davon ausgehen, dass eine ausreichende Tagesbeleuchtung nur dann gewährleistet ist, wenn die Abstandflächen beider sich gegenüberstehender Gebäude unter Beachtung des Überdeckungsverbots die vorgeschriebene Tiefe haben, muss der Gebäudeabstand bei einander gegenüberstehenden gleich hohen Gebäuden doppelt so groß sein wie die Tiefe der vor jedem einzelnen Gebäude einzuhaltenden Abstandsfläche, nach Abs. 5 Satz 1 also 1,6 H, mindestens 6,00 m. Ist das andere Gebäude gleich hoch wie das eingeschossige Gebäude, hat es aber not- **318**

§ 6 BauO NRW   Abstandflächen

wendige Fenster in der dem eingeschossigen Gebäude gegenüberstehenden Außenwand, so kann eine nicht nur unwesentliche Beeinträchtigung in der Beleuchtung seiner Aufenthaltsräume nur ausgeschlossen werden, wenn der Regelabstand eingehalten wird. In ebenem Gelände ergibt sich bei einer Wandhöhe des eingeschossigen Gebäudes von H = 3,50 m und einem Abstand zum anderen Gebäude von 6,00 m ein Lichteinfallswinkel bezogen auf die Geländeoberfläche von ca. 30°.

319 Die Regelung des Abs. 12 hat danach im Grunde vor allem Bedeutung für eine Bebauungskonstellation, in der das andere Gebäude, das gegenüber dem eingeschossigen Gebäude errichtet wird, ein mehrgeschossiges Gebäude ist. Ist das der Fall, so kann der Abstand zwischen dem niedrigen Gebäude und dem höheren Gebäude auf das doppelte der vor dem niedrigen Gebäude nach Abs. 5 erforderlichen Tiefe der Abstandfläche reduziert werden, ohne dass die Beleuchtung der Räume des höheren Gebäudes vom Erdgeschoss bis zum obersten Geschoss beeinträchtigt wird (Abb. 6.12.3).

320 Bei der Prüfung, ob die Beleuchtung des anderen Gebäudes wesentlich beeinträchtigt wird, kommt es nicht nur auf den Lichteinfallswinkel zur Waagerechten an. Steht das eingeschossige Gebäude dem anderen Gebäude mit sei-

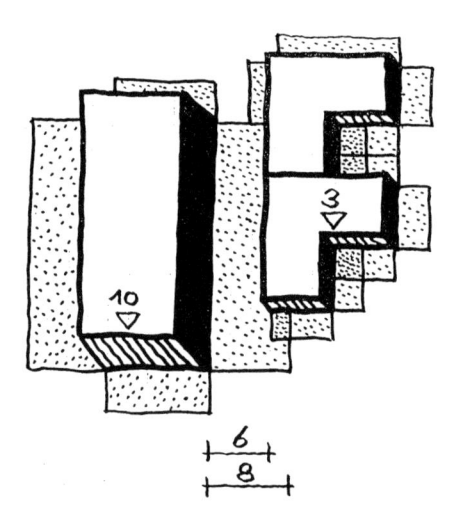

Abb. 6.12.3

Eingeschossige Gebäude in der Abstandfläche eines höheren Gebäudes und zu diesem ohne eigene Abstandflächen. Die eingeschossigen Gebäude haben keine Fenster zu dem höheren Gebäude (§ 6 Abs. 12 BauO NRW).

Abstandflächen					BauO NRW § 6

ner **Schmalseite** gegenüber, so kann seitlich einfallendes Licht dazu führen, dass eine Beeinträchtigung in der Beleuchtung des anderen Gebäudes vermieden wird, auch wenn der Abstand zwischen den Gebäuden auf weniger als 6,00 m verringert wird. Auch wenn das Erdgeschoss des anderen Gebäudes eine **größere lichte Höhe** aufweist als 2,50 m, kann das eingeschossige Gebäude näher an das andere Gebäude heranrücken, ohne dass Bedenken wegen der Beleuchtung von Aufenthaltsräumen des anderen Gebäudes bestehen. Weist das andere Gebäude im Erdgeschoss in dem Bereich, in dem das eingeschossige Gebäude gegenüberliegt, **keine notwendigen Fenster** auf, so kann das eingeschossige Gebäude auch in geringerem Abstand zu dem anderen Gebäude errichtet werden.

Nach dem Wortlaut des Gesetzes ist es nicht ausgeschlossen, dass die Regelung auch auf einander gegenüberliegende **Außenwände zweier eingeschossiger Gebäude** angewandt wird. Das gilt insbesondere dann, wenn keine der beiden sich gegenüberliegenden Außenwände notwendige Fenster zur Beleuchtung von Aufenthaltsräumen aufweist; denn dann ist eine Beeinträchtigung in der Beleuchtung von Aufenthaltsräumen auf beiden Seiten ausgeschlossen. Das ist beispielsweise bei den fensterlosen Außenwänden von eingeschossigen Gartenhofhäusern der Fall. Sofern die Außenwände eines solchen Gebäudes als Gebäudeabschlusswände ausgebildet sind oder werden sollen, kann der Abstand auf das für einen Durchgang zum Gartenhof und zur Bauunterhaltung der Außenwände ausreichende Mindestmaß von 0,80 m reduziert werden (Rn. 87 Abb. 6.1.32). Soll eine solche Gartenhofbebauung auf Einzelparzellen erfolgen, so muss sich die auf das Maß von 0,80 m verminderte Tiefe der Abstandfläche zur **Grundstücksgrenze** auch bei festgesetzter **halb offener Bauweise** aus zwingenden Vorschriften eines **Bebauungsplans** ergeben (Rn. 349). Andernfalls muss zur Grundstücksgrenze die Mindesttiefe von 3,00 m eingehalten werden. 321

Nach § 7 Abs. 1 ist es abweichend von § 6 Abs. 2 Satz 1 zulässig, dass sich Abstandflächen ganz oder teilweie auf andere Grundstücke erstrecken, wenn durch Baulast gesichert ist, dass sie nicht überbaut und auf die auf diesen Grundstücken erforderlichen Abstandflächen nicht angerechnet werden. Da § 6 Abs. 12 abweichend vom Grundsatz des Abs. 1 Satz 1, wonach vor allen Außenwänden Abstandflächen eingehalten werden müssen und die Abstandflächen von oberirdischen Gebäuden freizuhalten sind, die Möglichkeit eröffnet, dass die dort genannten Gebäude in den Abstandflächen eines Gebäudes ohne eigene Abstandflächen errichtet werden, ist davon auszugehen, dass dies 322 auch die Möglichkeit einschließt, abweichend von der Anforderung des § 7 Abs. 1 die in § 6 Abs. 12 genannten Gebäude in den auf ein Nachbargrundstück übertragenen Abstandflächen zu errichten (§ 7 Rn. 12, Abb. 7.1.5).

323 Demgegenüber ist eine Abweichung von der Vorschrift des § 6 Abs. 2 Satz 2, wonach Abstandflächen sich nur bis zur Mitte öffentlicher Verkehrsflächen, öffentlicher Grünflächen oder öffentlicher Wasserflächen erstrecken dürfen, nicht vorgesehen. Ist der Raum zwischen dem eingeschossigen Gebäude und dem höheren Gebäude als öffentliche Verkehrsfläche ausgewiesen, so muss die Abstandfläche nach Abs. 5 Satz 2 zwar nur noch eine Tiefe von 0,4 H haben. Diese Tiefe der Abstandfläche muss aber bis zur Straßenmitte eingehalten werden. Ein 10,00 m hohes Gebäude kann danach nicht unmittelbar an einer 6,00 m breiten öffentlichen Verkehrsfläche errichtet werden, unabhängig davon, ob ein gleich hohes oder ein niedrigeres Gebäude auf der anderen Straßenseite gegenübersteht. Die Verkehrsfläche müsste 8,00 m breit sein, oder das andere (höhere) Gebäude müsste in der Wandhöhe straßenseitig auf 7,50 m reduziert werden (Abs. 6.12.4).

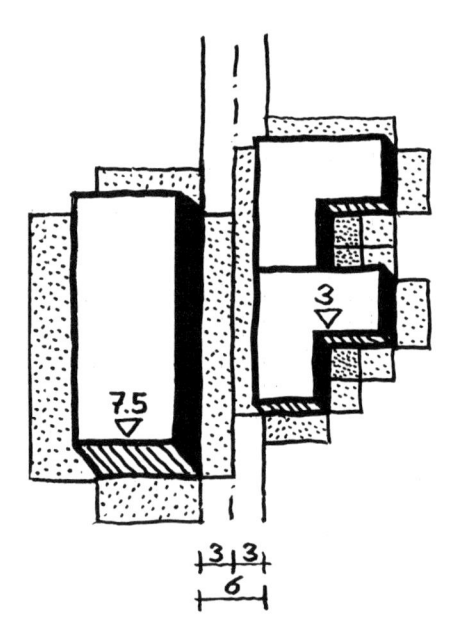

Abb. 6.12.4

Ein Gebäude muss zur Mitte einer öffentlichen Verkehrsfläche eine Abstandfläche mit einer Tiefe von 0,4 H einhalten, auch wenn ihm ein eingeschossiges Gebäude ohne Fenster zur Straße gegenübersteht (§ 6 Abs. 2 Satz 2 in Verbindung mit Abs. 5 Satz 2 BauO NRW).

Abs. 2 Satz 2 ist auf private Wegeflächen nicht anwendbar. Das OVG NRW   324
hat festgestellt, dass die Erstreckung von Abstandflächen auf eine private
Wegeparzelle als Abweichung von Abs. 2 Satz 1 zugelassen werden kann
(OVG NRW, Beschl. v. 6. 10. 1999 — 7 B 1766/99).

d) Anlagen und Einrichtungen nach Abs. 10

Bauliche Anlagen und andere Anlagen und Einrichtungen, von denen keine   325
Wirkungen wie von Gebäuden ausgehen, brauchen grundsätzlich keine
Abstandflächen einzuhalten. Untereinander und gegenüber öffentlichen Verkehrsflächen, öffentlichen Grünflächen und öffentlichen Wasserflächen brauchen sie auch dann keine Abstandflächen einzuhalten, wenn von ihnen Wirkungen wie von Gebäuden ausgehen. Gehen von den Anlagen und Einrichtungen nach Abs. 10 Wirkungen wie von Gebäuden aus, so können sie in den
Abstandflächen von Gebäuden und zu diesen ohne eigene Abstandfläche
zulässig sein. Unter den möglichen Wirkungen ist dabei auf die verschattende
Wirkung besonders zu achten. Wenn die Beleuchtung der Räume eines Gebäudes durch die in Abs. 10 genannten Anlagen und Einrichtungen wesentlich
beeinträchtigt wird, sind sie unzulässig.

2. Abweichungen für gegenüberliegende Wände desselben Gebäudes (Abs. 13)

a) Allgemeine Voraussetzungen für die Anwendung der Abweichungsregelung

Grundsätzlich gelten die Vorschriften der Absätze 1, 3 bis 5, 7 und 9 auch für   326
einander gegenüberliegende Wände desselben Gebäudes. Da aber der Entwurfsverfasser eines Gebäudes oder eines zusammenhängenden Gebäudekomplexes
die Außenraumproportionen dem Grundriss und umgekehrt den **Grundriss
des Gebäudes den Außenraumproportionen anpassen** und darüber hinaus
auch die **Funktion und Ausbildung der Wände** bestimmen kann, sind Abweichungen zumindest von den Absätzen 4 und 5 für einander gegenüberliegende
Gebäudeteile desselben Gebäudes grundsätzlich gerechtfertigt. Eine Unterschreitung der in Abs. 9 genannten Tiefen der Abstandflächen dürfte aus
Gründen des Brandschutzes nicht in Betracht kommen. Abs. 6 findet in den
Fällen einander gegenüberliegender Gebäudeteile desselben Gebäudes keine
Anwendung.

Bei der Prüfung, ob eine Abweichung im konkreten Fall gestattet werden   327
kann, wird es vor allem darauf ankommen, ob Aufenthaltsräume mit notwendigen Fenstern zur gegenüberliegenden Wand orientiert sind, ob eine größere

lichte Raumhöhe eine Verringerung des Abstandes rechtfertigt (vgl. Rn. 396 ff.), ob auch Gründe des Brandschutzes einer Abstandverringerung nicht entgegenstehen u. Ä.

b) Unterschiedliche Anwendungsfälle

328 Die Fälle, in denen sich Wände desselben Gebäudes gegenüberliegen, umfassen mehrere Unterfälle, die insbesondere im Hinblick auf die Beleuchtung der Räume eines Gebäudes durchaus unterschiedlich zu bewerten sind:

— Vor- und Rücksprünge untergeordneter Größenordnung;

— geschlossener Innenhof;

— Mehrflügelanlage;

— durch einen Flachbau verbundene Bauteile.

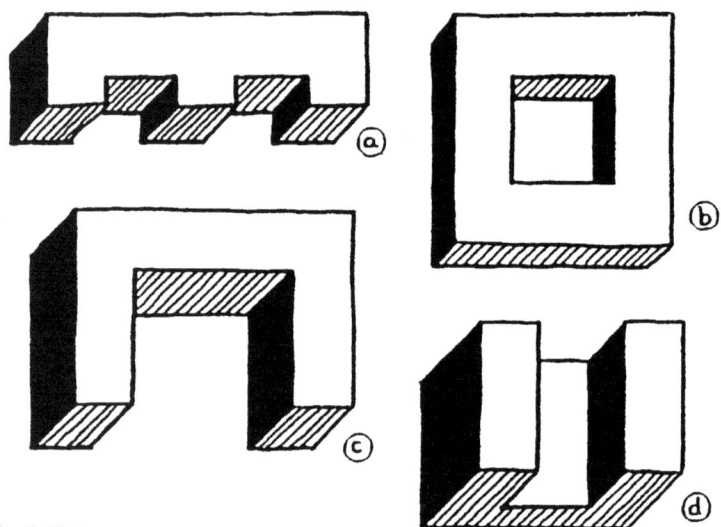

(Abb. 6.13.1)

Abb. 6.13.1
Vier Fälle einander gegenüberliegender Wände desselben Gebäudes
a) Vor- und Rücksprünge untergeordneter Größenordnung
b) Geschlossener Innenhof
c) Mehrflügelanlage
d) Durch einen Flachbau verbundene Bauteile

Vor- und Rücksprünge sind begrifflich untergeordneter Größenordnung. Soweit die den Vorsprung bildenden Außenwände überhaupt Fenster aufweisen, sind diese im Allgemeinen nicht notwendig zur Beleuchtung von Räumen. Die sich aufgrund von Vorsprüngen eines Gebäudes gegenüberliegenden Wände oder Wandteile können daher ohne Nachteil für die Beleuchtung der Räume eines Gebäudes Abstandflächen mit geringeren Tiefen haben. 329

Sind bei einem mehrgeschossigen Gebäude **Aufenthaltsräume** zu einem geschlossenen Innenhof orientiert, so ergeben sich auch bei Einhaltung der nach den Absätzen 4 und 5 erforderlichen Tiefen der Abstandflächen unter Beachtung des Überdeckungsverbots nach Abs. 3 wegen der Abschirmung seitlich einfallenden Tageslichts deutlich ungünstigere Beleuchtungsverhältnisse als im Falle einander gegenüber angeordneter freistehender Gebäude (Rn. 112). Eine weitere Verringerung der Tiefen der Abstandflächen im Bereich eines Innenhofs muss daher, sofern auch in den unteren Geschossen Aufenthaltsräume über den Innenhof beleuchtet werden sollen, ausscheiden. Werden jedoch lediglich Flure oder sonstige **Nebenräume** über den Innenhof beleuchtet, so können geringere Abmessungen gerechtfertigt sein. Geringere Anforderungen an die Dimensionierung von Innenhöfen können auch dann gestellt werden, wenn um den Innenhof Großraumbüros angeordnet werden, die in der Raumtiefe ohnedies auf künstliche Beleuchtung angewiesen sind. 330

Was für die einander gegenüberliegenden Außenwände im Falle eines geschlossenen Innenhofs gilt, gilt entsprechend auch für eine **mehrflügelige Anlage**, dort allerdings insbesondere für die in den Innenecken angeordneten Räume. Die im Bereich der Außenecken der Seitenflügel angeordneten Räume werden durch seitlich einfallendes Tageslicht ausreichend beleuchtet. 331

Werden zwei einander gegenüberliegende **höhere Bauteile durch einen Flachbau miteinander verbunden**, so ist zu berücksichtigen, dass die H nach Abs. 4 Satz 2 regelmäßig von der **Geländeoberfläche** zu messen ist (Rn. 27). Für die einander gegenüberliegenden Wände, die durch einen Flachbau verbunden werden, würde es aber genügen, vom Dach des flachen Bauteils aus zu messen. Abs. 13 ermöglicht die Korrektur, die angebracht ist. 332

3. Abweichungen bei nachträglicher Bekleidung von Außenwänden bestehender Gebäude (Abs. 14)

Bei bestehenden Gebäuden wird durch nachträgliche Bekleidung der Außenwände zur Verbesserung des Wärmeschutzes häufig die zur Nachbargrenze hin erforderliche Tiefe der Abstandfläche unterschritten. Dies hatte in der 333

§ 6 BauO NRW   Abstandflächen

Vergangenheit zu Nachbarstreitigkeiten geführt. Die Regelung will nicht bestehende Abstandflächenverstöße legalisieren; sie soll nur für solche Gebäude gelten, die vor der Aufbringung des Wärmeschutzes die notwendigen Abstandflächen wahrten (OVG NRW, Beschl. v. 7. 11. 1997 — 11 B 2186/97).

334 Abs. 14 ermöglicht die Gestattung von Abweichungen von den Tiefen der Abstandflächen nicht nur bei der nachträglichen Bekleidung von Außenwänden, sondern auch für die Fälle, dass das Dach aus Gründen der nachträglichen Verbesserung des Wärmeschutzes angehoben werden muss.

4. Abweichungen bei Nutzungsänderungen (Abs. 15)

335 Mit Abs. 15 werden sowohl die Nutzungsänderungen eines bestehenden Gebäudes als auch geringfügige bauliche Änderungen, die häufig mit beabsichtigten Nutzungsänderungen einhergehen, ermöglicht. Der Regelung liegt der Gedanke zugrunde, dass für das Abstandflächenrecht vorherrschend die räumliche Ausdehnung eines Gebäudes gegenüber der Nachbargrenze maßgeblich ist und der Gebäudenutzung demgegenüber äußerst geringe Bedeutung zukommt (s. jedoch Rn. 163 ff.). Unter Berücksichtigung der schutzwürdigen nachbarlichen Belange erschien es dem Gesetzgeber aber nicht sachgerecht, derartige Vorhaben ohne weiteres für zulässig zu erklären: vielmehr sei sicherzustellen, dass das angestrebte Ziel im Wege einer erleichtert zuzulassenden Abweichung erreicht wird, vor deren Zulassung auch nachbarliche Belange sowie Brandschutzgesichtspunkte von der Bauaufsichtsbehörde zu prüfen seien.

5. Abweichungen für überwiegend bebaute Gebiete (Abs. 16)

a) Zweck der Regelung

336 Die bauordnungsrechtlichen Abstandregelungen sind vom Ansatz her auf neue Stadtteile ausgerichtet. Ihre Anwendung auf bereits überwiegend bebaute Gebiete hat häufig zu städtebaulich unbefriedigenden Ergebnissen geführt.

337 Nach der Abstandregelung der BauO 70 konnte es zu einem **Konflikt** zwischen der bauordnungsrechtlichen **Abstandregelung** und dem planungsrechtlichen **Einfügungsgebot** immer dann kommen, wenn § 34 BBauG im Hinblick auf die Höhe der Gebäude, auf die Bauweise und auf die Grundstücksfläche, die überbaut werden sollte, anwendbar war und sich aus den **prägenden**

Abstandflächen   BauO NRW § 6

Merkmalen der Umgebung ergab, dass die Gebäude in geringerem Abstand hätten errichtet werden müssen als sich aus den Regelungen über den Bauwich, über die Gebäudeabstände und Abstandflächen der BauO 70 ergab. Der Konflikt musste in aller Regel zugunsten der bauordnungsrechtlichen Regelung entschieden werden, weil das Vorhaben neben den bundesrechtlichen auch die landesrechtlichen Anforderungen erfüllen muss (BVerwG, Beschl. v. 6. 1. 1970 — IV B 57.69 —, BRS 23 Nr. 47).

Im Sinne des planungsrechtlichen Einfügungsgebots konnte der Konflikt nur   338
über eine Befreiung von den bauordnungsrechtlichen Abstandvorschriften gelöst werden. Die Verwirklichung einer städtebaulich angemessenen Lösung im Wege der Befreiung von zwingenden bauordnungsrechtlichen Vorschriften war aber nicht der richtige Weg, da die Befreiung der Regelung atypischer Einzelfälle dienen sollte, während in den angesprochenen Fällen die vorhandene städtebauliche Struktur für eine Mehrzahl von Grundstücken oder für ganze Stadtteile eine Bebauung ohne Einhaltung der Abstandvorschriften erforderlich macht (Hess. VGH, Beschl. v. 23. 12. 1980 — IV TG 99/80 —, BRS 36 Nr. 126). Die Möglichkeiten, den städtebaulichen Erfordernissen Rechnung zu tragen, sind mit der Abweichungsmöglichkeit nach Abs. 16 (= § 6 Abs. 14 BauO 84 = § 6 Abs. 15 BauO 95) verbessert worden.

b) Überwiegend bebautes Gebiet

Ob ein Gebiet überwiegend bebaut oder unbebaut ist, ergibt sich aus der **städ-**   339
tebaulichen Bestandsaufnahme. Überwiegend bebaute Gebiete sind **im Zusammenhang bebaute Ortsteile** im Sinne des § 34 Abs. 1 BauGB. Zwar könnte nach dem Wortlaut der Vorschrift angenommen werden, dass hier im Gegensatz zur Feststellung, ob sich ein Vorhaben in einem im Zusammenhang bebauten Ortsteil befindet oder nicht, eine rein quantitative Betrachtungsweise vorgenommen werden sollte. Überwiegend bebaut würde dann bedeuten: zu mehr als 50% bebaut. Da es aber zur Feststellung, ob ein Gebiet zu mehr als 50% bebaut ist oder nicht, entscheidend auf die räumliche Abgrenzung des Gebiets ankommt, das Gesetz hierzu aber keine Aussage macht, können keine Anhaltspunkte dafür gefunden werden, dass überwiegend bebaute Gebiete im Sinne des Abs. 16 etwas anderes sein könnten als die im Zusammenhang bebauten Ortsteile nach § 34 BauGB. Das bedeutet auch, dass für die Zuordnung eines Vorhabens, zu den nach Abs. 16 zu behandelnden Fällen, vor allem am Rande eines überwiegend bebauten Gebietes gleiche oder ähnliche Schwierigkeiten auftauchen können wie bei der Frage, ob ein Vorhaben nach § 34 BauGB oder nach § 35 BauGB zu behandeln sei.

§ 6 BauO NRW   Abstandflächen

c) Bezug zu den planungsrechtlichen Vorschriften der §§ 29 ff. BauGB

340 Überwiegend bebaute Gebiete können überplant oder nicht überplant sein. Obwohl Abs. 16 nicht unmittelbar auf § 34 BauGB Bezug nimmt und die Frage, ob und inwieweit ein überwiegend bebautes Gebiet überplant ist, nicht angesprochen wird, gilt hier wie für die Anwendbarkeit des § 34 BauGB Entsprechendes: nur soweit ein Bebauungsplan nach § 30 Abs. 1 BauGB nicht besteht und ein einfacher Bebauungsplan nach § 30 Abs. 3 BauGB keine Festsetzungen über die überbaubaren Grundstücksflächen, die Bauweise und die Höhe der Gebäude bzw. die Zahl der Vollgeschosse enthält, kann Abs. 16 anwendbar sein (1. Prüfschritt).

341 Werden in einem Bebauungsplan geringere Abstände, als nach den Absätzen 4 bis 6 erforderlich wären, mit **nicht zwingenden Festsetzungen** festgesetzt, so ist Abs. 17 nicht anwendbar, denn mit einer solchen Festsetzung bringt der Plangeber lediglich zum Ausdruck, dass eine Abweichung von den Absätzen 4 bis 6 planungsrechtlich zulässig sein soll, dass sie aber nicht zwingend erforderlich ist. Ist der Bebauungsplan mit seinen nicht zwingenden Festsetzungen gültig (zu abwägungsfehlerhaften oder funktionslosen Festsetzungen vgl. Rn. 349 f.), so kann die Abweichung nur zugelassen werden, wenn außer den mit den Festsetzungen des Bebauungsplans gegebenen planungsrechtlichen Voraussetzungen für die Abweichung auch die Voraussetzungen für eine Abweichung nach § 73 gegeben sind (hierzu jedoch Rn. 338).

342 Hält der Plangeber die Einhaltung einer bestimmten Bauflucht oder einer bestimmten Gebäudehöhe oder auch die Einhaltung schmaler Traufgassen aus städtebaulichen Gründen für erforderlich, so muss er diese Zielvorstellung mit **zwingenden Festsetzungen** zum Ausdruck bringen. Ergeben sich andere Gebäudeabstände als nach den Absätzen 4 bis 6 aufgrund zwingender Festsetzungen eines Bebauungsplans, so ist auch in überwiegend bebauten Gebieten nicht Abs. 16, sondern Abs. 17 anzuwenden (Rn. 391).

d) Anwendbarkeit auch ohne Satzung

343 Die Abstandvorschriften der BauO 70 konnten nur mit Hilfe der **bauordnungsrechtlichen Satzung** nach § 103 Abs. 1 Nr. 6 BauO 70 überwunden werden, und das bedeutete: nur unter den dort genannten Voraussetzungen. Obwohl das Instrument einer Satzung bei der Neufassung der Bauordnung erhalten geblieben ist (§ 86 Abs. 1 Nr. 6), ist die Satzung nicht mehr Voraussetzung für eine Abweichung von den Regelungen der Absätze 4 bis 6. Damit ist die Abweichung auch nicht an die Voraussetzungen des § 86 Abs. 1 Nr. 6

gebunden, wonach es darauf ankommt, dass die Abweichung „zur Wahrung der historischen Bedeutung oder sonstigen erhaltenswerten Eigenart eines Ortsteils" erforderlich ist. Für eine Entscheidung nach Abs. 16 kommt es lediglich darauf an, dass die Gestaltung des Straßenbildes oder besondere städtebauliche Verhältnisse eine Abweichung von der Anwendung der Absätze 4 bis 6 rechtfertigen. Diese Voraussetzung kann auch in Ortsteilen gegeben sein, die weder aufgrund ihrer historischen Bedeutung noch aus anderen Gründen erhaltenswert sind.

In welchen Fällen die Gestaltung des Straßenbildes oder besondere städtebauliche Verhältnisse eine Abweichung rechtfertigen, ergibt sich ohne Konkretisierung in einer Satzung aus den prägenden Merkmalen der Umgebung eines Vorhabens im Sinne des § 34 Abs. 1 BauGB. Das Planungsrecht geht nämlich von der Vorstellung aus, dass Planung vor allem dort einzusetzen habe, wo eine Änderung der vorgegebenen Situation angestrebt wird, sei es Erstbebauung zuvor unbebauter Gebiete, sei es, dass die Änderung einer vorgegebenen baulichen Situation beabsichtigt ist. Überall dort aber, wo keine Veränderungen vorgesehen sind, sollen die vorgegebenen städtebaulichen Strukturen auch bei baulicher Erneuerung erhalten bleiben. Es bedarf also nach dem geltenden Planungsrecht, um dem **Erhaltungsgedanken** Geltung zu verschaffen, keines besonderen Beschlusses der satzungsbefugten Gemeinde. Diesem Grundprinzip des Planungsrechts wird mit Abs. 16 Rechnung getragen. Sind die unter Rn. 340 genannten Voraussetzungen gegeben, so sind im Rahmen des 2. Prüfschritts die prägenden Merkmale der Umgebungsbebauung zu ermitteln. **344**

Sind **keine prägenden Merkmale** in der Umgebung des Vorhabens erkennbar, die eine Abweichung von den Absätzen 4 bis 6 rechtfertigen, so besteht auch keine Veranlassung, von der Abweichungsmöglichkeit des Abs. 16 Gebrauch zu machen. In diesen Fällen sind in aller Regel auch nicht die Voraussetzungen für die Aufstellung einer Satzung nach § 86 Abs. 1 Nr. 6 gegeben. **345**

e) **Gestaltung des Straßenbildes und besondere städtebauliche Verhältnisse**

Wie bei der städtebaulichen Beurteilung eines Vorhabens nach § 34 BauGB kommt es für die Anwendung des Abs. 16 nicht nur auf die Bebauung der unmittelbar benachbarten Grundstücke an, wenn festgestellt werden soll, ob die Gestaltung des Straßenbildes die Abweichung rechtfertigt. Es muss **ein größerer Straßenabschnitt** in die Betrachtung einbezogen werden. Das Straßenbild rechtfertigt die Anwendung des Abs. 16 in aller Regel nur dann, wenn eine **Baufrucht** eindeutig vorgegeben ist, so als wäre die Bebauung in der **346**

§ 6 BauO NRW   Abstandflächen

Umgebung des Vorhabens aufgrund einer im Bebauungsplan festgesetzten Baulinie entstanden. Des Weiteren muss die **Gebäudehöhe** vorgegeben sein, so als wäre die Bebauung in der Umgebung des Vorhabens aufgrund einer zwingend festgesetzten Traufhöhe oder auch einer zwingend festgesetzten Zahl der Vollgeschosse enstanden.

347 Eine geringere Tiefe der Abstandfläche ist nicht für jedes Bauvorhaben zuzulassen, das sich planungsrechtlich nach seiner Bauweise, nach der Lage des Baukörpers auf dem Baugrundstück und nach der Höhe des Gebäudes in die Eigenart der näheren Umgebung einfügt. Die in Abs. 16 verlangte Rechtfertigung ist nicht bereits mit dem Sich-Einfügen im Sinne von § 34 Abs. 1 BauGB gegeben. Die geringeren Tiefen der Abstandflächen müssen ihre Rechtfertigung gerade aus einer Gestaltung des Straßenbildes empfangen. Dies setzt eine gewisse Einheitlichkeit der Bebauung voraus, was die Höhe der Gebäude sowie ihre Lage auf dem Baugrundstück und damit die Merkmale anlangt, welche für die Einhaltung der Abstandflächen bestimmend sind. Abs. 16 bleibt ein Ausnahmetatbestand; seine Anwendung verlangt besondere städtebauliche Gründe für die Errichtung eines Gebäudes, das die Abstandflächen nicht einhalten soll. Die Gesetzgebung stellt die Gestaltung des Straßenbildes mit der Erhaltung eines vorhandenen, weitgehend einheitlichen Straßenbildes gleich. Ist die Bebauung beidseits einer Straße hingegen nach Höhe der Baukörper und nach ihrer Lage auf dem Baugrundstück uneinheitlich, sind geringere Tiefen der Abstandflächen nicht schon dann gerechtfertigt, wenn sich die hinzukommende Bebauung noch in der Bandbreite der vorgegebenen Möglichkeiten hält und sich, ohne zu stören, in das Straßenbild einpasst. Die Gestaltung des Straßenbildes rechtfertigt umgekehrt geringere Abstandflächen dann, wenn ein Gebäude, das die Abstandflächen einhält, störend aus dem Rahmen eines sonst durch im Wesentlichen einheitliche Bebauung geprägten Straßenbildes fällt (OVG NRW, Beschl. v. 27. 10. 1997 − 10 B 2249/97; Beschl. v. 2. 12. 1997 − 10 B 2880/97 −; Beschl. v. 5. 10. 1998 − 7 B 1850/98).

348 Gehören erkerartige Vorbauten oder Zwerchgiebel nicht zu den prägenden Merkmalen einer Straßenrandbebauung, so rechtfertigt die Gestaltung des Straßenbildes keine geringeren Tiefen der Abstandflächen für derartige Bauteile (OVG NRW, Beschl. v. 16. 1. 1997 − 10 B 3126/96).

349 Ist in einem überwiegend bebauten Gebiet eine Bauflucht und eine bestimmte Traufhöhe oder Geschossigkeit konsequent eingehalten, so kann für den Fall, dass das Gebiet erstmals überplant werden soll, eine zwingende Festsetzung der Bauflucht mittels Baulinie und der Gebäudehöhe aus Gründen der Gestaltung des Ortsbildes geboten sein, dies umso mehr, wenn Gründe des Denk-

Abstandflächen　　　　　　　　　　　　　　　　　　　　BauO NRW § 6

malschutzes die Einhaltung der Bauflucht und der Gebäudehöhe erfordern. Bleibt dies in der Abwägung unberücksichtigt und sprechen keine gewichtigen Gründe für die Zulassung einer Abweichung von der vorgegebenen Bauflucht und der Gebäudehöhe, so kann der Bebauungsplan abwägungsfehlerhaft und insoweit (teil-)nichtig sein. Dann würde sich die Zulässigkeit eines Vorhabens in dem Gebiet nach § 34 Abs. 1 BauGB richten, und es wäre von einer „faktischen Baulinie" und einer faktisch als zwingend festgesetzten Gebäudehöhe im Sinne des Einfügungsgebots auszugehen. Im Hinblick auf die einzuhaltenden Abstandflächen wäre dann nicht Abs. 17, sondern Abs. 16 anwendbar (OVG NRW, Beschl. v. 21. 5. 1993 — 7 B 588/93).

Ist eine Bebauung aufgrund nicht zwingender Festsetzungen so ausgeführt worden, als sei eine Bauflucht und eine Traufhöhe zwingend festgesetzt, so sind die nicht zwingenden Festsetzungen als funktionslos und insoweit als unwirksam anzusehen, denn bauplanerische Festsetzungen können funktionslos werden und deshalb außer Kraft treten, wenn und soweit sich die tatsächlichen Verhältnisse nach der Aufstellung des Bebauungsplans derart verändert haben, dass mit einer Verwirklichung der Festsetzungen auf absehbare Zeit nicht mehr gerechnet werden kann (BVerwG, Urt. v. 6. 5. 1993 — 4 C 15.91 —, BauR 1993 S. 688). Auch in diesem Fall ist die Zulässigkeit eines Vorhabens in dem Gebiet hinsichtlich der überbaubaren Grundstücksflächen und des Maßes der baulichen Nutzung nach § 34 BauGB zu beurteilen. Dann ist nicht Abs. 17, sondern Abs. 16 anwendbar. 350

Die Erhaltung einer historischen Straßenflucht kann dafür sprechen, bei der Aufstockung eines Gebäudes eine geringere Tiefe der an sich gebotenen Abstandfläche zuzulassen (Hess.VGH, Beschl. v. 8. 5. 1995 — 3 TG 1129/95 —, BRS 57 Nr. 161). Die Gewährung einer Ausnahme nach Abs. 16 darf nicht zu einer Verfestigung städtebaulicher Missstände führen (vgl. OVG NRW, Beschl. v. 23. 10. 1995 — 10 B 2661/95 —, BRS 57 Nr. 159). 351

Für das Straßenbild können nicht nur die vordere Bauflucht oder die Traufhöhe entscheidend sein; auch quer zur Straße verlaufende schmale Traufgassen zwischen den Gebäuden, mit denen die Mindestabstände nach den Absätzen 4 bis 6 unterschritten werden, können charakteristische Merkmale des Straßenbildes sein (OVG Mecklenburg-Vorpommern, Beschl. v. 20. 7. 1995 — 3 M 154/94 —, BRS 57 Nr. 160). 352

Wenn eine vorhandene Bebauung weder dem normalen Bild der geschlossenen Bauweise noch dem der offenen Bauweise entspricht, kann nicht ohne weiteres geschlossene Bauweise angenommen werden. Eher erscheint es sachgerecht, die Bauweise in Anlehnung an die Festsetzungsmöglichkeiten nach § 22 Abs. 4 BauNVO als „abweichende Bauweise" zu bezeichnen. 353

354 Das OVG Lüneburg hatte ursprünglich angenommen, ein Grenzanbau füge sich im Falle einer Bebauung mit schmalen Traufgassen (den so genannten „Schwengelwichen") in die Eigenart der näheren Umgebung ein, auch wenn dies zu einer Störung des vorgegebenen Ortsbildes führe (OVG Lüneburg, Urt. v. 25. 1. 1978 − 1 A 103/76 −, BRS 33 Nr. 53). Inzwischen hat das OVG Lüneburg in einem ähnlich gelagerten Fall einen Grenzabstand von 0,40 m als zulässig angesehen (das vorhandene Nachbargebäude hielt den gleichen Grenzabstand ein, so dass ein Gebäudeabstand von 0,80 m eingehalten wurde), ohne allerdings die historisch bedingte „Schwengelwich-Bauweise" ausdrücklich als abweichende Bauweise im Sinne des § 22 Abs. 4 BauNVO anzuerkennen (OVG Lüneburg, Beschl. v. 3. 6. 1986 − B 28/86 −, so auch OVG NRW, Beschl. v. 10. 3. 1994 − 10 B 3385/93; vgl. auch OVG Mecklenburg-Vorpommern, Beschl. v. 20. 7. 1995 − 3 M 154/94 −, BRS 57 Nr. 160).

355 Auch wenn die Bebauung mit schmalen Traufgassen vom Erscheinungsbild eher geschlossen wirkt (Hess.VGH, Beschl. v. 23. 12. 1980 − IV TG 99/80 −, BRS 36 Nr. 126), muss berücksichtigt werden, dass eine Bebauung mit schmalen Traufgassen nach der **baulichen Ausbildung der Außenwände** und der **Dachentwässerung** eher die Merkmale der offenen Bauweise aufweist. In der geschlossenen Bauweise bleiben die Grenzwände in aller Regel unverputzt; sie erhalten auch keine Bekleidung aus Gründen der Baugestaltung und des Witterungsschutzes. Die Dachentwässerung erfolgt in der geschlossenen Bauweise allgemein nicht zur seitlichen Nachbargrenze. Demgegenüber gehört die seitliche Dachentwässerung gerade zu den Merkmalen einer Bebauung mit schmalen Traufgassen (bei anderer Dachentwässerung handelt es sich nicht um „Traufgassen", sondern um „Gänge"). Im Übrigen müssen die seitlichen Gebäudeabschlusswände bei einer solchen Bebauung einen vollwertigen **Wärmeschutz** und eine **witterungsbeständige Außenhaut** erhalten. Insoweit kann in diesen Fällen auch nicht davon ausgegangen werden, dass sich ein Grenzanbau in die vorgegebene Baustruktur einfügt und dass die planungsrechtlichen Vorschriften einen Grenzanbau verlangen. Damit sind auch die planungsrechtlichen Voraussetzungen für die Anwendung des Abs. 1 Satz 2 Buchst. a in diesen Fällen nicht gegeben.

356 Häufig sind schmale Traufgassen oder „Gänge" dadurch entstanden, dass einseitig an die Grundstücksgrenze gebaut worden ist und jeweils zur anderen Seite ein Grenzabstand eingehalten wurde. In anderen Fällen − u. U. im gleichen Bebauungszusammenhang − wurde beidseitig ein schmaler Grenzabstand eingehalten. Unabhängig von der Lage der Grundstücksgrenze wird die Traufgasse jedoch häufig als Zugang zu rückwärtigen Grundstücksteilen

Abstandflächen   BauO NRW § 6

sowie zur **Bauunterhaltung** der sich gegenüberliegenden Nachbarwände genutzt. Unterschreitet der Grenzabstand das Maß von 0,80 m und würde ein unmittelbarer Grenzanbau nach den Vorschriften über die geschlossene Bauweise auf dem Nachbargrundstück verlangt, so wäre eine Bauunterhaltung der beiden sich gegenüberliegenden Wände nicht mehr möglich. Das wäre etwa der Fall, wenn der Grenzabstand einseitig nur 0,40 m beträgt und auf dem Nachbargrundstück ein unmittelbarer Grenzanbau verlangt würde. Ein solches Verlangen würde dem berechtigten Interesse des Bauherrn, eine den technischen Erfordernissen entsprechende Bauunterhaltung der Außenwand sicherzustellen, entgegenstehen (zur Vermeidung unzugänglicher „Schmutzwinkel" bei Grenzgaragen VGH Bad.-Württ., Urt. v. 15. 11. 1990, a. a. O., vgl. auch Rn. 309). Ob allerdings die Einhaltung eines Mindestgebäudeabstandes zur Bauunterhaltung auch verlangt werden kann, erscheint fraglich. Dies wäre nur möglich, wenn der Gebäudeabstand als Durchgang für die Feuerwehr erforderlich ist; dann muss aber das in § 5 Abs. 1 genannte Maß von 1,25 m eingehalten werden. Ist der Gebäudeabstand als Durchfahrt für die Feuerwehr erforderlich, so muss nach § 5 Abs. 2 das Maß von 3,00 m eingehalten werden.

Für die Anwendung des Abs. 16 kommt es lediglich auf die **vorgegebene** 357 **Gestaltung des Straßenbildes** an. Wenn diese erhaltenswert ist, kann davon ausgegangen werden, dass die Gestaltung des Straßenbildes bei Neubauvorhaben oder baulichen Veränderungen eine Anpassung rechtfertigt. Städtebauliche Gestaltungsvorstellungen, die zu geringeren Abständen führen, die sich aber nicht aus der Gestaltung des vorhandenen Straßenbildes ergeben, können nur über zwingende Festsetzungen eines Bebauungsplans durchgesetzt werden (Abs. 17).

Wenn straßenseitig eine Abweichung von den Regelungen der Absätze 4 bis 6 358 wegen des Straßenbildes städtebaulich geboten ist, kann daraus nicht gefolgert werden, dass auch zur **Gebäuderückseite** von der Abweichungsregelung des Abs. 16 Gebrauch gemacht werden kann. Im Gegenteil: Um erträgliche Wohn- und Arbeitsverhältnisse zu garantieren, ist es in aller Regel notwendig, im Bereich der rückwärtigen Grundstücksteile auf eine strikte Einhaltung der Absätze 4 bis 6 zu achten (OVG NRW, Beschl. v. 1. 8. 1994 – 7 B 1626/94), dies insbesondere dann, wenn eine vorgegebene Innenhofsituation die Merkmale von städtebaulichen Missständen aufweist; denn eine Verfestigung von städtebaulichen Missständen würde dem positiv zu verstehenden Einfügungsgebot des § 34 Abs. 1 BauGB nicht entsprechen.

Nur in besonderen Fällen kann Abs. 16 auf den Blockinnenbereich bzw. auf 359 die gesamte Baustruktur angewendet werden, also nicht nur straßenseitig. Das ist etwa der Fall, wenn die Innenhöfe so schmal sind, dass die Schließung einer Baulücke nicht möglich wäre, ohne die sich aus der Höhe der Gebäuderückwand nach den Absätzen 4 bis 6 ergebende Tiefe der Abstandfläche zu unterschreiten. Abs. 16 ist auch in den Fällen einer vorgegebenen **kleinteiligen Bau- und Parzellenstruktur** anwendbar (Abb. 6.16.1). Der Gesichtspunkt, dass eine solche Struktur erhaltenswert ist, kann dann auch in der Einzelfallentscheidung nach Abs. 16, also ohne dass dieser Gesichtspunkt in einer Satzung konkretisiert ist, herangezogen werden.

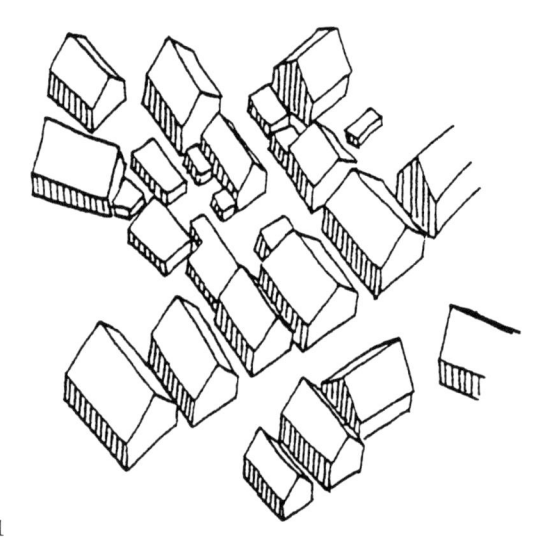

Abb. 6.16.1
Anwendbarkeit der Ausnahmeregelung des Abs. 16 aufgrund besonderer städtebaulicher Verhältnisse – hier: kleinteilige Baustruktur.

f) Entgegenstehende Gründe

360 Als zwingende Voraussetzung für eine Abweichung nach Abs. 16 wird lediglich vorgeschrieben, dass **Gründe des Brandschutzes** nicht entgegenstehen dürfen. Diese Belange sind demnach mit Vorrang gegenüber anderen städtebaulichen Belangen zu beachten. Gründe des Brandschutzes können entgegenstehen, wenn die Außenwände eines einem beantragten Gebäude gegenüberstehenden Gebäudes überwiegend eine Bekleidung aus normal entflammbaren Baustoffen aufweisen. Gründe des Brandschutzes können einer Abweichung auch dann entgegenstehen, wenn Gebäudeabstände als Zufahrten für die Feuerwehr erforderlich sind. In diesen Fällen würde allerdings bereits § 5 einer Abweichung entgegenstehen.

Aus der Tatsache, dass die anderen Ziele, denen die Abstandregelungen dienen, insbesondere die Gewährleistung einer ausreichenden **Tagesbeleuchtung**, im Unterschied zu den Abweichungsregelungen der Absätze 12 und 13 als Voraussetzung für die Abweichungsgenehmigung nach Abs. 16 nicht genannt werden, kann nicht gefolgert werden, dass diese Gesichtspunkte bei der Prüfung eines Bauantrages nicht in die Betrachtung einbezogen werden sollen. Diese Gesichtspunkte müssen insbesondere im Zusammenhang mit der vorgeschriebenen Würdigung nachbarlicher Belange berücksichtigt werden. 361

Wenn das Straßenbild oder besondere städtebauliche Verhältnisse geringere Tiefen der Abstandflächen rechtfertigen, kann dies zu besonderen Anforderungen an die Nutzung oder die Dimensionierung der Räume des Gebäudes führen. In bestimmten Fällen kann es erforderlich werden, auf **Aufenthaltsräume im Erdgeschoss** zur schlecht beleuchteten Gebäudeseite hin ganz zu verzichten oder nur solche Aufenthaltsräume vorzusehen, deren Nutzung eine Beleuchtung mit Tageslicht verbietet (§ 48 Abs. 4). 362

Nach § 48 Abs. 2 Satz 1 — sofern also § 48 Absätze 4 und 5 nicht anwendbar sind — müssen Aufenthaltsräume unmittelbar ins Freie führende Fenster von solcher Zahl und Beschaffenheit haben, dass die Räume ausreichend Tageslicht erhalten. Bei verringerten Gebäudeabständen kann diese Anforderung häufig nur erfüllt werden, wenn **größere Fenster** vorgesehen werden, als nach § 48 Abs. 2 Satz 2 erforderlich wäre. Gegebenenfalls müssen auch größere Raumhöhen in den unteren Geschossen einer mehrgeschossigen Bebauung vorgesehen werden.

Eine Abweichung nach Abs. 16 kommt nicht nur in Betracht, wenn die Gestaltung des Straßenbildes bei Einhaltung der Regelabstände **nachhaltig beeinträchtigt** würde. Wenn im Falle einer viergeschossigen Straßenrandbebauung ein Neubau im Zuge einer Baulückenschließung aufgrund der Absätze 1 bis 5 lediglich 0,50 m hinter die vorgegebene Bauflucht zurückgesetzt werden müsste, so könnte die dadurch hervorgerufene Beeinträchtigung des Straßenbildes als geringfügig betrachtet werden. Zum anderen wäre aber auch die sich aus der Einhaltung der Bauflucht ergebende Beeinträchtigung in der Tagesbeleuchtung für die einander gegenüberliegenden Gebäude lediglich geringfügig, so dass von daher gegen die Zulassung einer Abweichung keine Bedenken bestehen. 363

Umgekehrt: Wenn die Differenz zwischen vorgegebener Bauflucht und der sich aus den Absätzen 1 bis 5 ergebenden Lage der Außenwand mehrere Meter beträgt, wäre die Beeinträchtigung des Straßenbildes erheblich, wenn von der Abweichungsmöglichkeit nach Abs. 16 nicht Gebrauch gemacht würde. Wird jedoch in der Bauflucht gebaut, so ist auch die mögliche Beeinträchtigung in der Tagesbeleuchtung erheblich. D. h.: Die Erheblichkeit möglicher Beeinträchtigungen in der Gestaltung des Straßenbildes und die Erheblichkeit möglicher Beeinträchtigungen der Tagesbeleuchtung der Gebäude werden sich im konkreten Anwendungsfall des Abs. 16 in etwa die Waage halten. Es kommt also auf die Gewichtung der widerstreitenden Belange an.

g) Gestatten oder Verlangen einer Abweichung

364 Eine Bebauung, mit der die nach den Absätzen 4 bis 6 erforderlichen Tiefen der Abstandflächen unter Beachtung der Anforderungen der Absätze 1 bis 3 nicht eingehalten werden können, kann zugelassen werden, sofern sie die genannten Voraussetzungen erfüllt. Sie kann aber auch von der Bauaufsichtsbehörde verlangt werden, wenn eine Bebauung vorgesehen ist, die sich nicht in die vorgegebene Situation, insbesondere in das Straßenbild, einfügt, auch wenn mit ihr die nach den Absätzen 4 bis 6 erforderlichen Tiefen der Abstandflächen eingehalten werden. Damit erhält die Bauaufsichtsbehörde die Möglichkeit, in der Einzelfallentscheidung dem öffentlichen Interesse an der Erhaltung eines vorgegebenen Straßenbildes oder anderer besonderer städtebaulicher Gegebenheiten in überwiegend bebauten Gebieten den Vorrang zu geben vor dem Privatinteresse an einer möglicherweise abweichenden Ergänzungsbebauung, und zwar auch dann, wenn der Bauherr Gründe anführen kann, die der bauordnungsrechtlichen Zielsetzung entsprechen, also etwa Gründe einer verbesserten Tagesbeleuchtung.

IV. Vorrang für den Bebauungsplan (Abs. 17)

1. Allgemeines

365 Abstände zwischen Gebäuden oder Gebäudegruppen oder zwischen Teilen von Gebäuden lassen sich durch Festsetzungen der überbaubaren und nicht überbaubaren Grundstücksflächen im Bebauungsplan bestimmen. Diese Festsetzungen stehen damit in **Konkurrenz** zu den Vorschriften der Absätze 1 bis 15, insbesondere zu den Bemessungsregeln der Absätze 4 bis 6 und 9, mit denen ebenfalls Abstände zwischen Gebäuden bestimmt werden (Rn. 19).

366 Nicht überbaubare Grundstücksflächen und Abstandflächen sind unterschiedlich definiert. **Abstandflächen lassen sich im Bebauungsplan nicht festsetzen.**

367 Die durch Festsetzung der überbaubaren und nicht überbaubaren Grundstücksflächen bestimmten Gebäudeabstände können **größer** sein als die Abstände, die sich aus den Regelungen der Absätze 4 bis 9 ergeben, sie kön-

nen **gleich groß** oder **kleiner** sein. Ob sich aus den Festsetzungen eines Bebauungsplans geringere Tiefen der Abstandflächen als nach den Absätzen 5 und 6 ergeben, kann nur festgestellt werden, wenn auch die Gebäudehöhe durch **zwingende Festsetzungen der Höhe** der baulichen Anlagen oder der Zahl der Vollgeschosse hinreichend eindeutig bestimmt ist, es sei denn, die Mindesttiefe der Abstandflächen von 3,00 m wird unterschritten (Rn. 189 ff., 209); denn die Regelungen über die Mindesttiefen der Abstandflächen in den Absätzen 5 und 6 gelten unabhängig von der Wandhöhe.

Sind die festgesetzten Abstände größer als die sich aus den Regelungen der Absätze 4 bis 9 ergebenden Abstände, so ist Abs. 17 nicht anwendbar. Die Gebäudeabstände werden dann durch die Festsetzungen des Bebauungsplans bestimmt, unabhängig davon, ob die Abstände mittels Baulinien (zwingend) oder Baugrenzen (nicht zwingend) festgesetzt werden. Die Abstandflächen liegen im Bereich der nicht überbaubaren Grundstücksflächen, ohne diese ganz auszufüllen. Das bedeutet, dass die zwischen den Gebäuden liegenden nicht überbaubaren Grundstücksflächen nur zum Teil auch Abstandflächen sind. 368

Sind die sich aus den Festsetzungen eines Bebauungsplans ergebenden Gebäudeabstände ebenso groß wie die Abstände, die sich aus der Anwendung der Absätze 4 bis 9 ergeben, so ist Abs. 17 ebenfalls nicht anwendbar. Die Flächen zwischen den Gebäuden sind sowohl planungsrechtlich als nicht überbaubare Flächen als auch bauordnungsrechtlich als Abstandflächen anzusehen. 369

Sind die sich aus den Festsetzungen eines Bebauungsplans ergebenden Gebäudeabstände geringer als die sich aus der Anwendung der Absätze 4 bis 9 ergebenden Gebäudeabstände, so setzen sich die Festsetzungen des Bebauungsplans aufgrund des Abs. 17 nur insoweit gegenüber den Absätzen 4 bis 9 durch, als die überbaubaren Grundstücksflächen mit Baulinien bestimmt werden und die Höhe der Gebäude ebenfalls durch zwingende Festsetzungen bestimmt wird (überwiegende Auffassung — vgl. Moelle/Rabeneck/Schalk BauO NRW Kommentar Loseblattsammlung, Stand Sept. 1995 § 6 Rn 109; Thiel/Kößler/Schumacher Baurecht Loseblattsammlung Stand März 1998, BauO NRW § 6 Nr. 9; Gädtke/Böckenförde/Temme/Heintz Landesbauordnung Nordrhein-Westfalen, 9. Aufl. § 6 Rn. 147; zur entsprechenden Regelung in § 6 Abs. 16 ThürBO Jäde/Weinl/Dirnberger/Michel Bauordnungsrecht Thüringen Loseblattsammlung Stand Sept. 1996 § 6 Rn. 205). 370

Das OVG NRW hatte es aus Gründen der Gestaltung des Straßenbildes als „vernünftigerweise geboten" angesehen, dass die erforderliche Abstandfläche mit einer Ergänzungsbebauung in einem historischen Stadtkern unterschritten

§ 6 BauO NRW   Abstandflächen

wird, obwohl lediglich die überbaubare Grundstücksfläche an der Grenze zur festgesetzten Verkehrsfläche mit einer Baulinie, die Gebäudehöhe hingegen nur als Obergrenze, also nicht zwingend festgesetzt war. Bei Unwirksamkeit des Bebauungsplans wäre die Unterschreitung des Abstandmaßes jedenfalls nach § 6 Abs. 14 BauO 84 gerechtfertigt gewesen, zumal die Unterschreitung auch der geltenden Satzung über den Denkmalbereich „Altstadt" entsprach (OVG NRW, Beschl. v. 21. 5. 1993 — 7 B 588/93).

371 Festsetzungen nach Abs. 17 setzen die Vorschriften der Absätze 1 bis 15 nicht insgesamt außer Kraft. Berührt werden außer den Vorschriften über die Bemessung der Tiefe der Abstandflächen also vor allem (Absätze 4 bis 9) auch die Vorschriften des Abs. 3 (Überdeckungsverbot) und die des Abs. 16 (Ausnahmen in überwiegend bebauten Gebieten). Die übrigen Vorschriften, also die der Absätze 1 und 2 sowie der Absätze 10 bis 13 bleiben im Wesentlichen unberührt.

2. Eingeschränkte Geltung der Absätze 1 bis 3

372 Die nach Absatz 1 Satz 1 geforderten Abstandflächen sind auch insoweit von oberirdischen Gebäuden freizuhalten, als sich aus zwingenden Festsetzungen eines Bebauungsplans für die Abstandflächen geringere Tiefen als nach den Absätzen 4 bis 9 ergeben. Allerdings ergibt sich die Notwendigkeit, die nicht überbaubaren Grundstücksflächen von Gebäuden freizuhalten bereits aus dem Planungsrecht unmittelbar. Sollen jedoch Abweichungen zugelassen werden, so ist nicht nur eine Prüfung nach planungsrechtlichen Gesichtspunkten (§ 31 BauGB), sondern auch nach bauordnungsrechtlichen Gesichtspunkten (§ 73) geboten. Abs. 1 Sätze 2 bis 4 setzen zwar planungsrechtliche Vorgaben zur Bauweise voraus; diese müssen sich aber nicht aus Festsetzungen eines Bebauungsplans ergeben. Die Vorgaben können sich im unbeplanten Innenbereich auch aus den Vorschriften des § 34 BauGB ergeben.

373 Abweichende Bauweisen müssen im Bebauungsplan definiert werden (Kettenbauweise, halb offene Bauweise; Rn. 84 ff.). Bei Festsetzung einer abweichenden Bauweise wird im Regelfall eine Maßangabe erforderlich sein, um der Bauaufsichtsbehörde eine eindeutige Beurteilungsgrundlage zu geben. Würde die Kettenbauweise ohne Maßangabe für den in den oberen Geschossen einzuhaltenden Grenzabstand festgesetzt, so müsste die Tiefe der Abstandfläche aus dem Maß H ermittelt werden, wobei dieses in Anwendung des Abs. 4 Satz 2 von der Geländeoberfläche aus zu ermitteln wäre und nicht etwa vom Dach des niedrigeren Gebäudeteils ausgehend (Rn. 28). Das könnte dazu führen, dass größere Abstände entstehen als städtebaulich beabsichtigt war.

Abstandflächen	BauO NRW § 6

Unabhängig von der Möglichkeit, den Grenzabstand nach § 22 Abs. 4 Satz 2 BauNVO 1990 festzusetzen, besteht die Möglichkeit, den seitlichen Gebäudeabstand durch Festsetzungen über die überbaubaren Grundstücksflächen mittels Baulinien oder Baugrenzen als nicht überbaubar festzusetzen. Mit einer solchen Festsetzung kann allerdings der Grenzabstand nicht bestimmt werden (Rn. 36). **374**

Sollen **Gebäude auf demselben Grundstück** in einem geringeren Abstand zulässig sein als sich aus den Absätzen 4 bis 6 ergibt, so müssen die sich gegenüberliegenden Außenwände beidseitig durch zwingende Festsetzungen in ihrer Lage und Höhe bestimmt werden. Die Tiefe der Abstandflächen lässt sich dann für jede einzelne der sich gegenüberliegenden Außenwände nicht eindeutig ermitteln. Es kann nur festgestellt werden, dass die Tiefen der Abstandflächen in ihrer Summe nicht den Anforderungen der Absätze 4 bis 6 entsprechen. **375**

Aus Abs. 2 Satz 1, wonach die Abstandflächen auf dem Grundstück liegen müssen, ergibt sich, dass die Abstandflächen in ihrer nach Abs. 17 verminderten Tiefe immer nur von der auf der Baulinie errichteten Außenwand bis zur Grundstücksgrenze reichen, unabhängig vom Abstand eines auf dem Nachbargrundstück vorhandenen oder zulässigen Gebäudes. Fällt die Baulinie mit einer Grundstücksgrenze zusammen, so reduziert sich die **Tiefe der Abstandfläche auf Null** (vgl. Rn. 37, Abb. 6.1.8 und 6.1.9). Werden die Voraussetzungen des Abs. 17 erfüllt, so müssen Abstandflächen nicht auf das Nachbargrundstück übertragen werden. Daher ist eine Zustimmung des Nachbarn im Sinne des § 7 auch nicht erforderlich, wenn ein Gebäude entsprechend den zwingenden Festsetzungen eines Bebauungsplans in vermindertem Abstand zur Grundstücksgrenze errichtet wird. Die Nichtüberbaubarkeit der zwischen den Gebäuden von Bebauung freizuhaltenden Grundstücksflächen ergibt sich auch für den Nachbarn erkennbar aus den Festsetzungen des Bebauungsplans über die überbaubaren und nicht überbaubaren Grundstücksflächen. **376**

Beispiel

Werden aufgrund der Festsetzungen eines Bebauungsplans über die überbaubaren Grundstücksflächen und über die Zahl der Vollgeschosse (Abb. 6.17.1) zwei Gebäude mit Außenwandhöhen von 20 m errichtet, so müssten nach Abs. 5 vor jeder der sich gegenüberliegenden Außenwände der beiden Gebäude Abstandflächen mit einer Tiefe von 0,8 H, also 16 m

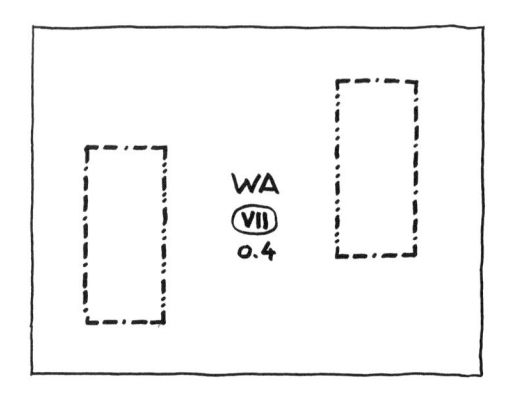

§ 6 BauO NRW   Abstandflächen

Abb. 6.17.1
Bebauungsplan mit Festsetzungen über die überbaubaren Grundstücksflächen (Baulinien) und Zahl der Vollgeschosse (zwingend), die zu Abstandflächen mit geringerer Tiefe als nach § 6 Abs. 5 führen.

von oberirdischen Gebäuden freigehalten werden. Daraus ergäbe sich ein Gebäudeabstand von 32 m. Wird dieses Maß unterschritten, so kann zunächst nur festgestellt werden, dass sich die Abstandflächen vor den sich gegenüberliegenden Außenwänden mit den in Abs. 5 vorgeschriebenen Tiefen überdecken würden (Abb. 6.17.2). Die Fläche, mit der sich die Abstandflächen überdecken würden, kann entweder der einen oder der anderen Wand ganz oder teilweise zugeordnet werden. Eine eindeutige Festlegung ist nicht möglich. Liegt jedoch zwischen den beiden Gebäuden an beliebiger Stelle eine Grundstücksgrenze, so lassen sich die Abstandflächen in der Tiefe jeweils bis zur Grundstücksgrenze bestimmen (Abb. 6.17.3).

377 Entsprechendes gilt im Hinblick auf die Anwendbarkeit des Abs. 2 Satz 2. Soll der Abstand einer Bebauung bis zur **Straßenmitte** einseitig verringert werden, so muss der Bebauungsplan nur an dieser Seite die überbaubaren Grundstücksflächen mittels Baulinie (zwingend) und, sofern der Abstand der Baulinie zur Straßenmitte größer ist als 3,00 m, auch die Zahl der Vollgeschosse zwingend festsetzen, unabhängig davon, ob auf der anderen Straßenseite ein entsprechend größerer Abstand bis zur Straßenmitte eingehalten wird oder nur ein Abstand, der den Anforderungen der Absätze 4 bis 6 entspricht. Wird die überbaubare Grundstücksfläche beispielsweise zur einen Straßenseite mittels Baulinien, zur anderen mittels Baugrenzen festgesetzt, so gelten die Regelungen der Absätze 4 bis 6 nur für die nicht zwingenden Festsetzungen (Baugrenze) bis zur Straßenmitte.

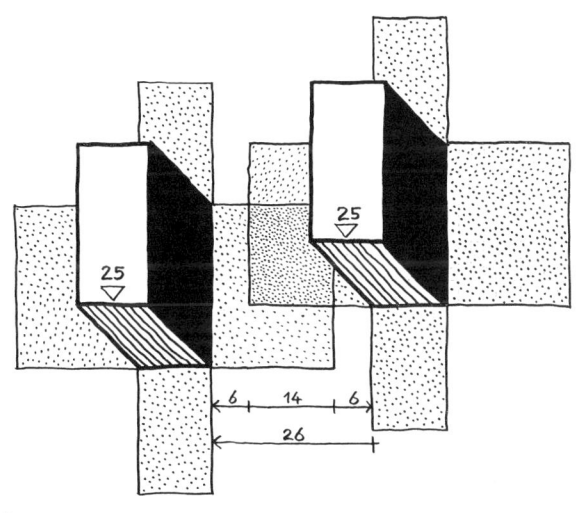

Abstandflächen BauO NRW § 6

Abb. 6.17.2
Bei Ausführung der Bebauung nach dem in Abb. 6.17.1 dargestellten Bebauungsplan kommt es zu einer Überdeckung der vor den sich gegenüberliegenden Außenwänden einzuhaltenden Abstandflächen.

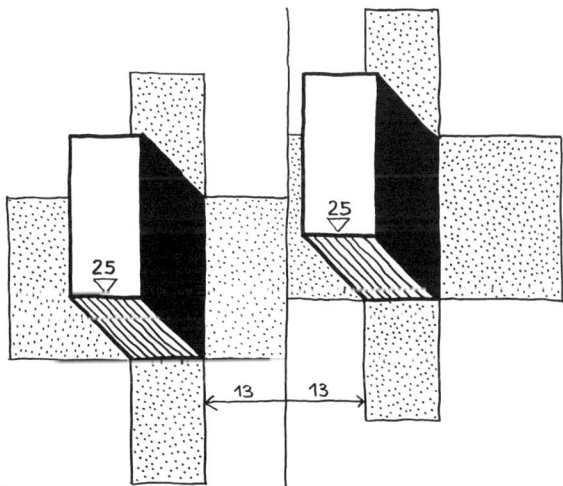

Abb. 6.17.3
Liegt zwischen den sich gegenüberliegenden Außenwänden eine Grundstücksgrenze, so lassen sich die in ihrer Tiefe verminderten Abstandflächen jeweils eindeutig den beiden Außenwänden zuordnen.

§ 6 BauO NRW   Abstandflächen

3. Verdrängung der Absätze 4 und 5

378   Nach den Vorschriften der Absätze 5 und 6 ist für die Abstandflächen eine Mindesttiefe von 3,00 m einzuhalten (vgl. Rn. 189 ff., 209 f.). Ergibt sich für eine Abstandfläche aus zwingenden Festsetzungen eines Bebauungsplans über die überbaubaren Grundstücksflächen nach § 23 Abs. 2 BauNVO oder über die Breite des Grenzabstandes nach § 22 Abs. 4 Satz 2 BauNVO eine Unterschreitung dieses Mindestmaßes, so ist Abs. 17 auch dann anwendbar, wenn die Höhe der Außenwand nicht oder nur durch nichtzwingende Festsetzungen bestimmt wird, weil sich dann aus der **3-m-Regelung** ergibt, dass für jede beliebige Wandhöhe die nach Absätzen 5 und 6 erforderliche Tiefe der Abstandfläche unterschritten wird. Das trifft insbesondere auch dann zu, wenn die Baulinie auf der Grundstücksgrenze festgesetzt und damit der Abstand zwischen Baulinie und Grundstücksgrenze — einseitig — auf Null reduziert wird (Rn. 37, Abb. 6.1.8 und 6.1.9).

379   Hat die Abstandfläche, die sich aufgrund zwingender Festsetzungen eines Bebauungsplans über die überbaubaren Grundstücksflächen ergibt, in Bezug auf eine Grundstücksgrenze oder in Bezug auf die Straßenmitte eine Tiefe von 3,00 m und mehr, so kann die Frage, ob Abs. 17 anzuwenden ist oder nicht, nur beantwortet werden, wenn auch die Zahl der Vollgeschosse zwingend festgesetzt wird. Ist das nicht der Fall, so muss die Wandhöhe der Tiefe der Abstandfläche angepasst werden (Rn. 370).

Mit der im Bebauungsplan festgesetzten Zahl der Vollgeschosse kann die H im Sinne der Definition des Abs. 4 nicht exakt bestimmt werden, weil die Geschosshöhe im Bebauungsplan nicht festgesetzt werden kann.

380   Die sich hier ergebenden **Maßdifferenzen** haben aber für die praktische Anwendung der planungsrechtlichen Vorschriften einerseits und der Vorschriften der Absätze 4 und 5 andererseits **keine nennenswerte Bedeutung,** da sich im Falle zwingender Festsetzungen immer der Bebauungsplan durchsetzt und im Falle nicht zwingender Festsetzungen die Vorschriften der Absätze 4 und 5.

4. Eingeschränkte Geltung des Schmalseitenprivilegs

381   Führen zwingende Festsetzungen eines Bebauungsplans dazu, dass bei Außenwänden von nicht mehr als 16 m Länge lediglich die nach Abs. 6 reduzierten Tiefen der Abstandflächen eingehalten werden können, so muss in der Begründung zum Bebauungsplan klargestellt werden, ob das Schmalseitenprivileg vor weiteren Außenwänden in Anspruch genommen werden kann.

Abstandflächen BauO NRW § 6

Ergibt sich beispielsweise aus den Festsetzungen des Bebauungsplans, dass die nach Abs. 5 erforderliche Tiefe der Abstandflächen zur Gebäuderückseite nicht eingehalten werden kann, so müsste im Bebauungsplan darüber entschieden und in der Begründung zum Ausdruck gebracht werden, ob das Schmalseitenprivileg darüber hinaus vor zwei Außenwänden gegenüber den seitlichen Grundstücksgrenzen in Anspruch genommen werden darf.

5. Eingeschränkte Geltung der Absätze 7 bis 16

Die Vorschriften des Abs. 7 über die **Nichtberücksichtigung untergeordneter** 382 **Bauteile** gelten auch dann, wenn sich aus den Festsetzungen eines Bebauungsplans geringere Tiefen der Abstandflächen ergeben. Allerdings können sich aus § 23 Abs. 2 Sätze 1 und 2 BauNVO weitere Einschränkungen ergeben (Rn. 237 ff.). Werden geringere Gebäudeabstände im Bebauungsplan zwingend festgesetzt, etwa um ein Verhältnis von Gebäudehöhe zu Straßenbreite zu erreichen, das nicht den sich aus den Absätzen 4 bis 6 i. V. m. Abs. 2 ergebenden Proportionen entspricht — eine schmale Gasse —, so können untergeordnete Bauteile mit den in Abs. 7 genannten Abmessungen städtebaulich bedenklich und insoweit unzulässig sein.

Ist ein Vortreten von Bauteilen der in Abs. 7 genannten Art städtebaulich bis 383 zu einem bestimmten Maß unbedenklich, so sollte dieses Maß im Rahmen einer Ausnahmefestsetzung nach § 23 Abs. 2 Satz 3 BauNVO bestimmt werden. Ist ein solches Maß festgesetzt, so gilt die Regelung planungsrechtlich zwar nicht nur für die in Abs. 7 genannten Bauteile. Da aber eine Ausnahmeregelung nach § 23 Abs. 2 Satz 3 BauNVO nicht als zwingende Festsetzung im Sinne des Abs. 17 anzusehen ist, kann bauordnungsrechtlich ein Vortreten vor die Baulinie nur für solche Bauteile gestattet werden, die bei der Bemessung der Abstandflächen nach Abs. 7 unberücksichtigt bleiben.

Werden im Zusammenhang mit einer festgesetzten abweichenden Bauweise 384 **schmale Traufgassen** festgesetzt, so könnte die Möglichkeit eines Durchgangs zu rückwärtigen Grundstücksteilen durch Bauteile der in Abs. 7 genannten Art verbaut werden. Die Unzulässigkeit solcher Bauteile muss im Zusammenhang mit der Festsetzung einer abweichenden Bauweise näher bestimmt werden.

Die verringerten Mindesttiefen der Abstandflächen nach Abs. 9 können zwar 385 grundsätzlich auch durch zwingende Festsetzungen eines Bebauungsplans unterschritten werden, dann würden diese gelten. Doch dürften Gründe des Brandschutzes dem in aller Regel entgegenstehen.

§ 6 BauO NRW   Abstandflächen

386 Die Vorschriften über die Bauweise in § 22 BauNVO beziehen sich nur auf Gebäude, desgleichen die Vorschriften des § 23 Abs. 2 BauNVO, wonach auf einer Baulinie gebaut werden muss. Auch können sich Festsetzungen über die Zahl der Vollgeschosse nur auf Gebäude beziehen. Da sich reduzierte Tiefen der Abstandflächen nur aus Festsetzungen über die Bauweise oder aus zwingenden Festsetzungen über die überbaubaren Grundstücksflächen und über die Zahl der Vollgeschosse ergeben können, ist davon auszugehen, dass andere bauliche und sonstige Anlagen und Einrichtungen im Sinne des Abs. 10 von den Festsetzungen eines Bebauungsplans, aus denen sich geringere Tiefen der Abstandflächen ergeben, nicht erfasst werden.

387 Die Vorschriften des Abs. 11 über die Zulässigkeit von Grenzgaragen, überdachten Stellplätzen, Gebäuden mit Abstellräumen, Gewächshäusern, Stützmauern und geschlossenen Einfriedungen werden durch Abs. 17 nicht berührt. Die Möglichkeit, Garagen und überdachte Stellplätze durch Bebauungsplan einzuschränken, besteht unabhängig von den mit Abs. 17 gegebenen Festsetzungsmöglichkeiten. Die in Abs. 12 Nr. 1 und 2 genannten Gebäude werden in aller Regel durch die Festsetzungen des Bebauungsplans näher bestimmt.

388 Soweit die Baukörper durch zwingende Festsetzungen eines Bebauungsplans bestimmt werden, ist für die Anwendung der Ausnahmeregelungen nach Abs. 13 kein Raum. Werden die Abstände zwischen zwei Gebäuden und deren Höhe durch zwingende Festsetzungen eines Bebauungsplans bestimmt, so müssen die Gebäude jedoch nicht allseitig in Grundriss und Höhe zwingend festgesetzt werden. Im Rahmen einer zwingend festgesetzten Bautiefe kann insoweit eine Gliederung im Sinne des Abs. 13 gestattet werden, die dazu führt, dass sich Wände desselben Gebäudes in vermindertem Abstand gegenüberliegen. Auch die Einfügung eines Innenhofs mit reduzierten Abmessungen in ein Gebäude, das in seiner Stellung zu anderen Gebäuden durch zwingende Festsetzungen eines Bebauungsplans bestimmt ist, kann gestattet werden.

389 Ist eine Baulinie festgesetzt, so kann nach § 23 Abs. 2 Satz 2 BauNVO ein Vortreten von Gebäudeteilen in geringfügigem Ausmaß zugelassen werden. Da eine nachträgliche Bekleidung oder Verblendung aus Gründen des Wärmeschutzes im Sinne des Abs. 14 nicht nur einzelne Gebäudeteile, sondern die Außenwände eines Gebäudes insgesamt betrifft, sollte eine Ausnahme nach § 23 Abs. 2 Satz 3 BauNVO im Bebauungsplan vorgesehen werden. Entsprechendes gilt für zwingende Festsetzungen über die Gebäudehöhe.

390 Festsetzungen über die überbaubaren Grundstücksflächen und über die Höhe der baulichen Anlagen werden durch Nutzungsänderungen nicht berührt.

Die Anwendbarkeit des Abs. 16 scheidet insoweit aus, als alles, was städte- 391
baulich erforderlich ist, in einem **Bebauungsplan** (auch in einem einfachen
Bebauungsplan nach § 30 Abs. 2 BauGB) berücksichtigt werden muss. Das
gilt insbesondere für Abweichungen von den Regelabständen, die wegen der
Gestaltung des Straßenbildes gerechtfertigt sind.

6. Begründung von Festsetzungen über die Höhe und den Abstand der Gebäude

a) Allgemeines

In der Begründung zum Bebauungsplan ist darzulegen, ob und inwieweit mit 392
den Festsetzungen, mit denen die Höhe und der Abstand der Gebäude festgelegt wird, die **bauordnungsrechtlichen Ziele einerseits** und die darüber hinausgehenden **städtebaulichen Ziele andererseits** erreicht werden. Bei der Darstellung, ob und inwieweit die bauordnungsrechtlichen Belange gewahrt sind, ist
nach den hier konkret tangierten Belangen, nämlich Brandschutz, verträgliches Wohnklima (Sozialabstand) und Tagesbeleuchtung (Rn. 2 f.), zu unterscheiden. Es reicht nicht aus, die den Abstandregeln nach der Begründung des
Regierungsentwurfs zu § 6 BauO 84 zugrunde liegende Annahme, wonach der
für einen der genannten Gesichtspunkte ausreichende Abstand auch im Hinblick auf die anderen Gesichtspunkte als ausreichend angesehen werden
könne, in die Begründung eines Bebauungsplans zu übernehmen. Diese
Annahme kann einerseits nur im Hinblick auf die bauordnungsrechtlichen
Belange und das andererseits auch nur für den einfachen Anwendungsfall
Gültigkeit beanspruchen (Rn. 18).

b) Brandschutz

Im Hinblick auf den Brandschutz wird es im Allgemeinen ausreichen, wenn 393
der Bebauungsplan die Vorschriften des § 5 über Zugänge und Zufahrten auf
den Grundstücken sowie die Vorschriften des § 6, soweit diese dem Brandschutz dienen, beachtet. Das sind insbesondere die Vorschriften des Abs. 5
Satz 5 und Abs. 6 Satz 1, wonach Mindesttiefen von 3,00 m vorgeschrieben
sind.

Wird im Bebauungsplan der Mindestabstand von 6,00 m unterschritten, der 394
sich aus der Summe der Mindesttiefen der Abstandflächen sich gegenüberliegender Wände ergibt, so ist zu prüfen, ob erhöhte Anforderungen an die Ausbildung der Außenwände gestellt werden können bzw. müssen. Bei Unterschreitung des Maßes von 2,50 m zur Nachbargrenze sind die Außenwände

§ 6 BauO NRW   Abstandflächen

beispielsweise aufgrund des § 31 Abs. 1 Nr. 1 als Gebäudeabschlusswände auszubilden. Für das bauaufsichtliche Verfahren verbleibt insoweit ein „Regelungsrest".

c) Sozialabstand

395 Es ist Sache der **Bauleitplanung**, dafür zu sorgen, dass ein modernen Wohnbedürfnissen entsprechender Sozialabstand eingehalten wird. Dabei kann allerdings davon ausgegangen werden, dass im Falle einer mehrgeschossigen Bebauung der zur Beleuchtung von Aufenthaltsräumen notwendige Abstand auch als Sozialabstand ausreicht. Im Falle einer ein- bis zweigeschossigen Bebauung wird demgegenüber der sich aus den Absätzen 5 und 6 ergebende Mindestabstand von 6,00 m als Sozialabstand im Allgemeinen nicht ausreichen, auch wenn dieser Abstand zur Tagesbeleuchtung ausreichen mag (Abb. 6.17.4). Es müssten also im Bebauungsplan **größere Abstände** festgesetzt werden. Geringere Abstände festzusetzen — Voraussetzung für die Anwendbarkeit des Abs. 17 — dürfte unter dem Gesichtspunkt der Gewährleistung eines verträglichen Wohnklimas nur gerechtfertigt sein, wenn und soweit die Außenwände keine Fenster aufweisen (Rn. 397, Rn. 87, Abb. 6.1.32).

d) Tagesbeleuchtung

396 Die bauordnungsrechtlichen Vorschriften über die Abstandflächen sollen verhindern, dass hinsichtlich der Tagesbeleuchtung unzumutbare Verhältnisse

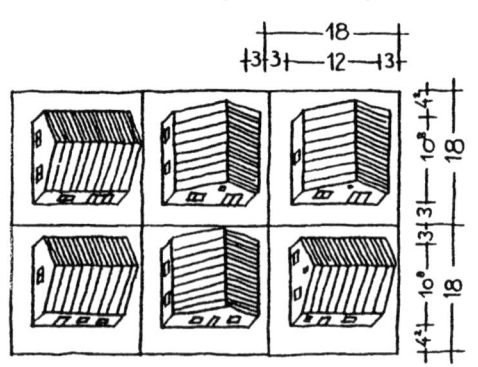

Abb. 6.17.4

Ist das Maß H geringer als 3,75 m, so ist im WA-Gebiet bei der Dimensionierung der Abstandflächen eine Mindesttiefe von 3,00 m einzuhalten. Daraus ergibt sich ein Gebäudeabstand von nur 6,00 m. Dieser ist, gemessen an modernen Wohnbedürfnissen, als Sozialabstand zu gering. (Die Höchstwerte der BauNVO für eine eingeschossige Wohnbebauung werden mit GRZ = 0,4 und GFZ = 0,4 eingehalten.)

Abstandflächen BauO NRW § 6

entstehen. Die Bauleitplanung muss jedoch nach § 1 BauGB die **Wohnbedürfnisse** (der Bevölkerung) beachten, zu denen u. a. das Bedürfnis nach hellen, also gut mit Tageslicht versorgten Räumen gehört (Rn. 8). Festsetzungen, die lediglich die sich aus § 6 ergebenden bauordnungsrechtlichen Anforderungen bestätigen, werden den Wohnbedürfnissen im Hinblick auf die Tagesbeleuchtung in den Räumen der unteren Geschosse einer mehrgeschossigen Bebauung im Allgemeinen nicht entsprechen. Insoweit reicht der Nachweis, dass die Gebäudeabstände den Bemessungsregeln der Absätze 4 bis 9 entsprechen, als Begründung im Hinblick auf die Anforderungen an die Tagesbeleuchtung nicht aus. Das schließt nicht aus, dass es als Ergebnis einer Abwägung zwischen unterschiedlichen Anforderungen (Rn. 405) erforderlich sein kann, die Gebäudeabstände auf die bauordnungsrechtlichen Mindestmaße zu reduzieren. Dies muss in der Begründung der Festsetzungen zum Ausdruck gebracht werden.

Eine **Unterschreitung** der sich aus den bauordnungsrechtlichen Regelungen ergebenden **Mindestabstände** wird im Allgemeinen nur bei Abweichungen von dem der bauordnungsrechtlichen Regelungen zugrunde liegenden Normalfall gerechtfertigt sein. Daher muss in entsprechenden Fällen bei der Begründung der Festsetzungen dargelegt werden, worin die **Abweichung vom Normalfall** zu sehen ist. Die Abweichung kann in der Gebäudeproportion begründet sein (z. B. Hochhäuser, Rn. 174) oder in der durch den Bebauungsplan festgesetzten Stellung der Gebäude zueinander. Am häufigsten wird die Abweichung vom Normalfall darin bestehen, dass die Außenwände entweder als Ganze oder in bestimmten Wandabschnitten keine zur Beleuchtung von Aufenthaltsräumen notwendigen Fenster haben (Abb. 6.17.7 und 6.17.8). 397

Festsetzungen über die Funktion von Außenwänden, insbesondere im Hinblick auf die Tagesbeleuchtung von Aufenthaltsräumen, sind nach dem Katalog des § 9 BauGB unmittelbar nicht möglich. (Das gilt nicht für Festsetzungen im Bereich eines Vorhaben- und Erschließungsplans nach § 12 BauGB – vgl. Rn. 400.) Die Bauordnung für Berlin i. d. F. v. 1. 1. 1996 sieht in § 6 Abs. 14 vor, dass die Festsetzungen eines Bebauungsplans zur Vermeidung von nachteiligen Auswirkungen geringerer Abstandflächen mit besonderen Anforderungen wie dem Ausschluss von Fenstern von Aufenthaltsräumen verbunden werden können. Eine entsprechende Regelung findet sich in der BauO NRW nicht. Es können jedoch Anhaltspunkte im Hinblick auf die Funktion der Außenwände aus den **Festsetzungen über die Art der Nutzung** gewonnen werden, etwa durch Gliederung eines MK-Gebiets (§ 1 Abs. 7 BauNVO), aus der sich ergibt, dass in einer mehrgeschossigen Bebauung in 398

§ 6 BauO NRW   Abstandflächen

den unteren Geschossen lediglich eine Nutzung für Einzelhandelsgeschäfte zulässig ist. Aus einer solchen Festsetzung kann geschlossen werden, dass eine Tagesbeleuchtung für Aufenthaltsräume in den unteren Geschossen (Verkaufsräume) nicht erforderlich ist. In ähnlicher Weise kann auch bei Festsetzung von MI-Gebieten vorgeschrieben werden, dass **im Erdgeschoss Wohnungen unzulässig** sind.

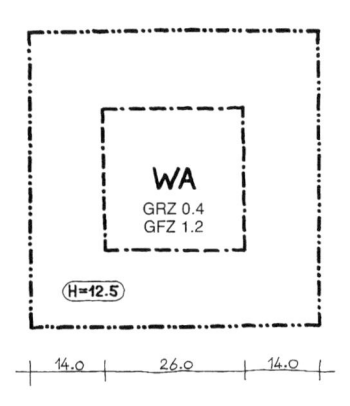

Abb. 6.17.5
Bebauungsplan für eine viergeschossige geschlossene Blockrandbebauung im allgemeinen Wohngebiet. H = 12,50 m.

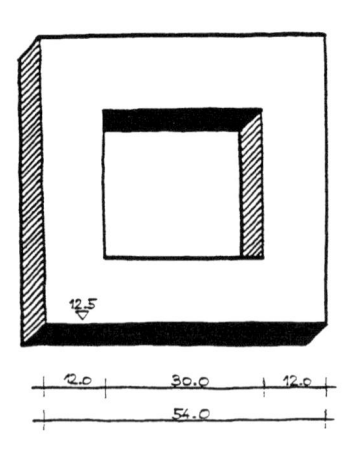

Abb. 6.17.6
Ausführung der Blockrandbebauung aufgrund des Bebauungsplans (Abb. 6.17.5). Die Ausführung ist sowohl planungsrechtlich als auch bauordnungsrechtlich zulässig. Gleichwohl werden die Aufenthaltsräume in den unteren Geschossen der Hofecken unzureichend mit Tageslicht versorgt.

Abstandflächen | BauO NRW § 6

Dieser Ausschluss kann seinerseits durch eine **Ausnahmeregelung** aufgelockert werden. Die Ausnahmeregelung kann mit **Nebenbestimmungen** versehen werden, etwa wie folgt: „Wohnungen oder einzelne Wohnräume sind im Erdgeschoss zulässig, soweit Bedenken wegen der Beleuchtung nicht bestehen." Damit können insbesondere solche Fälle befriedigend geregelt werden, in denen in einer geschlossenen Bebauung nur **eine** Außenwand gut mit Tageslicht versorgt wird, die andere jedoch nur unzureichend. Wenn lediglich Nebenräume zur unzureichend beleuchteten Gebäudeseite ausgerichtet werden, die Hauptwohnräume jedoch zur gut beleuchteten Seite, bestehen grundsätzlich keine Bedenken, eine Wohnnutzung im Erdgeschoss zuzulassen.

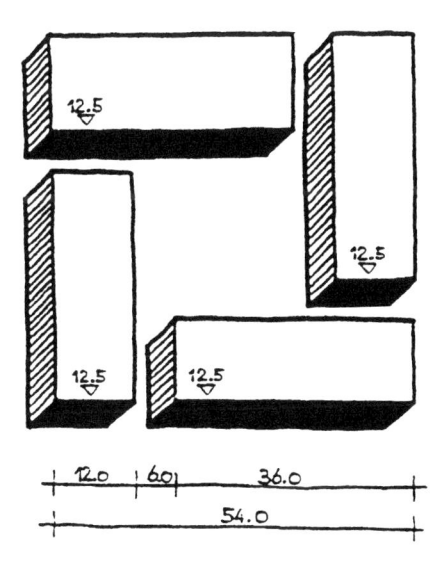

Abb. 6.17.7

Durch Öffnung der Blockecken kann die Tagesbeleuchtung für die zum Hof orientierten Aufenthaltsräume verbessert werden, und zwar auch dann, wenn die Öffnungen lediglich schmale Gassen bilden. Die Öffnung der Blockecken wirkt sich auch positiv auf das Wohnklima aus. Im Hinblick auf den Brandschutz ergibt sich eine Verbesserung, sofern auf Öffnungen in den sich im geringen Abstand gegenüberliegenden Außenwänden verzichtet wird. Sofern der Baublock von Verkehrsstraßen umgeben ist, kann sich jedoch für die zum Innenhof orientierten Aufenthaltsräume eine Beeinträchtigung in der Wohnruhe ergeben (Abwägungsgesichtspunkt).

Die Ausführung ist zwar planungsrechtlich nach den Festsetzungen entsprechend Abb. 6.17.5 zulässig, nicht hingegen bauordnungsrechtlich. Die Öffnungen müssten nach den Absätzen 4 bis 6 unter Berücksichtigung des Überdeckungsverbots nach Abs. 3 eine Mindestbreite von 0,8 H + 0,4 H = 15,00 m aufweisen. Die Ausführung ist jedoch auch bauordnungsrechtlich zulässig, wenn nach Änderung des Bebauungsplans durch zwingende Festsetzungen die Ausbildung der Blockecken vorgeschrieben wird (Abb. 6.17.8).

§ 6 BauO NRW   Abstandflächen

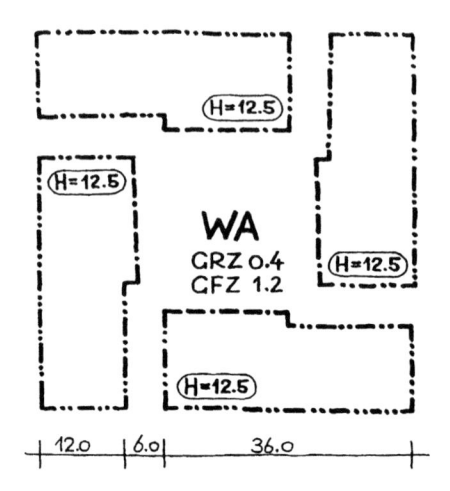

Abb. 6.17.8
Bebauungsplan mit zwingenden Festsetzungen über die Ausbildung der Blockecken. Aus den Festsetzungen ergeben sich im Bereich der Blockecken geringere Tiefen der Abstandflächen (Abs. 17). Als Begründung für die Öffnung der Blockecken in einer den Bemessungsregeln nicht entsprechenden Breite genügt der Hinweis, dass dadurch gegenüber der geschlossenen Ecke eine Verbesserung hinsichtlich der Beleuchtung, der Belüftung und des Wohnklimas erreicht werden kann. Besondere Hinweise auf mögliche Grundrissgestaltungen sind entbehrlich. Im Baugenehmigungsverfahren ist darauf zu achten, dass notwendige Fenster von Aufenthaltsräumen nicht zur schmalen Gasse orientiert werden und dass im Übrigen die Belange des Brandschutzes berücksichtigt werden.

Auch können Bedenken hinsichtlich einer Wohnnutzung von Erdgeschossräumen zurückgestellt werden, wenn die Räume zur schlecht beleuchteten Seite hin eine größere lichte Höhe erhalten.

399   Im Hinblick auf eine durch den Bebauungsplan **neu zugelassene Bebauung** genügt der Nachweis, dass eine sowohl hinsichtlich der Grundrissgestaltung als auch hinsichtlich der Raumhöhen und Fenstergrößen vernünftige Bebauung im Rahmen der Festsetzungen möglich ist, auch wenn der Bebauungsplan selbst zur Bauausführung keine ins einzelne gehende Festsetzungen treffen kann (Abb. 6.17.8). Die abschließende **„Konfliktregelung"** muss dann unter Berücksichtigung der Anforderungen des § 48 im **Baugenehmigungsverfahren** erfolgen. Gegen das Gebot der Konfliktbewältigung (BVerwG, Urt. v. 5. 8. 1983 − 46 96.79 −, BRS 40 Nr. 4) würde nur dann verstoßen, wenn die Festsetzungen geradezu zwangsläufig zu untragbaren Ergebnissen führen müssten (OVG Lüneburg, Urt. v. 10. 4. 1986 − 6 OVG C 3/83 −, ZfBR 2983/1986).

| Abstandflächen | BauO NRW § 6 |

Im Bereich des Vorhaben- und Erschließungsplans (§ 12 BauGB) ist die 400
Gemeinde bei der Bestimmung der Zulässigkeit der Vorhaben an den Festsetzungskatalog des § 9 BauGB nicht gebunden. Das bedeutet, dass im vorhabenbezogenen Bebauungsplan auch Festsetzungen über die Geschosshöhe und über die Ausbildung und die Funktion der Außenwände (z. B. fensterlose Wände) erfolgen können.

Bei **Planungen im Bestand** muss auf die vorhandene Bebauung **Rücksicht** 401
genommen werden; d. h. es ist darauf zu achten, dass sich die Beleuchtungssituation für die bestehende Bebauung durch eine nach den Festsetzungen des Bebauungsplans zulässige **Ergänzungsbebauung** nicht unzumutbar verschlechtert. Dabei ist zu berücksichtigen, dass **Verschlechterungen in der Beleuchtungssituation** durch eine Ergänzungsbebauung grundsätzlich nicht ausgeschlossen werden können. Eine solche Verschlechterung ergibt sich beispielsweise im Fall einer städtebaulich erwünschten Baulückenschließung, fast notwendig auch dann, wenn dabei die Vorschriften der Absätze 4 bis 6 beachtet werden (Rn. 179, Abb. 6.5.11).

7. Keine Richtwerte zur Begründung abweichender Abstände nach Abs. 17

In Zahlenwerten konkretisierte Hinweise für eine unter dem Gesichtspunkt 402
der Tagesbeleuchtung und eines verträglichen Wohnklimas richtige Dimensionierung von Gebäudeabständen in der Bauleitplanung lassen sich nicht geben. Das hat unterschiedliche Gründe:

— Der Normalfall ist nicht eindeutig gegenüber abweichenden Fällen definiert (Rn. 403),
— die Wohnbedürfnisse der Bevölkerung sind noch nicht ausreichend erforscht (Rn. 404),
— in die planerische Abwägung ist eine Vielzahl von Belangen einzustellen, die entsprechend den Zielen der Gemeinde unterschiedlich zu gewichten sind (Rn. 405).

Markante **Abweichungen vom Normalfall** wurden unter Rn. 171 beispielhaft 403
aufgeführt. Zwischen den dort genannten Fällen und dem Normalfall gibt es jedoch eine Vielzahl von Fällen, die sich weniger eindeutig vom Normalfall abheben. Dies, wie auch die ebenfalls nur durch einige markante Beispiele erläuterten Überlagerungsfälle (Rn. 183), machen es nahezu unmöglich für alle denkbaren Fälle feste Regeln aufzustellen.

Die **Wohnbedürfnisse** schließen beispielsweise Anforderungen an die Qualität 404
der Ausblicksituation mit ein. Zwar haben die im Rahmen der lichttechni-

schen Untersuchungen (Rn. 9) durchgeführten Befragungen ergeben, dass eine gute Tagesbeleuchtung von den Befragten höher gewichtet wurde als die Ausblicksituation. Trotzdem wird wohl allgemein eine Verbesserung der Ausblicksituation durch **Begrünung** der Gebäudezwischenräume positiv gewertet, auch wenn dadurch eine **spürbare Verschattung** erfolgen kann. Eine solche Minderung in der Tagesbeleuchtung wird aber nur bis zu einem gewissen Grad akzeptiert. Welche Minderungen in der Qualität der Tagesbeleuchtung zugunsten einer Begrünung der Gebäudezwischenräume hingenommen werden und welche nicht mehr, kann nicht mit Anspruch auf Allgemeingültigkeit festgestellt werden.

405 Bei der planerischen Abwägung ist im Hinblick auf die Dimensionierung von Gebäudeabständen eine Vielzahl unterschiedlicher Belange zu berücksichtigen, die sich nur zum Teil aus Wohnbedürfnissen ableiten lassen. Diese Belange sind **teils** auf **größere, teils** auf **geringere Abstände** gerichtet. Es lassen sich — ohne Anspruch auf Vollständigkeit — **15 unterschiedliche Belange** nennen:

— Zugänglichkeit des Gebäudezwischenraums (zur Reinigung und Instandhaltung)

— Durchgangs- bzw. Durchfahrtmöglichkeit (z. B. für die Feuerwehr)

— Nutzung der Gebäudezwischenräume (Freiflächennutzung, Begrünung)

— Brandschutz

— Ausblick

— Abwehr von unerwünschtem Einblick (Sozialabstand)

— Besonnung

— Sonnenschutz

— Durchlüftung, Schutz vor Luftverunreinigungen

— Witterungsschutz (insbesondere Windschutz für den öffentlichen Straßenraum)

— Schallschutz

— ökonomische Flächennutzung (flächensparendes Bauen)

— Gestaltung der städtebaulichen Räume (der Straßen- und Platz-, der Garten- und Hofräume)

— Denkmalschutz

Zur Festsetzung geringerer Gebäudeabstände in einer besonderen städtebaulichen Situation (historischer Stadtkern) OVG NRW, Beschl. v. 2. 2. 1988 — 7 a NE 24/85.

Abstandflächen   BauO NRW § 6

Die unter Berücksichtigung der unterschiedlichen Belange gerechtfertigten oder notwendigen **Zu- und Abschläge zu den Abständen**, die sich aus den Absätzen 4 bis 6 ergeben würden, lassen sich aufgrund allgemeiner Erfahrung abschätzen. Die Schätzmethode ist nach dem gegenwärtigen Stand der Erkenntnisse eher geeignet, zu einer sachgerechten Entscheidung zu kommen, als eine — nur scheinbar — objektive Berechnungsmethode.

8. Allgemeine Grundsätze für die Bemessung von Gebäudeabständen im Bebauungsplan

Im Hinblick auf den Gesichtspunkt Tagesbeleuchtung allein, also vor einer Abwägung mit anderen Gesichtspunkten, können einige Grundsätze aus den Bemessungsregeln der Absätze 4 bis 6 abgeleitet werden, die im Rahmen der Abwägung zu beachten sind. Dabei ist zu berücksichtigen, dass die Abstände, die sich aus den Bemessungsregeln der Absätze 4 bis 6 ergeben, im Normalfall nicht ausreichen, um einer modernen **Wohnbedürfnissen** voll entsprechende, gute Tagesbeleuchtung sicherzustellen. Um **im Normalfall** eine gute Tagesbeleuchtung zu erreichen, müssen annähernd **die doppelten Abstände** eingehalten werden, d. h. ein Abstand von etwa dem Dreifachen der Gebäudehöhe. 406

Im Falle einer **geschlossenen Hofumbauung** kann mit einer solchen Verdoppelung der Abstände wegen der Abschirmung seitlich einfallenden Tageslichts allenfalls eine ausreichende (d. h. keine gute) Beleuchtung der Erdgeschossräume erreicht werden (Rn. 112). 407

Im Falle einer **Bebauung mit Punkthochhäusern** reichen die Abstände nach den Bemessungsregeln im Allgemeinen aus, um eine gute Tagesbeleuchtung auch in den unteren Geschossen sicherzustellen (Rn. 174). Eine Verminderung der Abstände, etwa im Sinne der Regelung des Abs. 6, erscheint vertretbar, auch wenn die Wandlänge das Maß von 16,00 m überschreitet oder ein entsprechend verminderter Abstand vor mehr als nur zwei Außenwänden eingehalten wird (Rn. 207). Das gilt insbesondere dann, wenn die betreffende Außenwand des Hochhauses höher als lang ist, so dass sich aus der Anwendung der Absätze 4 und 5 sehr große Abstände ergeben würden (Abb. 6.5.7). 408

Sind lediglich **Gebäude geringer oder mittlerer Höhe** im Sinne des § 2 Abs. 3 vorgesehen, so sollten die Festsetzungen über die **Bebauungstiefe** namentlich in der geschlossenen Bauweise so erfolgen, dass die Breite der seitlichen Abstandflächen insgesamt das Maß von 16,00 m nicht überschreiten kann. Dadurch können rückwärtige Anbauten an den Grundstücksgrenzen mit verschattender Wirkung für die Nachbargrundstücke verhindert werden 409

§ 6 BauO NRW   Abstandflächen

(Rn. 226 f. Abb. 6.6.26). Andererseits kann im Bebauungsplan seitlich einfallendes Tageslicht auch bei Wänden von mehr als 16,00 m Länge berücksichtigt werden, und zwar bei Gebäuden geringer Höhe mit einem seitlichen Lichteinfallswinkel von ca. 45° (Abb. 6.17.9), bei Gebäuden mittlerer Höhe mit einem Winkel von 50° bis 70° (Abb. 6.17.10), bei Hochhäusern mit einem Winkel von 70° bis 80° (Abb. 6.17.11). Bei den in Abb. 6.17.9 bis 6.17.11 dargestellten „Verschattungsflächen" handelt es sich um schematisierte Darstellungen. Tatsächlich sind die Übergänge zwischen stark verschatteten und weniger verschatteten Flächen fließend. Aufenthaltsräume, die über Fenster im Bereich der Verschattungsflächen beleuchtet werden sollen, können jedoch als nicht mehr ausreichend mit Tageslicht versorgt angesehen werden.

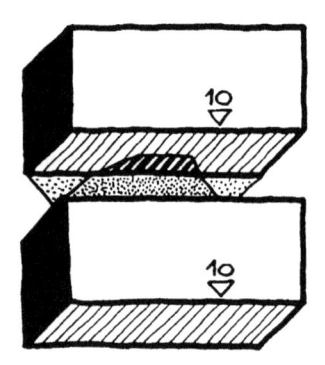

Abb. 6.17.9
Wechselseitige Verschattung zweier einander in vermindertem Abstand (A = 0,8 H) gegenüberstehender Gebäude geringer Höhe. Verschattungsflächen unter Berücksichtigung seitlich einfallenden Tageslichts (schematische Darstellung).

410 Sollen in einem **Baukörperplan** mit zwingenden Festsetzungen über die überbaubaren Grundstücksflächen und die Höhe der baulichen Anlagen Gebäude von mehr als 16,00 m Länge versetzt gegeneinander angeordnet werden, so kann eine Anordnung der Gebäude in vermindertem Abstand unbedenklich sein, wenn die Aufenthaltsräume über andere Außenwände in ausreichender Tiefe mit Tageslicht versorgt werden können (Abb. 6.17.12).

Bei einander gegenüberstehenden **ungleich hohen Gebäuden** muss der Abstand der doppelten Tiefe der vor dem höheren Gebäude nach Abs. 4 bis 6 erforderlichen Abstandfläche entsprechen, wenn auch die Aufenthaltsräume des niedrigeren Gebäudes über Fenster, die dem höheren Gebäude gegenüberliegen, ausreichend Tageslicht erhalten sollen. Daraus ergibt sich ein größerer

Abstandflächen BauO NRW § 6

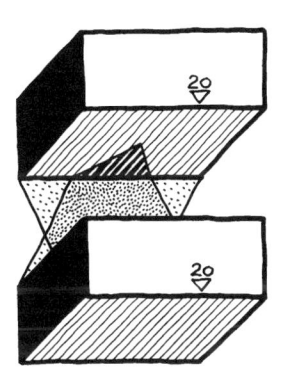

Abb. 6.17.10
Wechselseitige Verschattung zweier einander in vermindertem Abstand (A = 0,8 H) gegenüberstehender Gebäude mittlerer Höhe. Verschattungsflächen unter Berücksichtigung seitlich einfallenden Tageslichts (schematische Darstellung).

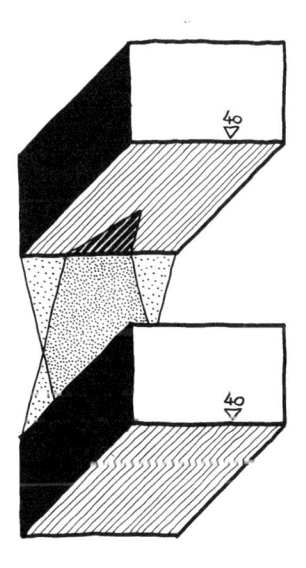

Abb. 6.17.11
Wechselseitige Verschattung zweier einander in vermindertem Abstand (A = 0,8 H) gegenüberstehender Hochhäuser. Verschattungsflächen unter Berücksichtigung seitlich einfallenden Tageslichts (schematische Darstellung).

§ 6 BauO NRW Abstandflächen

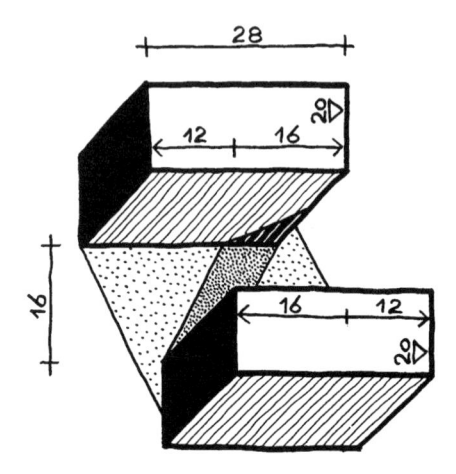

Abb. 6.17.12

Versetzte Anordnung zweier Gebäude in vermindertem Abstand. Aufenthaltsräume, die aufgrund der Verschattung auch unter Berücksichtigung seitlich einfallenden Tageslichts nicht ausreichend mit Tageslicht versorgt werden können, können über andere Außenwände (hier die Stirnseiten der Gebäude) beleuchtet werden.

Abstand als nach den Bemessungsregeln der Absätze 4 bis 6. Müssen lediglich die Räume des höheren Gebäudes über Fenster in der Außenwand beleuchtet werden, die dem niedrigeren Gebäude gegenüberliegen, so kann die Ausnahmeregelung des Abs. 12, die nur für eingeschossige Gebäude und darüber hinaus nur für Garagen sowie für bauliche und sonstige Anlagen und Einrichtungen im Sinne des Abs. 10 gilt (Rn. 310 ff.), sinngemäß auch auf andere Gebäude angewandt werden. In diesen Fällen genügt für eine ausreichende Beleuchtung ein Abstand, der der doppelten Tiefe der vor dem niedrigeren Gebäude einzuhaltenden Abstandfläche entspricht.

2. Teil
§ 7 BauO NRW –
Übernahme von Abstandflächen auf andere Grundstücke

A Übertragung von Abstandflächen auf andere Grundstücke (Abs. 1)

1. Bezugnahme auf die Regelung des § 6 Abs. 2

In § 6 Abs. 2 wird vorgeschrieben, dass die Abstandflächen auf dem Grundstück selbst liegen müssen; das bedeutet, dass sie sich aufgrund dieser Vorschrift nicht auf andere Grundstücke erstrecken dürfen (§ 6 Rn. 98). Von dieser Regelung kann unter den in Abs. 1 genannten Voraussetzungen abgewichen werden. 1

2. Zweck und Wirkung der Vorschrift

Häufig können die erforderlichen Abstandflächen wegen des Grundstückszuschnitts nicht auf dem Grundstück selbst nachgewiesen werden, während auf den Nachbargrundstücken ausreichende Flächen vorhanden sind, die nicht überbaut werden sollen oder aufgrund von planungsrechtlichen Vorschriften nicht überbaut werden dürfen. Mit Abs. 1 Satz 1 wird die Möglichkeit eröffnet, einen Flächenausgleich zwischen benachbarten Grundstücken zu schaffen. 2

Aus der Anwendung der Vorschrift kann sich eine nicht unerhebliche **Beschränkung der Bebaubarkeit des belasteten Grundstücks** ergeben (Abb. 7.1.1). Die Übernahme von Abstandflächen kann aber auch für den Übernehmenden von Vorteil sein, denn die Zulässigkeit von **Grenzgaragen** im Sinne des § 6 Abs. 11 (§ 6 Rn. 276) wird durch die Übertragung von Abstandflächen auf Nachbargrundstücke nicht berührt. Der Übernehmende kann daher eine Grenzgarage um das Maß der übernommenen Abstandfläche verbreitern, ggf. bis zur Außenwand des Nachbargebäudes. Auf diese Weise ergibt sich die Möglichkeit, im Gebäudeabstand eine Doppelgarage zu errichten (Abb. 7.1.2). 3

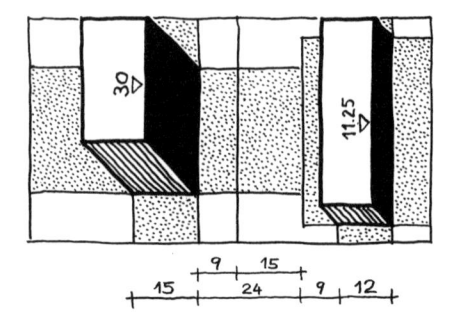

§ 7 BauO NRW Übernahme von Abstandflächen auf andere Grundstücke

Abb. 7.1.1
Die Übertragung von Abstandflächen schränkt die Bebauungsmöglichkeiten auf dem übernehmenden Grundstück ein.

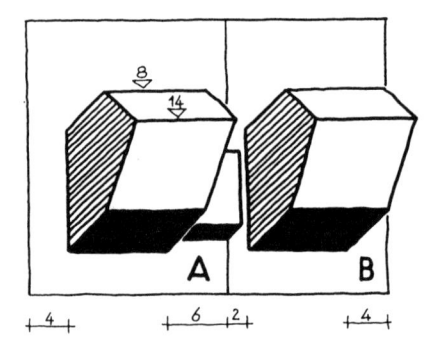

Abb. 7.1.2
Bei einer H = 10,00 m sind aufgrund des § 6 Abs. 6 Abstandflächen mit einer Tiefe von 4,00 m vor den Giebelwänden auf den benachbarten Grundstücken A und B erforderlich. Die auf Grundstück B erforderliche Abstandfläche kann ganz oder teilweise auf Grundstück A übertragen werden, so dass auf Grundstück A eine Doppelgarage als Grenzgarage (§ 6 Abs. 11) errichtet werden kann. Die im Abstand von 2,00 m zur Grundstücksgrenze auf Grundstück B stehende Giebelwand muss nach § 31 Abs. 1 als Gebäudeabschlusswand ausgeführt werden.

Eine Übernahme von Abstandflächen kann auch wechselseitig erfolgen (Abb. 7.1.3).

3. Anderes Grundstück

4   Mit dem Begriff „anderes Grundstück" wird auf das Grundstück Bezug genommen, auf dem die Abstandflächen nach § 6 Abs. 2 liegen müssen. Andere Grundstücke sind im Regelfall unmittelbar **angrenzende Grundstücke**. Die

Übernahme von Abstandflächen
auf andere Grundstücke BauO NRW § 7

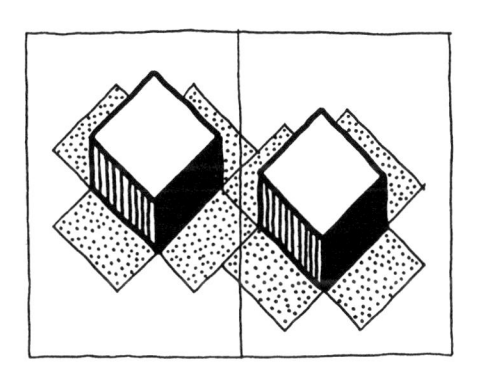

Abb. 7.1.3
Wechselseitige Übernahme von Abstandflächen auf benachbarten Grundstücken.

Erstreckung von Abstandflächen auf eine private Wegeparzelle kann als Abweichung von § 6 Abs. 2 Satz 1 zugelassen werden (OVG NRW, Beschl. v. 6. 10. 1999 — 7 B 1766/99).

Das andere Grundstück kann auch **im gleichen Eigentum** stehen wie das 5
Grundstück, auf dem die Abstandflächen nach § 6 Abs. 2 liegen müssen.

4. Voraussetzungen

Es muss **öffentlich-rechtlich gesichert** sein, dass die Abstandflächen, soweit sie 6
sich auf andere Grundstücke erstrecken, nicht überbaut werden und dass sie nicht auf die auf diesen Grundstücken erforderlichen Abstandflächen angerechnet werden. Das besagt, dass der Grundsatz des § 6 Abs. 1 Satz 1 auch insoweit zu beachten ist, als sich die Abstandflächen auf andere Grundstücke erstrecken und dass auch das Überdeckungsverbot (§ 6 Abs. 3) für diese Fälle entsprechend gilt (§ 6 Rn. 109).

Eine **zivilrechtliche Sicherung,** etwa durch Eintragung einer Grunddienstbarkeit, **reicht nicht aus.** Solche Grundbucheintragungen könnten jederzeit im Einvernehmen der Beteiligten gelöscht werden.

Die öffentlich-rechtliche Sicherung erfolgt durch Eintragung einer **Baulast** in 7
das Baulastenverzeichnis (§ 83). Andere Formen einer öffentlich-rechtlichen Sicherung, etwa mit Hilfe von Festsetzungen eines Bebauungsplans über die überbaubaren Grundstücksflächen, kommen nach der Neufassung der Regelung in der BauO 95 nicht mehr in Betracht.

§ 7 BauO NRW | Übernahme von Abstandflächen auf andere Grundstücke

8   Die Übernahme einer Baulast erfolgt durch schriftliche Willenserklärung des Grundeigentümers, dessen Grundstück belastet werden soll. Dadurch ist sichergestellt, dass die Eintragung einer Baulast nicht ohne Wissen oder gegen den Willen dessen erfolgt, dessen Grundstück belastet werden soll (OVG NRW, Urt. v. 14. 1. 1994 − 7 A 2002/92). Die Erklärung erfolgt freiwillig; behördlicher Zwang ist ausgeschlossen.

9   Fehlt es an der öffentlich-rechtlichen Sicherung der Nichtüberbaubarkeit der zu übertragenden Abstandflächen, so hat die Gemeinde die Möglichkeit, durch Festsetzungen eines Bebauungsplans nach § 30 die Nichtüberbaubarkeit der Abstandflächen zu sichern.

5. Zulässige Überbauung übertragener Abstandflächen (Abs. 1 Satz 2)

10 Vorschriften, nach denen eine Überbauung der Abstandflächen zulässig ist, sind die des § 6 Abs. 11 Nr. 1. Danach sind **Grenzgaragen** in den Abstandflächen eines Gebäudes ohne eigene Abstandflächen zulässig. Wird die Grundstücksgrenze in Richtung auf das Nachbargebäude verschoben, so wird die Zulässigkeit der Grenzgarage davon nicht berührt (Abb. 7.1.4). Grenzgaragen sind auch auf Flächen zulässig, deren Überbauung durch Baulast grundsätzlich ausgeschlossen ist (vgl. OVG NRW, Urt. v. 29. 9. 1981 − 11 A 2133/80 −, BRS 38 Nr. 133). Das kann dazu führen, dass die Grenzgarage in den Abstandflächen zweier benachbarter Gebäude liegt, und zwar der des Gebäudes auf demselben Grundstück und der vom Nachbargrundstück übernommenen Abstandfläche (Rn. 3).

Übernahme von Abstandflächen
auf andere Grundstücke   BauO NRW § 7

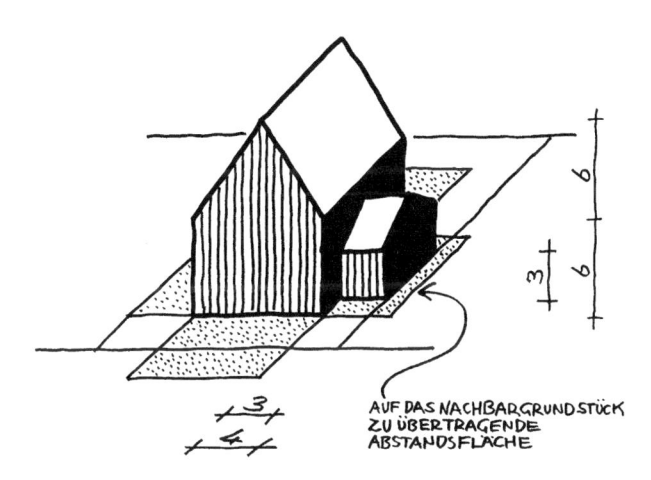

Abb. 7.1.4
An das Hauptgebäude angebaute Grenzgarage.

Die in § 6 Abs. 11 Nr. 2 genannten **Stützmauern und Einfriedungen** führen 11
nicht zu einer Überbauung der Abstandflächen. Es kann aber davon ausgegangen werden, dass auch die Zulässigkeit dieser baulichen Anlagen in den Abstandflächen durch § 7 Abs. 1 Satz 1 nicht berührt werden soll. Das bedeutet, dass diese auch in den übernommenen Abstandflächen allgemein zulässig sind. Eine auf der Grundstücksgrenze zulässige Einfriedung kann insofern näher an das Abstandflächen abgebende Gebäude heranrücken.

In den Abstandflächen eines Gebäudes und zu diesen ohne eigene Abstand- 12
flächen sind die in § 6 Abs. 12 genannten Gebäude, baulichen Anlagen und anderen Anlagen und Einrichtungen zulässig, wenn die Beleuchtung der Räume des Gebäudes nicht wesentlich beeinträchtigt wird. Zur Grundstücksgrenze müssen aber die erforderlichen Abstände eingehalten werden (§ 6 Rn. 310 ff.). Wird die Abstandfläche eines Gebäudes zum Teil auf das Nachbargrundstück übertragen, so sind die in § 6 Abs. 12 genannten Gebäude, baulichen Anlagen und sonstigen Anlagen und Einrichtungen in den auf das Nachbargrundstück übertragenen Abstandflächen zulässig, sofern sie die erforderlichen Abstandflächen zur Grundstücksgrenze einhalten (Abb. 7.1.5) und die Beleuchtung der Räume der Gebäude nicht wesentlich beeinträchtigt wird.

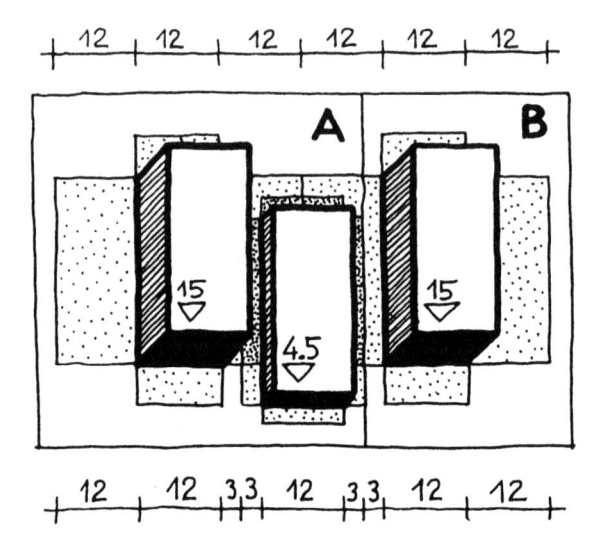

§ 7 BauO NRW | Übernahme von Abstandflächen auf andere Grundstücke

Abb. 7.1.5
Eingeschossiges Gebäude in den Abstandflächen zweier sich auf den benachbarten Grundstücken A und B gegenüberliegender Gebäude. Wird die auf Grundstück B erforderliche Abstandfläche (teilweise) auf Grundstück A übertragen, so ist die Bebauung unter den Voraussetzungen des § 6 Abs. 12 nach § 7 Abs. 1 zulässig.

B Nachträgliche Grenzänderungen und Grundstücksteilungen (Abs. 2)

1. Bezug zu Abs. 1

13 Abs. 2 Satz 1 hat keinen Bezug zu Abs. 1 und insoweit auch nicht zur Überschrift des Paragraphen. Die maßgebende Vorschrift, auf die Abs. 2 Bezug nimmt, ist § 6 Abs. 2. Der Bezug zu Abs. 1 wird mit Abs. 2 Satz 2 hergestellt.

2. Begriffe

a) Grenzänderung

14 Eine Grenzänderung ist regelmäßig mit einer Grundstücksteilung verbunden. Es könnte allenfalls zwischen den Fällen unterschieden werden, in denen die durch Teilung entstehenden Trennstücke jeweils selbständig — baulich oder anders — zu nutzen sind (Teilung im engeren Sinne) und den Fällen, in denen das Trennstück wegen seiner geringen Größe nicht selbständig, sondern nur in Verbindung mit dem Nachbargrundstück nutzbar ist, mit dem es im Rahmen

einer „Grenzänderung" vereinigt werden soll. Auf die Größe der durch Teilung entstehenden Trennstücke kommt es jedoch nicht an. Der Teilungsvorgang als solcher — und nur dieser ist baurechtlich bedeutsam — ist nach § 8 immer genehmigungsbedürftig. Nicht genehmigungsbedürftig ist lediglich die Vereinigung von Grundstücken, unabhängig davon, ob diese im Zusammenhang mit einer „Grenzänderung" erfolgt oder nicht.

Der Begriff Grenzänderung geht insoweit auch nicht weiter als der der Teilung; vielmehr handelt es sich bei der Grenzänderung rechtlich gesehen nur um einen Unterfall der Teilung. Grenzänderungen im bauordnungsrechtlichen Sinne sind nicht nur von Bedeutung, wenn durch sie die Fläche des Grundstücks im Bereich einer Abstandfläche verkleinert wird. Wenn beispielsweise eine notwendige Durchfahrt mit der Mindestbreite nach § 5 Abs. 2 (3,00 m) aufgrund eines Abstandes des Gebäudes zur Grundstücksgrenze von 4,00 m vorhanden ist, so ist eine Grenzänderung, die zu einer Verminderung des Gebäudeabstands zur Grundstücksgrenze auf das nach § 6 Abs. 5 bzw. Abs. 6 erforderliche Mindestmaß von 3,00 m nach § 5 Abs. 6 dann nicht zulässig, wenn die Durchfahrt durch vortretende Bauteile wie Blumenfenster, Hauseingangstreppen o. Ä. eingeengt wird, auch wenn diese vortretenden Bauteile nach § 6 Abs. 7 bei der Bemessung der Abstandflächen außer Betracht bleiben. 15

b) Teilung

Da es keine eigene bauordnungsrechtliche Bestimmung des Begriffs Teilung gibt, ist auf die Begriffsbestimmung des § 19 Abs. 2 BauGB (§ 19 Abs. 2 BBauG) zurückzugreifen. Teilung ist danach die gegenüber dem Grundbuchamt abgegebene oder sonstwie erkennbar gemachte Erklärung des Eigentümers, dass ein Grundstücksteil grundbuchmäßig abgeschrieben und als selbständiges Grundstück oder als ein Grundstück zusammen mit anderen Grundstücken oder Grundstücksteilen als neues Grundstück im Grundbuch eingetragen werden soll. 16

Die Begründung von Sondereigentum nach dem Wohnungseigentumsgesetz ist keine Teilung im Sinne des § 8.

c) Grundstück

Absatz 2 ist um die neuen **Sätze 2 bis 4** ergänzt worden, die eine Genehmigungsfiktion für den Fall vorsehen, dass die Bauaufsichtsbehörde über einen ihr vorgelegten Teilungsantrag nicht binnen einer bestimmten Frist entschieden hat. Grundsätzlich hat die Bauaufsichtsbehörde einen Monat Zeit; will sie den Zeitraum überschreiten, so muss sie der Antragstellerin oder dem Antrag- 17 steller hierüber einen Bescheid zukommen lassen, der selbstverständlich zu begründen ist. Die Genehmigungsfiktion tritt jedoch spätestens ein, wenn nicht binnen dreier Monate entschieden wurde.

Der bisherige Satz 1 in **Absatz 3** entfällt; er enthielt die nun nicht mehr zutreffende Verweisung auf § 19 BauGB a. F.

3. Bezug zur Bebauung

18 In Satz 1 wird vorgeschrieben, dass die **vorgeschriebenen Abstände und Abstandflächen** auch bei nachträglichen Grenzänderungen und Grundstücksteilungen nicht unterschritten werden dürfen. Die Formulierung des Abs. 2 Satz 1 ist aus § 9 Abs. 2 BauO 70 übernommen worden. Diese Formulierung war bereits missverständlich; sie ist es nach wie vor, und zwar aufgrund der Zusätze „bei der Errichtung eines Gebäudes" und „oder überbaut".

19 Die Abstandvorschriften des § 6 sind nicht nur bei der Errichtung von Gebäuden anzuwenden, sondern auch bei der **Änderung von Gebäuden,** gegebenenfalls auch — soweit für Wohngebäude etwas anderes gilt als für gewerbliche Bauten — bei **Nutzungsänderung** oder bei einer **Änderung der Gebietscharakteristik** (§ 6 Rn. 165). § 6 ist im Übrigen nicht nur auf Gebäude anwendbar, sondern nach § 6 Abs. 10 auch für bauliche Anlagen und andere Anlagen und Einrichtungen, von denen Wirkungen wie von Gebäuden ausgehen.

20 Die Formulierung ist weiterhin insoweit missverständlich, als danach angenommen werden könnte, dass für ältere Gebäude **die zum Zeitpunkt der Errichtung geltenden Vorschriften** herangezogen werden müssten. Eine solche Interpretation ergäbe jedoch keinen Sinn, da durch die Grenzänderung oder Grundstücksteilung als solche keine Gefahren entstehen können; eine Gefahrensituation kann sich erst aufgrund baulicher Veränderungen auf den Grundstücken ergeben, die nach geltendem und nicht nach älterem Baurecht zu beurteilen sind.

Im älteren Baubestand entsprechen die vorhandenen Gebäudeabstände häufig nicht den Vorschriften dieses Gesetzes. So war bis ins 19. Jahrhundert in vielen Städten eine Bebauung mit schmalen Traufgassen oder Gängen üblich. Soweit heute noch eine Bebauung mit schmalen Traufgassen vorhanden ist, stammt diese überwiegend aus einer Zeit, in der es keine bauordnungsrechtlichen Regelungen über den seitlichen Grenzabstand gab. Sie war also im Zeitpunkt der Errichtung legal. (Zur Problematik einer Bebauung mit schmalen Traufgassen vgl. § 6 Rn. 352). Im Hinblick auf die Regelung des § 7 Abs. 2 wird die Problematik der schmalen Traufgassen allerdings kaum praktische Bedeutung erlangen, weil die Parzellenstruktur in solchen Ortsteilen häufig über Jahrhunderte die gleiche geblieben ist. Sie ist oft älter als die vorhandene Bebauung. Auch künftig ist in diesen Bereichen allenfalls mit einer Vereinigung von Grundstücken zu rechnen, kaum jedoch mit Grundstücksteilungen.

Häufiger wird demgegenüber eine Teilung von Grundstücken angestrebt werden, die **in neuerer Zeit bebaut** worden sind. Wurde die Bebauung nach den Vorschriften der BauO 70 ausgeführt, so wird eine Grenzänderung oder Grundstücksteilung, die nach der BauO 70 zulässig war, in aller Regel auch nach den Vorschriften der geltenden Bauordnung zulässig sein. Das gilt insbesondere für die Fälle, in denen vor In-Kraft-Treten der BauO 84 die Bauwichregelung des § 7 BauO 70 anzuwenden war. Die Vorschriften des § 6 führen im Vergleich zu denen des § 7 BauO 70 in aller Regel zu geringeren Grenzabständen.

Soweit bei der Errichtung des Gebäudes oder der Gebäude § 8 BauO 70 anwendbar war, können sich allerdings aufgrund des § 6 Abs. 4 und 5 höhere Anforderungen ergeben, vor allem dann, wenn und soweit die Außenwände keine notwendigen Fenster aufweisen; denn nach § 8 BauO 70 waren vor notwendigen Fenstern größere Abstände vorgeschrieben als vor Wänden ohne notwendige Fenster. In diesen Fällen kann eine Teilung, die bei der Errichtung der Gebäude zulässig gewesen wäre, nach den geltenden Vorschriften unzulässig sein, weil die neue Abstandflächenregelung für Außenwände mit und ohne Fenster in gleicher Weise gilt mit der Folge, dass **vor Wänden ohne notwendige Fenster größere Abstände** einzuhalten sind als nach § 8 BauO 70.

Der Zusatz „oder überbaut (werden)" ist missverständlich, weil Grenzänderung oder Grundstücksteilung selbständige Vorgänge sind, die mit dem Vorgang der Bebauung von Grundstücken oder Grundstücksteilen allenfalls insoweit zusammenhängen, als die Grenzänderung oder die Grundstücksteilung zum Zwecke der Bebauung oder einer baulichen Veränderung erfolgen kann. Der Vorgang der Bebauung selbst ist aber unabhängig von dem der Grenzänderung oder der Grundstücksteilung zu betrachten. Grundstücke können also nicht „bei" einer Grenzänderung oder einer Grundstücksteilung überbaut werden.

Nach der Teilung ist möglicherweise eine zuvor zulässige Bebauung nicht mehr zulässig. In entsprechenden Fällen kann, sofern die Bebauung auf einem ungeteilten Grundstück zulässigerweise ausgeführt wurde, eine nachträgliche Teilung unzulässig sein.

Beispiel:

Nach § 6 Abs. 9 Satz 1 genügen in Gewerbe- und Industriegebieten unter bestimmten Voraussetzungen Abstandflächen mit einer Tiefe von nur 1,50 m.

§ 7 BauO NRW | Übernahme von Abstandflächen auf andere Grundstücke

Gegenüber Grundstücksgrenzen muss aber nach § 6 Abs. 9 Satz 2 die nach § 6 Abs. 5 vorgeschriebene Mindesttiefe von 3,00 m eingehalten werden. Wurde eine Bebauung unter Inanspruchnahme der Möglichkeit nach § 6 Abs. 9 Satz 1 ausgeführt, so ist eine Teilung zwischen den Gebäuden unzulässig, weil die Mindesttiefe von 3,00 m — zu beiden Seiten der Teilungsgrenze — nicht eingehalten werden kann.

Es kommt also im Hinblick auf die Zulässigkeit der Teilung auf das Überbaut**sein** oder Nichtüberbaut-**sein** notwendiger Abstandflächen an, nicht auf das Überbaut-**werden**.

4. Vorgeschriebene Abstandflächen

22 Vorgeschriebene Abstandflächen sind Abstandflächen mit der sich aus § 6 Absätze 4 bis 6 und 9 ergebenden Tiefe. Soweit geringere Tiefen der Abstandflächen nach § 6 Absätze 13 bis 17 oder aufgrund einer Satzung nach § 86 Abs. 1 Nr. 7 zugelassen oder verlangt werden, gelten diese.

23 Grundstücksteilungen und Grenzänderungen sind allgemein zulässig, wenn Abstandflächen durch die Teilungsgrenze nicht durchschnitten werden (Abb. 7.2.2, 7.2.3, 7.2.4). Grundstücksteilungen können nach Satz 2 auch zugelassen werden, wenn die Teilungsgrenze im Bereich einer Abstandfläche liegt, sofern öffentlich-rechtlich gesichert ist (Rn. 6), dass die auf dem anderen Grundstück liegende Abstandfläche nicht überbaut und auf die auf dem anderen Grundstück erforderlichen Abstandflächen nicht angerechnet wird (Abb. 7.2.5).

24 Werden Gebäudeabstände durch **zwingende Festsetzungen** über die überbaubaren Grundstücksflächen (Baulinien) bestimmt, so sind Grenzänderungen zwischen den Außenwänden zweier nach dem Bebauungsplan ausgeführter Gebäude auch dann zulässig, wenn sich aus den ebenfalls zwingenden Festsetzungen über die Gebäudehöhe ergibt, dass die Tiefen der Abstandflächen der sich gegenüberliegenden Wände in ihrer Summe geringer sind als es den Vorschriften des § 6 Absätze 4 bis 6 entsprechen würde. In einem solchen Fall war § 6 Abs. 17 vor der Grenzänderung entweder auf eines der danach benachbarten Grundstücke oder auch auf beide anwendbar.

Grundstücksteilungen mit einer **Teilungsgrenze zwischen zwei Gebäuden** sind allgemein zulässig, wenn bereits vor der Teilung § 6 Abs. 17 anwendbar war (Abb. 7.2.8, 7.2.9).

25 **Nichtzwingende Festsetzungen,** die zu geringeren Tiefen der Abstandflächen führen, sind bauordnungsrechtlich unbeachtlich, d. h. die Abstandflächen müssen in voller Tiefe nachgewiesen und gegebenenfalls auf das Nachbargrundstück übertragen werden (Abb. 7.2.11 und 7.2.12).

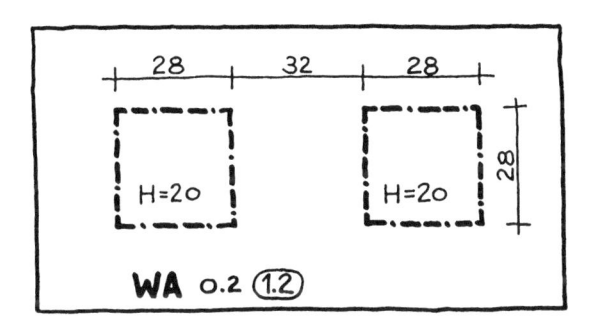

Übernahme von Abstandflächen
auf andere Grundstücke   BauO NRW § 7

Abb. 7.2.1
Ein Bebauungsplan setzt die überbaubaren Grundstücksflächen für zwei Gebäude mittels Baugrenzen (nicht zwingend) in einem Abstand von 32,00 m fest. Die Gebäudehöhe ist als Obergrenze (nicht zwingend) mit 20,00 m über der Geländeoberfläche festgesetzt.

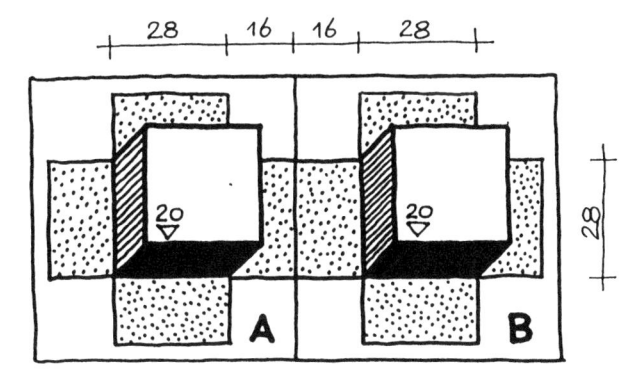

Abb. 7.2.2
Die nach den Festsetzungen des Bebauungsplans (Abb. 7.2.1) planungsrechtlich zulässige Bebauung ist auch bauordnungsrechtlich ohne Einschränkung zulässig. Die Abstandflächen haben mit 16,00 m eine Tiefe von 0,8 H (§ 6 Abs. 5). Das Überdeckungsverbot (§ 6 Abs. 3) ist beachtet.

Die Bebauung ist auch dann sowohl planungsrechtlich als auch bauordnungsrechtlich zulässig, wenn sie auf zwei Grundstücken A und B ausgeführt werden soll und die Grundstücksgrenze in der Mitte zwischen den beiden als überbaubar festgesetzten Grundstücksflächen verläuft. Die Abstandflächen liegen dann jeweils auf dem Grundstück selbst (§ 6 Abs. 2).

Wird die Bebauung vor der Grundstücksteilung ausgeführt, so ist die Teilung nach § 7 Abs. 2 Satz 1 zulässig, wenn die Teilungsgrenze einen Abstand von 16,00 m zu den beiden Außenwänden einhält.

§ 7 BauO NRW Übernahme von Abstandflächen auf andere Grundstücke

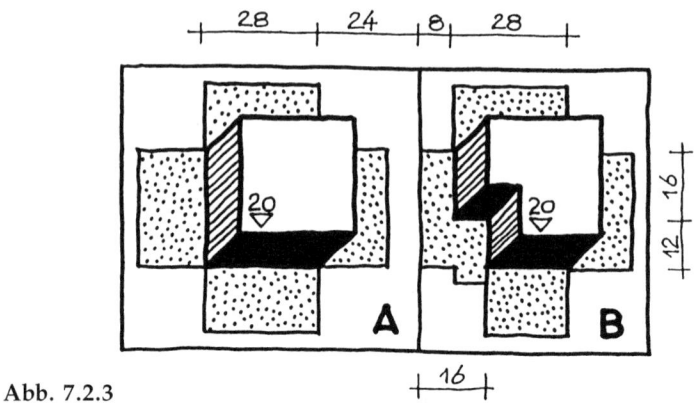

Abb. 7.2.3

Verläuft die Grundstücksgrenze zwischen den Grundstücken A und B in einem Abstand von 8,00 m zur Baugrenze (Abb. 7.2.1) auf Grundstück B, so kann auf diesem Grundstück ein Gebäude mit einem Abstand zur Grundstücksgrenze von 8,00 m errichtet werden, wenn die Länge der der Teilungsgrenze zugewandten Außenwand das Maß von 16,00 m nicht überschreitet. Dann hat die Abstandfläche mit 8,00 m eine Tiefe von 0,4 H (§ 6 Abs. 6).

Wird die Bebauung vor der Grundstücksteilung ausgeführt und dabei eine Wandlänge von 16,00 m zur Teilungsgrenze nicht überschritten, so entspricht eine Teilung der Vorschrift des § 7 Abs. 2 Satz 1, wenn die Teilungsgrenze einen Abstand von 8,00 m zu dieser Wand nicht unterschreitet.

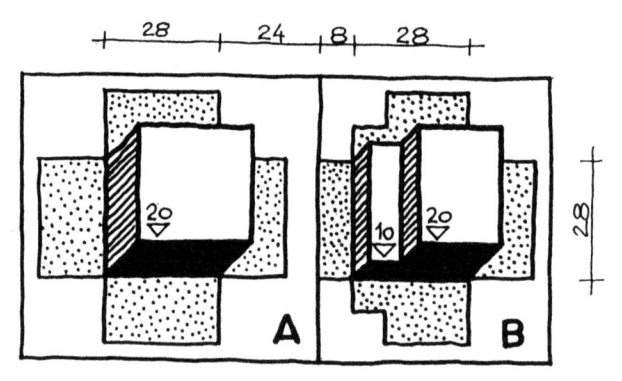

Abb. 7.2.4

Verläuft die Grundstücksgrenze zwischen den Grundstücken A und B in einem Abstand von 8,00 m zur Baugrenze (Abb. 7.2.1) auf Grundstück B, so ist eine Überbauung der gesamten im Bebauungsplan als überbaubar festgesetzten Grundstücksfläche auch dann zulässig, wenn die als Obergrenze festgesetzte Gebäudehöhe nicht voll, sondern nur bis zu einer Wandhöhe H = 10,00 m ausgenutzt wird. Dann hat die Abstandfläche mit 8,00 m eine Tiefe von 0,8 H (§ 6 Abs. 5).

Wird eine entsprechende Bebauung vor der Grundstücksteilung ausgeführt, so entspricht eine Teilung der Vorschrift des § 7 Abs. 2 Satz 1, wenn die Teilungsgrenze zu der in verminderter Höhe ausgeführten Außenwand (H = 10,00 m) einen Abstand von 8,00 m nicht unterschreitet.

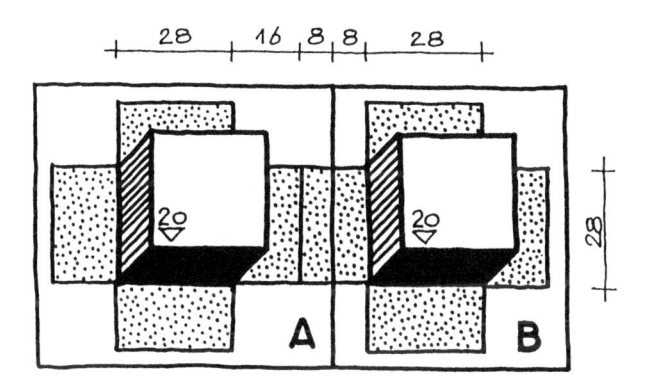

Übernahme von Abstandflächen
auf andere Grundstücke   BauO NRW § 7

Abb. 7.2.5
Die Einschränkungen in den aufgrund des Bebauungsplans (Abb. 7.2.1) gegebenen baulichen Ausnutzungsmöglichkeiten (Abb. 7.2.3 und 7.2.4) können durch Übernahme von Abstandflächen auf Grundstück A vermieden werden. Die Nichtüberbaubarkeit der auf Grundstück A übertragenen Abstandflächen muss durch Baulast gesichert werden, auch wenn die Fläche planungsrechtlich als nicht überbaubar festgesetzt ist.

Wird die Bebauung vor der Grundstücksteilung ausgeführt, so ist die Teilung zulässig, wenn die Nichtüberbaubarkeit der auf Grundstück A übertragenen Abstandflächen durch Baulast gesichert wird.

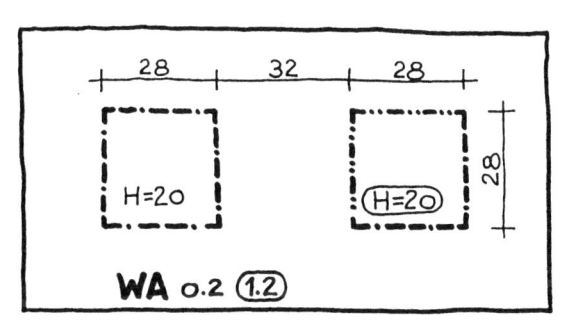

Abb. 7.2.6
Ein Bebauungsplan setzt die überbaubaren Grundstücksflächen für zwei Gebäude in einem Abstand von 32,00 m fest. Für das eine Gebäude ist die überbaubare Grundstücksfläche auf der dem anderen zugewandten Seite mittels Baulinie (zwingend) und die Gebäudehöhe ebenfalls zwingend auf 20,00 m über der Geländeoberfläche festgesetzt. Für das andere Gebäude erfolgt die Festsetzung über die überbaubare Grundstücksfläche mittels Baugrenzen (nicht zwingend) und über die Gebäudehöhe als Obergrenze (nicht zwingend) mit 20,00 m über der Geländeoberfläche.

§ 7 BauO NRW | Übernahme von Abstandflächen auf andere Grundstücke

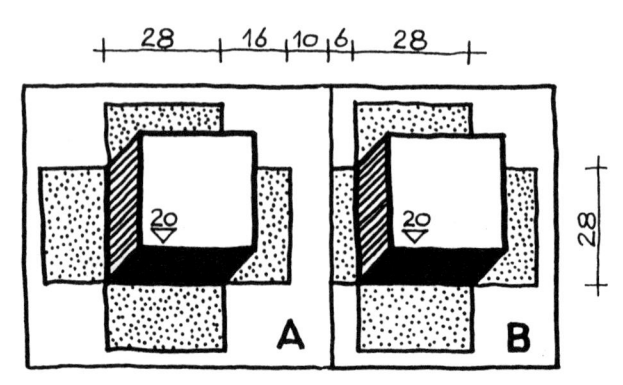

Abb. 7.2.7

Die nach den Festsetzungen des Bebauungsplans (Abb. 7.2.6) planungsrechtlich zulässige Bebauung ist auch bauordnungsrechtlich ohne Einschränkungen zulässig.

Die Bebauung ist auch dann sowohl planungsrechtlich als auch bauordnungsrechtlich zulässig, wenn sie auf zwei Grundstücken A und B ausgeführt werden soll und die Teilungsgrenze nicht in der Mitte zwischen den beiden Gebäuden verläuft (Abb. 7.2.2), sondern in geringerem Abstand zur Baulinie auf Grundstück B. Auf dem Grundstück B gelten dann für die Abstandflächen aufgrund der zwingenden Festsetzungen nach § 6 Abs. 17 verminderte Tiefen.

Wird die Bebauung vor der Grundstücksteilung ausgeführt, so kommt § 6 Abs. 17 nicht zur Anwendung, denn die geringere Tiefe der Abstandfläche ergibt sich nicht aus den zwingenden Festsetzungen des Bebauungsplans, sondern aus der Teilung. Der auf Grundstück B nicht nachweisbare Teil der Abstandfläche muss auf Grundstück A übertragen und die Nichtbebaubarkeit durch Baulast gesichert werden (vgl. Abb. 7.2.5). Die Voraussetzungen des § 7 Abs. 1 Satz 1 sind mit den Festsetzungen des Bebauungsplans gegeben (vgl. Abb. 7.2.5).

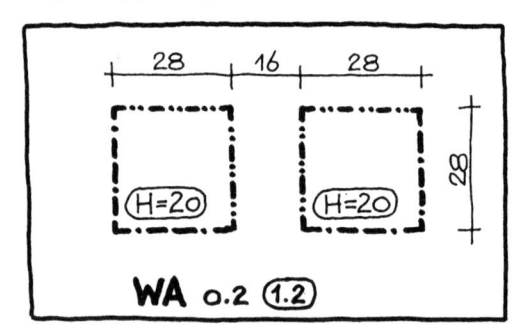

Abb. 7.2.8

Ein Bebauungsplan setzt die überbaubaren Grundstücksflächen für zwei Gebäude auf einem Grundstück mittels Baulinien (zwingend) in einem Abstand von 16,00 m fest. Die Gebäudehöhe ist mit 20,00 m über der Geländeoberfläche ebenfalls zwingend festgesetzt.

Übernahme von Abstandflächen auf andere Grundstücke BauO NRW § 7

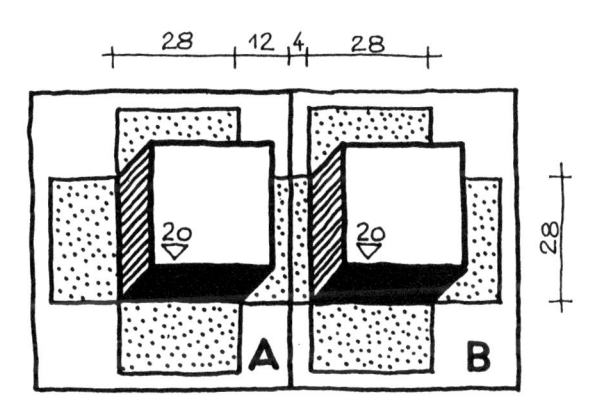

Abb. 7.2.9

Die nach den Festsetzungen des Bebauungsplans (Abb. 7.2.8) planungsrechtlich zulässige Bebauung ist auch bauordnungsrechtlich ohne Einschränkungen zulässig, obwohl der Abstand zwischen den auf den Baulinien errichteten Außenwänden mit 16,00 m nur halb so groß ist wie der Abstand, der sich aus den nach § 6 Abs. 5 aus der H (20,00 m) zu errechnenden Tiefen der vor diesen Außenwänden erforderlichen Abstandflächen in ihrer Summe ergeben würde. Aufgrund der zwingenden Festsetzungen des Bebauungsplans ergeben sich geringere Tiefen, die nach § 6 Abs. 17 auch bauordnungsrechtlich gelten.

Die Bebauung ist auch dann sowohl planungsrechtlich als auch bauordnungsrechtlich zulässig, wenn sie auf zwei Grundstücken A und B ausgeführt werden soll, und zwar unabhängig von der Lage der Grundstücksgrenze.

Wird die Bebauung vor der Grundstücksteilung ausgeführt, so ist die Grundstücksteilung nach § 7 Abs. 2 Satz 1 in beliebigem Abstand zu den einander gegenüberliegenden Außenwänden der beiden Gebäude zulässig; denn bei der Errichtung der Gebäude galten für die Abstandflächen aufgrund der zwingenden Festsetzungen nach § 6 Abs. 17 bereits geringere Tiefen, ohne dass der einen oder der anderen Außenwand eine Abstandfläche mit bestimmter Tiefe zuzuordnen war.

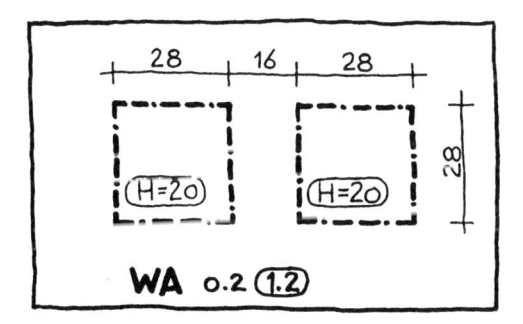

Abb. 7.2.10

Ein Bebauungsplan setzt die überbaubaren Grundstücksflächen mit Baugrenzen (nicht zwingend) für zwei Gebäude in einem Abstand von 16,00 m fest. Die Gebäudehöhe ist zwingend mit 20,00 m über der Geländeoberfläche festgesetzt.

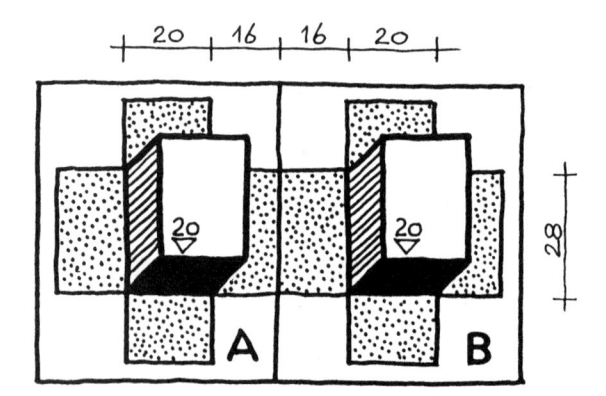

§ 7 BauO NRW

Übernahme von Abstandflächen
auf andere Grundstücke

Abb. 7.2.11

Die nach den Festsetzungen des Bebauungsplans (Abb. 7.2.10) planungsrechtlich zulässige Bebauung ist bauordnungsrechtlich nur mit Einschränkungen zulässig. Unabhängig vom Abstand der Baugrenzen müssen die Außenwände der Gebäude einen Abstand von 32,00 m einhalten, der den sich aus der zwingend mit 20,00 m festgesetzten Gebäudehöhe ergebenden Tiefen der vor den sich gegenüberliegenden Außenwänden erforderlichen Abstandflächen in ihrer Summe entspricht. Wird die Außenwand des einen Gebäudes um 8,00 m hinter die Baugrenze zurückgenommen, so muss auch die gegenüberliegende Außenwand des anderen Gebäudes um 8,00 m hinter die Baugrenze zurückgenommen werden.

Eine gleichartige Bebauung ist auch dann zulässig, wenn sie auf zwei Grundstücken A und B ausgeführt werden soll und die Grundstücksgrenze in der Mitte zwischen den als überbaubar festgesetzten Grundstücksflächen verläuft.

Wird die Bebauung vor der Grundstücksteilung ausgeführt, so ist die Teilung nach § 7 Abs. 2 Satz 1 zulässig, wenn sie in der Mitte zwischen den sich gegenüberliegenden Außenwänden der beiden Gebäude, also in einem Abstand von 16,00 m zu den beiden Außenwänden erfolgt.

Übernahme von Abstandflächen
auf andere Grundstücke   BauO NRW § 7

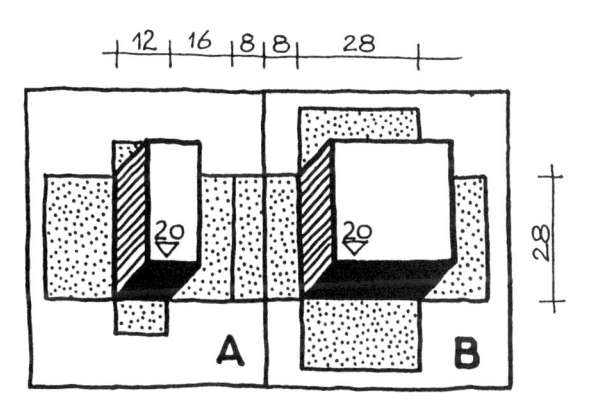

Abb. 7.2.12

Wird eine der als überbaubar festgesetzten Grundstücksflächen (Abb. 7.2.10) in der zwingend vorgeschriebenen Höhe voll überbaut, so ist die andere als überbaubar festgesetzte Grundstücksfläche nur noch in verminderter Tiefe überbaubar.

Soll die Bebauung auf zwei Grundstücken A und B erfolgen und verläuft die Grundstücksgrenze in der Mitte zwischen den beiden als überbaubar festgesetzten Grundstücksflächen, so ist die vollständige Überbauung der planungsrechtlich als überbaubar festgesetzten Grundstücksfläche auf Grundstück B nach § 7 Abs. 1 Satz 1 zulässig, wenn durch Eintragung einer Baulast gesichert ist, daß die Abstandfläche des Gebäudes auf Grundstück B, soweit sie auf das Grundstück A übertragen werden muß, nicht überbaut und auf die vor der Außenwand des Gebäudes auf Grundstück A erforderliche Abstandfläche nicht angerechnet wird. Werden Abstandflächen von Grundstück B auf Grundstück A in einer Tiefe von 8,00 m übertragen, so muß die Außenwand des Gebäudes auf Grundstück A 24,00 m hinter die Grundstücksgrenze, d. h. 16,00 m hinter die festgesetzte Baugrenze zurückgenommen werden. Auf Grundstück A ist somit nur ein Gebäude mit verminderter Tiefe (12,00 m) zulässig.

Wird die Bebauung vor der Grundstücksteilung ausgeführt, so ist die Teilung in der Mitte zwischen den als überbaubar festgesetzten Grundstücksflächen, also in einem Abstand von 8,00 m zu der Außenwand mit einer Wandhöhe H = 20,00 m des Gebäudes auf Grundstück B, nach § 7 Abs. 2 Satz 2 zulässig, wenn durch Eintragung einer Baulast gesichert ist, daß die Abstandfläche des Gebäudes auf Grundstück B, soweit sie auf das Grundstück A übertragen werden muß, nicht überbaut und auf die vor der Außenwand des Gebäudes auf Grundstück A erforderliche Abstandfläche nicht angerechnet wird.

Stichwortverzeichnis

Die halbfetten Zahlen verweisen auf den jeweiligen Paragraphen, die mageren Zahlen auf die Randnummern.

Abgrabungen **6** 106, 121, 264
— vor Kellerfenstern **6** 124
Abstellräume **6** 278
— Flächenbegrenzung **6** 282
— Gebäude mit A. **6** 117, 276, 304, 387
Abwägung **6** 402 ff.
Abwalmung des Krüppelwalmdachs **6** 150
Abwehranspruch **6** 23
Abwehrrechte des Nachbarn **6** 23
Abweichungen **6** 18 ff.
Anbaulast **6** 62
Anbauten **6** 228
— rückwärtige **6** 51, 227, 409
Anböschungen **6** 124
Angrenzer **6** 195
Anschüttung **6** 264, 267
Antennenanlagen **6** 300
Arbeitsplätze
— Beleuchtung der A. **6** 14
— der Nutzung **6** 398
— der baulichen Nutzung **6** 155, 269
Atriumhaus **6** 20
Aufenthaltsräume
— im Erdgeschoss **6** 362
— Tagesbeleuchtung von A. **6** 10
Aufschüttungen **6** 106, 121
Ausblick **6** 405
Ausblicksituation **6** 404
Außenaufzüge **6** 234
Außenbereich **6** 158
Außenwandbekleidung **6** 95
Außenwände, gestaffelte **6** 18

Balkon **6** 231
Balkonbrüstung **6** 235
Ballfangzaun **6** 273
Baubestand **7** 20
Bauen
— flächensparendes B. **6** 5, 196, 405
Bauflucht **6** 346 ff.
Baugebiet **6** 154 ff., 289, 307
Baugestaltung **6** 54, 355
Baugrenze **6** 37 ff., 182, 237, 368
— faktische **6** 48
Baukörper
— gegliederte **6** 18, 26
— gestaffelte **6** 26
— terrassierte **6** 26
Baukörperplan **6** 410
Baulast **6** 37, 62 ff.; **7** 7
Baulastenverzeichnis **6** 62 ff.; **7** 7
Baulinie **6** 37 ff., 182, 237, 368 ff., 389; **7** 25
— faktische **6** 349
Baulücke **6** 75
Baulückenschließung **6** 363, 401
Baustoffe, normalentflammbare **6** 242
Bauteile
— untergeordnete **6** 382
— vortretende **6** 231 ff.
Bautiefe **6** 48 ff.
Bauträger **6** 64
Bauweise **6** 36 ff., 340 ff., 372, 386
— abweichende **6** 18, 41, 84, 353, 373, 384
— geschlossene **6** 15 ff., 34, 39 ff., 44, 266, 276, 353, 409
— giebelständige **6** 39
— halb offene **6** 41, 86, 373

Stichwortverzeichnis

- offene **6** 4, 15 ff., 39 ff., 55 ff., 266, 276, 353
- traufständige **6** 39

Bebauungsdichte **6** 16

Bebauungsplan **6** 157, 365 ff.
- Begründung **6** 392 ff.

Bebauungstiefe **6** 291

Begründung zum Bebauungsplan **6** 392 ff.

Begrünung **6** 404 f.

Bekleidung **6** 244
- aus Gründen des Wärmeschutzes **6** 389
- nachträgliche B. von Außenwänden **6** 333

Belästigungen, akustische **6** 261

Beleuchtung, künstliche **6** 7

Belichtung **6** 5

Belüftung **6** 3 ff., 15, 52

Bemessungsvorschriften **6** 21

Besonnung **6** 3 ff., 14, 405

Bestandsaufnahme
- städtebauliche **6** 96, 339

Bestandsschutz **6** 95

Betrieb
- gewerblicher **6** 271
- landwirtschaftlicher **6** 271

Blockinnenbereich **6** 359

Blumenfenster **6** 231; **7** 15

Brandschutz **6** 2, 17, 52, 393, 405

Brandübertragung
- Gefahr der B. **6** 20, 260
- Schutz vor B. **6** 17
- Schutz vor B. auf Nachbargebäude **6** 243

Brandwand **6** 220

Breitfuß **6** 33

Brennbarkeit der Baustoffe **6** 244

Bürogebäude **6** 245

Büronutzung **6** 165

Dach **6** 27, 130
- Deckmaterial des D. **6** 130
- tonnenförmiges **6** 146

Dachaufbauten **6** 137 ff., 152

Dachausbau **6** 152

Dachflächen **6** 133 ff.

Dachflächenfenster **6** 170, 243

Dachgaupen **6** 137 ff.

Dachhaut **6** 130, 187
- Schnittlinie der Wand mit der D. **6** 134

Dachhöhe **6** 134

Dachneigung **6** 133

Dachterrasse **6** 300

Dachvorsprünge **6** 231

Denkmalschutz **6** 349, 405

Doppelgarage **7** 3

Doppelhäuser **6** 56 ff., 213 ff.

Doppelhaushälfte **6** 286

Dorfgebiet **6** 155

Drempel **6** 119

Durchfahrt **6** 236; **7** 15
- für die Feuerwehr **6** 356

Durchfahrtmöglichkeit **6** 404

Durchgang
- für die Feuerwehr **6** 356
- zu rückwärtigen Grundstücksteilen **6** 384

Durchgangsmöglichkeit **6** 405

Durchlüftung **6** 405

Einblick in den Wohnbereich **6** 261

Einblickmöglichkeiten **6** 52

Einfamilienhäuser, freistehende **6** 266

Einfriedungen **6** 276; **7**, 11
- geschlossene **6** 117, 258, 306, 387
- Höhenbegrenzung **6** 307

Einfügungsgebot **6** 38, 288, 337

Einsichtmöglichkeiten **6** 20

Einzelhandelsgeschäfte **6** 398

Stichwortverzeichnis

Einzelhäuser **6** 56 ff.
Endhäuser einer Hausgruppe **6** 65
Ergänzungsbebauung **6** 401
Erker **6** 231
Erschließungsstraße **6** 40, 100

Fachwerkbauweise **6** 39
Fenster **6** 7, 17, 95, 362, 410
— notwendige **6** 18, 244, 327, 397; **7** 20
— senkrecht stehende **6** 170
— Zumauern von F. **6** 95
Fensterbänder, hochgelegene **6** 170
Feuerstätten,
— für flüssige Brennstoffe **6** 284
— für gasförmige Brennstoffe **6** 284
Feuerwiderstandsklasse **6** 244, 272
First **6** 134, 299
Flachdach **6** 130, 152
Flächenausgleich **7** 2
Freisitze **6** 266

Garagen **6** 30, 314
Garagenbau, mehrgeschossiger **6** 315
Garagengebäude **6** 30
Gartenhof **6** 321
Gartenhofhäuser **6** 16, 18, 114, 321
Gebäude
— Änderung von G. **7** 19
— auf demselben Grundstück **6** 375
— auf Stützen **6** 27, 128, 235
— eingeschossige **6** 316
— Errichtung von G. **7** 19
— freistehende **6** 330
— geringer Höhe **6** 152, 207, 409
— Höhe der **6** 340
— kleinere G. **6** 12
— mehrgeschossige **6** 319
— mit Abstellräumen **6** 304 ff.
— mittlerer Höhe **6** 207, 409
— mit Abstellräumen **6** 117
— oberirdische **6** 25
— Stellung der G. **6** 40

— terrassierte G. **6** 128
— unterirdische G. **6** 25
Gebäudeabschlusswände **6** 17, 86, 97, 242
Gebäudehöhe **6** 346; **7** 25
Gebäuderückseite **6** 40 ff., 358
Gebäudeteile, auskragende **6** 27
Gebäudevorderseite **6** 40 ff.
Gebäudezeilen **6** 13
Gebiete, überwiegend bebaute **6** 186, 188, 336 ff.
Gefahrenabwehr **6** 1
Gehrecht **6** 108
Geländeaufhöhung **6** 264
Geländeoberfläche **6** 25, 121, 298, 316, 373
— Schnittlinie der Außenwand mit der G. **6** 27
Gemeinschaftsanlage **6** 291
Gemengelage **6** 181, 259
Geruchsbelästigungen **6** 15, 261
Geschosse, Zahl der G. **6** 316
Geschosshöhe **6** 18, 379, 400
Gesimse **6** 231
Gestaltung
— der städtebaulichen Räume **6** 405
— des Straßenbildes **6** 391
Gestaltungssatzung **6** 239
Gewächshäuser **6** 117, 276, 304, 387
Gewerbebetriebe **6** 272
Gewerbegebiet **6** 155 ff., 243 ff.
Giebelfläche **6** 53, 140
Giebelwände **6** 14
Gliederung in Wandabschnitte **6** 206
Grenzabstand **6** 374
— seitlicher **6** 56
Grenzanbau **6** 36 ff., 64
Grenzänderung **6** 37; **7** 13

Stichwortverzeichnis

Grenzgaragen **6** 117, 276 ff., 280 ff., 387; **7** 3, 10
– Höhenbegrenzung **6** 298
– Längenbegrenzung **6** 301
Grenzgebäude **6** 278
Grenzwände **6** 95, 220 ff.
Großraumbüros **6** 330
Grundbucheintragung **7** 6
Grunddienstbarkeit **7** 6
Grundflächenzahl **6** 35
Grundstück
– anderes **7** 4
– angrenzendes **7** 4
– benachbartes **7** 2
Grundstücksfläche
– überbaubare **6** 35 ff., 47 ff., 182, 238, 257, 340, 365; **7** 25
– nicht überbaubare G. **6** 35 ff., 305, 365
Grundstücksgrenzen **6** 18, 37, 51, 180, 248, 272, 310
– rückwärtige **6** 198
– seitliche **6** 198
– vordere **6** 198
Grundstücksteilung **6** 57; **7** 13
Grundstückszuschnitt **6** 18; **7** 2
Grünflächen, öffentliche **6** 101 ff., 161, 187, 294, 310, 323 ff.

Hafengebiet **6** 156
Handelsbetriebe **6** 169
Hang, Gebäude im H. **6** 123, 173
Hanglage **6** 127, 266, 316
– Gebäude in H. **6** 18
Hauptnutzung, Gebäude der H. **6** 286
Hauptwohnräume **6** 398
Haus, freistehend **6** 20
Hauseingangstreppe **6** 231; **7** 15
Hausgruppen **6** 56, 213 ff., 266
Hauswirtschaftsraum **6** 282

Himmelsrichtung, Stellung der Gebäude zur H. **6** 14
Hinterhöfe **6** 4
Hochhäuser **6** 18, 186, 207, 397
Hochschulgebiet **6** 156
Höfe, geschlossene **6** 51
Hofumbauung **6** 112
– geschlossene **6** 13, 18, 407
Höhe
– der Gebäude **6** 340
– der baulichen Anlagen **6** 47
Höhenbegrenzung von Einfriedungen **6** 307
Hundezwinger **6** 269

Industriebetriebe **6** 272
Industriegebiet **6** 155 ff., 243 ff.
Innenbereich, unbeplanter **6** 38 ff., 91, 158, 181, 292
Innenhof **6** 13, 33, 178, 328, 330, 388
– geschlossener **6** 112
Innenhofumbauung **6** 178

Kellerlichtschacht **6** 124
Kellertreppe **6** 124
Kellerwände **6** 31
Kerngebiet **6** 155 ff.
Kettenbauweise **6** 41, 85, 373
Kinderspielplatz **6** 264, 270
Kleingaragen **6** 278
Kleinsiedlungsgebiet **6** 155
Kleintierhaltung **6** 279
Kraftfahrzeuge **6** 277
Krüppelwalmdach **6** 150

Lagerhallen **6** 170, 243 ff.
Lagerplatz **6** 274
Lärmschutzwand **6** 308
Lastkraftwagen **6** 289
Lichteinfallswinkel **6** 166
Liegenschaftskataster **6** 106

Stichwortverzeichnis

Lüfteröffnungen 6 244
Luftverunreinigungen 6 15
Mansarddächer 6 135
Maß der baulichen Nutzung 6 271
Massivbauweise 6 39
Mischbebauung 6 182
Mischgebiet 6 155
Mischung gewerblicher Nutzung und Wohnnutzung 6 259
Missstände 6 5
— städtebauliche 6 358
Nachbargebäude 6 86; 7 3
Nachbargrenze 6 44, 220, 310
Nachbargrundstück 6 21, 51, 64, 409; 7 2
Nachbarschutz 6 22, 229 f.
Nebenanlagen 6 256, 305
— untergeordnete 6 279
Nebenräume 6 33, 330, 398
Nurdachhäuser 6 141
Nutzungsänderung 6 335, 390; 7 19
Nutzungsgrenzen 6 159, 180
Öffnungen 6 17
— Wände ohne Ö. 6 20
Ortsbild 6 238
— Gestaltung des O. 6 21, 349
Ortsteile, im Zusammenhang bebaute O. 6 339
Parabolantennen 6 300
Parzellenstruktur, kleinteilige 6 359
Parzellierung 6 39 f.
— des Baulandes 6 40
Pultdach 6 145, 299
Punkthausbebauung 6 174
Punkthochhäuser 6 40, 175, 183, 207, 408
Reihenhaus 6 57
Reihenhausparzellen 6 266

Richtwerte 6 9
Rohrleitungen, oberirdische 6 272
Rücksichtnahme 6 49, 401
Satteldach 6 148 ff., 299
Schallschutz 6 405
Schleppgaupe 6 152
Schmalseitenprivileg 6 195 ff., 381
Schmalseitenregelung 6 12
Seitenflügel 6 51, 226
Shed-Dächer 6 243
Sichtkontakt zum Außenraum 6 7
Silo 6 271
Solarenergie, Anlagen zur Gewinnung von S. 6 300
Sondergebiet 6 155
Sonnenlicht 6 6, 14
Sonnenschutz 6 405
Sonnenschutzverglasung 6 7
Sonnenschutzvorrichtungen 6 7
Sozialabstand 6 2, 16, 52, 395, 405
Stadtgestaltung 6 75
Steildach 6 133 ff., 139, 152, 187
Stellplätze 6 256, 268, 278
— überdachte 6 117, 268, 280, 387
Straße 6 21
— Mittellinie der S. 6 103
— Begrenzungslinie 6 187, 295
Straßenbild 6 103
— Gestaltung des S. 6 188, 344 ff., 357
Straßenbreite 6 103, 184, 187
Straßenflucht 6 238
Straßenmitte 6 106, 294, 377
Straßenrandbebauung 6 187
Stützmauern 6 117, 258, 264, 276, 306, 387; 7 11
Tagesbeleuchtung 6 4, 396 ff.
Tageslicht 6 14
— Abschirmung seitlichen T. 6 13
— Versorgung der Räume mit T. 6 2

Stichwortverzeichnis

Teilung **7** 14
Teilungsgrenze **7** 25
Terrasse **6** 27, 258, 266
Tiefgaragen **6** 31
Traufe **6** 131, 299
Traufgassen, schmale **6** 342, 384; **7** 20
Traufhöhe **6** 187, 346 ff.
Traufkante **6** 131
Trenngrundstücke **7** 14
Türen **6** 17, 244

Überdeckungsverbot **6** 22, 109 ff., 310, 318, 330, 371; **7** 6
Umgebung
— Eigenart der näheren U. **6** 43 ff., 238, 347
— prägende Merkmale der näheren U. **6** 292
Umnutzung einer Grenzgarage **6** 283

Veränderungen, bauliche **6** 240
Verblendung **6** 389
Verdichtung **6** 5
Verkaufsräume **6** 398
Verkehrsflächen
— festgesetzte **6** 370
— öffentliche **6** 101 ff., 161, 184 ff., 294, 306, 310, 323 ff.
— örtliche **6** 106
Verkehrsraum, öffentlicher **6** 277
Verschattung **6** 14, 260, 404
Verschlechterung **6** 49
— in der Beleuchtungssituation **6** 401
Verwaltung, Einrichtungen der V. **6** 169
Verwaltungsgebäude **6** 7
Vollgeschosse **6** 152
— Zahl der V. **6** 47, 119, 316, 340 ff.
Vorbauten **6** 331 ff., 348
Vorgartenflächen **6** 106
Vorhaben- und Erschließungsplan **6** 400

Walmdach **6** 149
Wandvorsprung **6** 234
Wärmepumpen **6** 284
Wärmeschutz **6** 333, 355, 389
Wasserflächen, öffentliche **6** 101, 161, 187, 294, 310
Wegeflächen, private **6** 324
Wegeparzelle, private **6** 108; **7** 4
Werbetafeln **6** 265
Werkhallen **6** 170, 180, 210, 243 ff., 317
Willenserklärung, schriftliche W. des Grundeigentümers **7** 8
Windenergieanlage **6** 261, 275
Wirtschaft, Einrichtungen der W. **6** 169
Witterungsschutz **6** 54, 405
Wochenendhausgebiet **6** 156
Wohnbedürfnisse der Bevölkerung **6** 8, 402 ff.
Wohnen, Schutz des W. **6** 2
Wohnfrieden **6** 114
— Beinträchtigung des W. **6** 269
Wohngebiet
— allgemeines **6** 155 ff.
— besonderes **6** 155
— reines **6** 155
Wohnräume **6** 168
Wohnungen **6** 168
— im Erdgeschoß **6** 398

Zähler
— für Energie **6** 284
— für Wasser **6** 284
Zeltdach **6** 148
Zufahrt für die Feuerwehr **6** 360
Zugang zu rückwärtigen Grundstücksteilen **6** 356
Zugänglichkeit des Gebäudezwischenraums **6** 405
Zwerchgiebel **6** 348
Zwerchhaus **6** 137 ff., 204